NE FUYONS PAS

LES

CAMPAGNES

PAR

M. l'Abbé TOUNISSOUX,

VICAIRE DE CORRÈZE,

Auteur des *Retraites du Clergé* ainsi que de plusieurs
autres ouvrages.

O fortunatos nimium sua si bona nôrint agricolas !

Qu'ils seraient heureux les habitants de la campagne, s'ils savaient apprécier leur bonheur !

PARIS

CHEZ LÉON FONTAINE,

libraire-éditeur, rue de l'Université, 96.

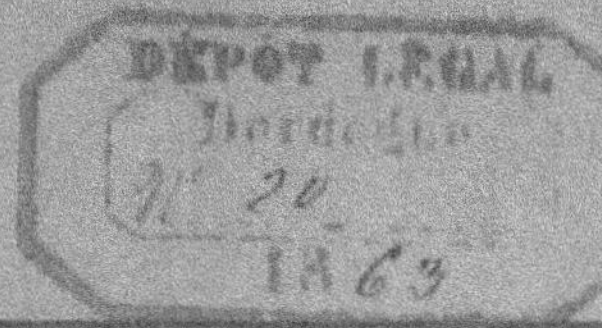

NE FUYONS PLUS

LES CAMPAGNES.

NE FUYONS PLUS

LES

CAMPAGNES

PAR

M. l'Abbé TOUNISSOUX,

VICAIRE DE CORRÈZE,

Auteur des *Retraites du Clergé* ainsi que de plusieurs autres ouvrages.

O fortunatos nimiùm sua si bona nòrint agricolas !

Qu'ils seraient heureux les habitants de la campagne, s'ils savaient apprécier leur bonheur !

PARIS

CHEZ LÉON FONTAINE,

libraire-éditeur, rue de l'Université, 26.

1863

AVANT-PROPOS.

Dans un rapport présenté à Louis XVI, le cardinal Laluzerne se plaignait amèrement de ce que la multiplication des tribunaux tendait à dépeupler les campagnes. D'après lui, l'ambition de pouvoir occuper un emploi de juge, d'avocat ou d'huissier, etc., attirait dans les villes bien des intelligences et des bras nécessaires à la culture des champs.

Que dirait l'illustre cardinal s'il était témoin de ce qui se passe de nos jours? On n'a plus que du dégoût pour la vie des campagnes, et du mépris pour les occupations agricoles. Les anciens châteaux sont presque tous déserts, par la raison bien simple que nos châtelains modernes ne sauraient se passer de ces émotions fébriles que peut faire naître seule la vie des villes. Le bourgeois, non plus, ne peut pas se contenter de ce qui suffisait amplement à son père : ses revenus annuels sont-ils de cinq mille francs? il sent le besoin de les porter à dix. C'est pourquoi il vend sa propriété pour en confier le capital à une entreprise industrielle. S'enrichir dans cinq ou six ans, ou se ruiner complètement, telle est la devise sacramentelle de la plupart des hommes de notre siècle.

Celui qui n'est pas bourgeois tient à le devenir; mais, pour obtenir cette auréole, il faut renoncer à sa profession primitive; il faut que notre fils soit commis d'un négociant ou employé d'un bureau; en un mot, pour cela, comme pour tout le reste, il faut quitter la campagne et la charrue, et habiter une ville. Évidemment, l'ouvrier ne peut pas rester seul dans les campagnes. Comme il ne veut pas manquer de pain, il se voit obligé, lui aussi, de quitter son pays pour aller là où les riches

et les pauvres apportent le travail qu'ils ont à
donner. La plupart des tailleurs, des perru-
quiers, des cordonniers, des ébénistes, des
couturières, des modistes, etc., sont obligés
de se réfugier dans les grandes villes.

Il n'est pas besoin d'être profond écono-
miste pour comprendre que de cet état de
choses doivent découler des conséquences fâcheuses pour la société, la famille et les individus. Puisque l'agriculture est la base de toute
prospérité sociale, comment voulez-vous que
le progrès ne soit pas entravé par des émigrations continuelles et permanentes? Par ces
émigrations, les familles voient briser les doux
liens d'union qui faisaient leur bonheur : le
fils s'éloigne du père, le frère se sépare du
frère. Il n'est plus donné au foyer domestique de réunir tous les membres qu'il voyait
autrefois se grouper autour de lui, chaque soir
et chaque dimanche. Le mal n'est pas moins
grand pour la plupart des individus qui émi-

grent. Combien, en effet, sont minés par les souffrances et les humiliations de la misère, et qui pourtant auraient pu vivre honorablement et heureusement comme cultivateurs! Sans parler des milliers de personnes qui battent le pavé des rues en attendant une place qu'elles ne peuvent obtenir, combien d'ouvriers, gagnant cinq francs par jour à la capitale, se trouvent moins riches, à la fin de l'année, que ceux qui ne gagnent que deux francs dans nos campagnes!

La divine Providence semble nous ménager une bienfaisante réaction : plusieurs riches comprennent que si la vie des villes offre aux sensualistes quelques plaisirs que l'on ne saurait trouver dans les campagnes, elle impose aussi de nombreuses privations sous bien des rapports, et entraîne de bien graves inconvénients pour la morale et la santé. D'autres, instruits par l'expérience de tous les jours des dangers que peuvent offrir les entreprises hardies de l'industrie, préfèrent en retirer leurs capitaux pour les placer sur des biens fonds. Ces placements leur paraissent, à juste titre, les plus honnêtes et les plus solides. Quelques pères et mères de famille, voyant le triste sort réservé à plusieurs émigrants, semblent se montrer plus difficiles quand il s'agit du départ de leurs enfants pour quelque grande ville.

C'est au gouvernement et aux administrations locales à redoubler de zèle pour favoriser un élan si propice au bien général ; c'est aux principaux de chaque commune à seconder le gouvernement dans cette tâche, en honorant les campagnes de leur présence et de leurs capitaux. Que les propriétaires s'appliquent à réaliser des améliorations utiles, et le nombre des ouvriers obligés d'aller chercher du travail dans les villes sera bien moins considérable ; il en résultera pour tous un accroissement de bien-être général que nous appelons de tous nos vœux.

Si ce livre, que nous voudrions pouvoir placer dans toutes les bibliothèques, scolaires et communales, contribuait en quelque manière à un résultat si précieux, ce serait la plus douce des consolations pour notre cœur de prêtre catholique et de citoyen français.

NE FUYONS PLUS

LES CAMPAGNES.

CHAPITRE Iᵉʳ.

Dans notre siècle, l'esprit d'émigration est un grand malheur
pour la religion et la morale.

Pour celui même qui n'a pas la foi, et qui se fait
une gloire de tout apprécier au point de vue de l'uni-
que bien-être de la vie présente, il est important,
quand il juge de la légitimité d'une tendance, d'examiner si cette tendance favorise ou non l'influence
de la religion sur les âmes. Le premier but de la
religion est d'élever les âmes à un ordre surnaturel,
et leur ouvrir les portes de la vie éternelle; mais,
comme l'ont remarqué les plus profonds philosophes
et les plus habiles législateurs, elle a aussi pour
effet de donner la plus grande somme du bien-être
présent à ceux qui se soumettent à ses croyances et
se montrent dociles à ses lois. L'homme que la religion rend vertueux peut n'être pas riche, mais sa
résignation fait qu'il se trouve bien plus content de
son sort, que l'égoïste qui a cent mille francs et en
voudrait deux cent mille. L'homme religieux est

laborieux, tempérant, chaste, humble, charitable, etc. Avec toutes ces vertus, il est impossible de maudire son sort et d'être rongé par le désespoir. Il n'en est pas de même de celui qui, ne croyant pas à l'existence des châtiments et récompenses de la vie future, se livre sans frein à toutes les passions du sensualisme. Cet homme finit par trouver des obstacles, ne serait-ce que dans sa bourse et sa santé.

Puisqu'il s'agit ici de comparer l'habitation des villes avec celle des campagnes sous le rapport de l'efficacité des sentiments religieux, affirmons, sans crainte d'un démenti, que l'habitant des campagnes perd considérablement sous ce rapport quand il va se fixer dans une ville. Cette conviction est tellement gravée dans les consciences, qu'il n'est pas de père ni de mère de famille qui ne tremblent pour la vertu et la religion de leur enfant quand ils sont obligés de l'envoyer à Paris, ne serait-ce que pour un séjour purement temporaire. Il suffit, pour comprendre la légitimité de ces craintes, de comparer les habitudes journalières de nos bons villageois à l'esprit d'indifférence religieuse caractérisant la plupart des habitants des villes.

Assurément, on serait injuste envers les villes si on n'y voyait partout qu'indifférence et mépris pour la religion. Avouons qu'il y a en elles des âmes grandes et nobles, chez lesquelles le sentiment religieux vit dans toute sa force et sa pureté. Dans les grandes villes, à Paris par exemple, les chrétiens qui fréquentent les églises, s'approchent des Sacrements, sont peut-être plus éclairés, plus fermes, plus dévoués qu'on ne l'est généralement dans les provinces et surtout dans les campagnes. Mais il faut avouer aussi que ces âmes d'élite sont bien clair-semées, en comparaison de celles qui se conduisent comme s'il n'avait jamais été question de Dieu, de religion, de vie future, de paradis ni d'enfer !

Pendant bien longtemps, les villes ont été plus irreligieuses que les campagnes, par la seule raison que la philosophie de l'incrédulité y faisait un grand nombre de victimes par la lecture de ses livres impies. Ce mal existe encore aujourd'hui ; mais il n'exerce plus l'empire qu'il exerçait autrefois. De nos jours, on s'occupe passablement de religion ; mais on ne s'en occupe plus de la même manière qu'au xviiie siècle. Alors l'étude de la théologie était à la mode chez tous les gens qui voulaient passer pour instruits ; il fallait étudier la religion dans sa morale, et surtout dans ses dogmes, pour la combattre ou la défendre. Aujourd'hui, il n'en est plus de même. Si on parle si souvent de religion dans les livres et les journaux, ce n'est jamais dans son essence qu'on la considère, mais uniquement dans son influence sur les mœurs et dans ses rapports avec la société. On ne se douterait jamais de l'ignorance de certains hommes sur ce qu'il y a de plus fondamental dans la religion ; je ne parle pas ici de ceux qui ne savent ni lire ni écrire, je parle de la plupart de nos hommes d'Etat, de nos jurisconsultes, de nos académiciens, etc.; je ne parle pas seulement de ceux qui n'ont jamais porté le pied dans une église, je parle de la plupart de ceux qui entendent la messe chaque dimanche, et se font un honneur de se dire catholiques. On rapporte qu'une dame, se trouvant en voiture avec un digne ecclésiastique, affecta de se dire incrédule. Le bon prêtre se contenta de lui demander si elle avait lu Bossuet. Sur sa réponse négative, l'abbé ajouta : « Madame a sans doute lu Pascal, ou Fénelon, ou Frayssinous, ou tout autre livre exposant la doctrine catholique. — Non, reprit la dame, je n'ai rien lu de tout cela. — Eh bien ! répliqua l'ecclésiastique, Madame a tort de se croire *incrédule*, elle est simplement *ignorante*. De nos jours, la plupart des hommes ressemblent à cette dame ; il y a beaucoup moins d'incrédules qu'au XVIIIe siècle, mais il y a plus d'ignorants, et par cela même plus d'indifférents.

Le grand mal des villes, c'est donc l'indifférence. Ce qui fait que dans les villes, où tout le monde sait lire, l'ignorance et l'indifférence en religion sont si communes, c'est que le besoin d'argent et l'amour des plaisirs tiennent la première place dans les esprits et dans les cœurs. Les préoccupations qu'engendre la vie des villes par la multiplicité de ses exigences et la variété de ses plaisirs sont si vives et si nombreuses, qu'elles ne laissent point de place à autre chose, pas même à ce qu'il y a de plus important pour les enfants de Dieu, les héritiers de Jésus-Christ.

Généralement, la religion tient encore dans nos campagnes le rang qui lui revient. Le dimanche y est toujours regardé comme le premier jour de la semaine; l'office religieux n'a pas cessé d'y être reconnu comme un bonheur et un devoir; et le père et la mère de famille n'oseraient guère terminer une journée sans faire la prière en commun. Chez nous, la première qualité d'un homme, c'est d'être sincèrement religieux. Il est assez facile de comprendre pourquoi il y a plus de religion dans les campagnes que dans les villes. L'agriculteur passe la plus grande partie de sa vie dans les champs. Peut-il terminer sa journée de travail sans lever la tête, et peut-il lever la tête sans contempler le ciel, avec ses astres bienfaisants? Lorsqu'il voit le soleil qui l'éclaire et réchauffe la terre sillonnée par ses soins, naturellement sa pensée se porte vers Celui qui a créé ce soleil, et le dirige, tous les jours, dans les pas de sa course. Cette pensée ne peut être qu'un sentiment d'admiration et de remerciment, c'est-à-dire une pensée religieuse. Lorsqu'il va se reposer à l'ombre de l'arbre qu'il a fait naître, il se dit en lui-même : « C'est bien moi qui ai semé un gland dans la terre, » mais ce n'est pas moi qui ai fait de ce gland un » chêne si majestueux. » Naturellement encore, sa pensée se porte vers l'Agriculteur suprême pour le bénir et le remercier. Le villageois, comme on le sait, passe la plus grande partie de son temps à semer et à récolter : lorsqu'il sème, il implore la protection de Dieu pour la semence qu'il confie à la terre, et dont la garde ne lui appartient pas ; tout le temps qui s'écoule de la semence à la récolte est pour lui un temps d'incertitude et d'anxiétés. Récoltera-t-il en abondance, ou la récolte lui sera-t-elle ravie? Cela dépend de l'intempérie des saisons ; et Dieu seul, il le sait, peut donner la chaleur et le froid, la pluie et le beau temps. Nous pourrions suivre une à une toutes ses occupations de l'année, pour y reconnaître intimement liée une pensée naturellement religieuse. Quand le villageois vient à l'office du dimanche, il ne fait que résumer ses préoccupations de la semaine. S'il se montre si strict observateur de la loi du repos, c'est parce qu'il sait que l'auteur de cette loi est celui même qui a fait le ciel et la terre, le seul qui puisse faire croître et multiplier ses moissons. La vie agricole est par elle-même une théologie vivante, nous montrant à chaque page

Dieu s'intéressant et agissant pour le bien de l'humanité.

Le bruit et les préoccupations des villes font que les événements les plus frappants et les plus instructifs en eux-mêmes ne disent rien au cœur et ne trouvent partout qu'insensibilité. Un locataire voit très bien enlever les dépouilles mortelles du locataire voisin, sans faire aucun retour sur lui-même et sans porter sa pensée vers Celui qui lui a donné la vie et peut la lui retirer à chaque instant. Il voit passer un corbillard avec la même insensibilité qu'il voit passer un fiacre. Tout en saluant respectueusement le convoi, il trouve très naturel qu'il y ait tant d'enterrements par jour, sans réfléchir que ce terrible passage du temps à l'éternité peut arriver demain pour lui. On dirait, en étudiant la vie des villes, que les citadins affectent de ne penser qu'au présent pour mettre de côté l'avenir. La pensée de la mort leur paraît une pensée inutile, dont il faut se débarrasser comme d'une mauvaise tentation.

Nous connaissant tous intimement dans les campagnes, la mort ne vient jamais frapper l'un de nos voisins sans exciter dans nos cœurs une pensée religieuse. Nous nous informons, avec le plus grand soin, des derniers sentiments du mourant. « Il » aurait voulu, nous dit-on, n'avoir jamais fait que » le bien, et n'avoir jamais été ingrat envers son

» Créateur. » « Eh bien ! nous disons-nous en nous-même, ce moment terrible arrivera un jour pour nous ; il est peut-être plus proche que nous ne pensons ; faisons donc ce qu'aurait voulu avoir fait notre voisin mourant. Servons Dieu, soyons fidèle à sa loi ; c'est le seul moyen de ne pas redouter le jugement quand nous paraîtrons à son tribunal. »

Ce sont là des réflexions que tout père et toute mère de famille font à leurs enfants, toutes les fois que la cloche du village annonce la mort d'un paroissien. Ces réflexions nous reviennent encore à l'esprit quand nous prions sur le cimetière, placé ordinairement non loin de l'église. Tout cela fait que la pensée religieuse, mise si souvent de côté dans nos grandes villes, est, par le fait, la pensée dominante des familles de nos campagnes. Ici, les intelligences et les cœurs ne dévient guère des règles de la vraie doctrine : nous tenons à mettre le Créateur au-dessus des créatures dans nos préoccupations et nos sentiments de chaque jour.

Malheureusement, celui qui se livre aux occupations industrielles dans les villes n'est point appelé, comme l'agriculteur, à reconnaître partout la coopération de Dieu s'associant à son travail ; ne voyant presque jamais, au contraire, que des œuvres venant de la main des hommes, il finit presque par se persuader que la créature peut se suffire à elle seule. De là cet oubli de Dieu qui fait qu'on ne pense pas à le servir. Cette illusion, je dirai plutôt cette ignorance, est d'autant plus commune de nos jours, que l'industrie semble opérer des merveilles. Celui qui n'a jamais travaillé qu'à la fabrication des machines et des outils peut quelquefois, dans sa folie, s'imaginer que l'inventeur du télégraphe et des chemins de fer aurait bien pu se créer lui-même. Ce qui contribue à l'entretenir dans l'illusion, c'est qu'il entend répéter assez souvent que de grands philosophes ne croient pas à d'autre Dieu qu'à l'homme.

Ainsi cet ancien villageois, autrefois si bon chrétien, finit par se persuader que ses croyances religieuses ne sont qu'un préjugé, dont il faut se dépouiller quand on est devenu, comme lui, ouvrier de ville. Ce qui achève de l'égarer et de le perdre, c'est qu'il ne connaît plus le repos et la sanctification du dimanche. Quand il abandonne son travail le dimanche au soir, c'est pour aller au cabaret dépenser dans l'orgie tout ce qu'il a gagné pendant la semaine. Ainsi, il n'y a pas d'autre église pour lui que le cabaret, d'autres sacrements que le vin et les alcools, d'autre enseignement que celui des journaux de cabaret, c'est-à-dire des journaux les plus impies, qui se font une gloire de rapporter ou d'inventer tout ce qu'il y a de plus humiliant et de plus défavorable à la religion et à ses ministres. Quiconque a étudié de près la vie des ouvriers des villes sait que nous n'exagérons rien. Quelle est donc triste la position de ces hommes par rapport à la religion !

Que dire des enfants de ces malheureuses familles ! Il en est qui n'ont jamais eu le bonheur d'apprendre de la bouche de leurs parents la nécessité de faire la prière, de suivre les catéchismes, d'entendre la messe, etc. Que peuvent être des enfants qui n'ont jamais entendu parler des prêtres que sous des paroles d'outrage et de malédiction ? C'est à peine si ces enfants savent distinguer un prêtre d'un laïc, comme ils savent distinguer un Chinois d'un Français, c'est-à-dire uniquement par la forme et la couleur du vêtement. On est vraiment touché de compassion quand on étudie de près les habitudes de nos ouvriers des villes, surtout de ceux qui peuplent les banlieues de la capitale. Toutes les fois que j'ai visité ces tristes quartiers, j'ai compris que ma présence de prêtre n'engendrait que l'étonnement et l'ironie. « Pourquoi donc, me disais-je en moi-même, le prêtre est-il vu d'un mauvais œil dans ces quartiers ? » C'est que les hommes qui les habitent ne connaissent pas mieux la religion que les Chinois, auxquels les missionnaires vont la prêcher. Si ces mêmes hommes habitaient les campagnes, ils n'auraient jamais ignoré la nécessité de se perfectionner par le sentiment reli-

gieux et la pratique des vertus morales ; ils sauraient
que le prêtre catholique est leur plus sincère ami et
leur plus ardent protecteur.

Dans les banlieues de Paris, l'école la plus fré-
quentée est celle du marchand de vin. Or, cette école
ne s'accorde guère avec celle du prêtre. La première
n'a que trop souvent pour effet celui d'abrutir et de
démoraliser les populations, tandis que la seconde
est faite pour élever les âmes et perfectionner les
cœurs. Je ne pourrai jamais m'empêcher de plaindre
le sort du villageois qui quitte son pays pour se réfugier dans un de ces quartiers déshérités de la capitale. Bien persuadé que la religion est le plus précieux de tous les biens, je me dis toujours : « Qu'il
est malheureux cet homme, de s'exposer ainsi à vivre
et à mourir comme une brute ! »

L'ouvrier n'est pas le seul qui soit exposé, par ses
vices, sa position et ses besoins, à vivre en dehors
de toute pratique religieuse. A part le petit nombre
d'hommes assez riches pour vivre de leurs revenus,
tous ceux qui vont dans les villes n'y vont qu'avec le
projet de s'enrichir en peu de temps. Quand on est
intelligent, actif et prudent, on peut quelquefois obtenir ce but ; mais on ne l'obtient jamais sans s'imposer de nombreuses préoccupations. Consultez les
agents de la finance et du commerce qui habitent
Paris, ils vous répondront qu'il ne leur reste pas un

seul moment pour se recueillir; à peine ont-ils le temps de prendre leurs repas et quelques heures de sommeil. Leur santé exigerait souvent des promenades en plein air; ils aiment mieux affaiblir leur tempérament que de s'exposer à compromettre leurs intérêts. Évidemment, ces hommes sont trop absorbés par les intérêts de leur position pour se préoccuper de leurs devoirs religieux. Sur cent banquiers ou négociants de la capitale, vous en trouverez quatre-vingt-dix qui ne sont jamais entrés dans une église, autrement que pour remplir un devoir de bienséance à l'égard d'un parent ou d'un ami qui se marie ou se fait enterrer.

Le nombre des personnes qui fréquentent les églises n'empêche pas que les boulevards, les cafés, les théâtres, les salles de bal, etc., ne soient remplis de monde pendant les mêmes heures. La capitale voit, chaque année, accroître sa population dans un degré tel qu'elle sent le besoin d'élargir ses édifices publics de toute nature. La multiplication des églises vient plutôt de l'accroissement de la population que de celui de la piété, quoique les habitants de la province qui vont à Paris, restent ordinairement fidèles à leurs habitudes religieuses pendant les premières années. Ce qui prouve que la religion perd considérablement à l'émigration, c'est que les émigrants qui reviennent en province, reviennent presque toujours dépouillés des sentiments religieux, sans nul attachement pour les pratiques de piété.

Il en est de la morale comme de la religion, l'émigration ne peut que lui être préjudiciable. Disons même que la religion étant la seule source de la morale, celle-ci ne peut vivre là où l'autre s'affaiblit. C'est pour cela que les populations sont morales toutes les fois qu'elles sont religieuses ; et qu'elles ne tardent pas à dégénérer, sous le rapport des mœurs, quand le sentiment religieux vient à s'affaiblir en elles. Pourquoi la population des grandes villes est-elle, en général, moins morale que celle des campagnes ? Cela vient uniquement de ce que la religion y exerce bien moins d'influence. Il en est de même pour certains départements, chez lesquels le sentiment religieux n'est pas aussi profond et aussi vivace qu'ailleurs.

Cet état de choses peut facilement s'expliquer. Nous naissons tous avec de bons et de mauvais instincts ; mais notre nature, abandonnée à elle-même, laisse facilement aux mauvais instincts la faculté de prendre l'empire sur les bons. Sans doute, la vertu a ses charmes ; mais ces charmes ne peuvent être appréciés que par celui qui a fait déjà de nombreux efforts sur lui-même pour triompher des attraits du vice. Donnez à tous les hommes les moyens de choisir entre l'orgueil et l'humilité, la cupidité et le dévouement, la volupté et la mortification, et vous verrez que le nombre des orgueilleux, des cupides et des libertins sera beaucoup plus considérable que celui des âmes humbles, charitables et chastes.

L'expérience de tous les siècles est donc là pour attester que l'homme, pour être vertueux, a besoin de recourir à une puissance étrangère aux inspirations de sa nature. Cette force ne pouvant venir que d'une éducation religieuse, il s'ensuit que là où les familles se préoccupent moins des devoirs religieux, là aussi elles doivent être moins morales. Si la population parisienne était aussi sincèrement religieuse que celle de bien des communes rurales de France, il y faudrait bien moins d'agents de police pour protéger, contre les malfaiteurs, les personnes et les choses. Ce qu'il y a de certain, c'est que, malgré une surveillance si compliquée et si bien exercée, il se commet encore dans Paris plus de forfaits contre l'honneur, la probité et la moralité, qu'il ne s'en commet dans la presque totalité des communes rurales. Ce que l'on sait sur les fraudes, les vols, les impudicités, les naissances illégitimes, les infanticides, les suicides, etc., est terrible à dire; mais ce qui reste inconnu est encore plus alarmant. Les abominations que l'on peut commettre impunément sont plus communes que les autres; et l'on sait que c'est principalement dans les grandes villes que l'hypocrite et le libertin peuvent échapper à la vigilance de leurs semblables.

Quel motif, en effet, peut engager à être vertueux celui qui ne craint pas Dieu, et ne tient pas à lui rapporter ses actions ? Je n'en vois aucun. Peut-il attendre une récompense des hommes ? Mais la plupart des actes de l'homme vertueux sont secrets ; souvent même ils ne servent qu'à lui attirer la jalousie, le mépris et la raillerie de ses frères. Peut-il craindre les châtiments ? Oui, quand il s'agit de refuser l'impôt, de mettre le feu à des bâtiments, d'assassiner un concitoyen. Mais suffit-il de s'abstenir de ces crimes pour être sincèrement honnête et bon citoyen ? Tout en échappant à la vigilance des sergents de ville et à la rigueur des tribunaux, ne peut-on pas être mauvais père, époux infidèle, se livrer à l'ivrognerie, s'enrichir aux dépens de la veuve et de l'orphelin, etc., etc. ? Comme on l'a dit bien des fois : les plus grands voleurs ne sont pas sur les chemins ; les plus coupables ne montent pas sur l'échafaud.

Une des principales raisons pour lesquelles l'immoralité fait, dans les villes, des ravages de plus en plus grands, c'est que les jeunes gens se dégoûtent plus que jamais des mariages légitimes. Les charges des familles y sont devenues tellement onéreuses, qu'elles semblent faire peur à tous ceux qui ne sont pas millionnaires. L'employé dont le traitement ne s'élève qu'à trois mille francs ou au-dessous, peut convenablement suffire à ses besoins personnels ; mais en serait-il de même s'il avait à sa charge une femme et des enfants ? L'employé subalterne, en effet, est obligé d'avoir des relations avec ses supérieurs ; sa tenue doit être toujours convenable, ainsi que celle de sa femme et de ses enfants. Vu les exigences actuelles de la mise des femmes et des enfants dans les villes, comment serait-il possible à l'employé dont nous parlons de subvenir à toutes ces charges ?

Pour échapper à ces embarras, à ces préoccupations, je dirai presque à cet état de misère, la plupart des employés prennent donc la résolution de rester célibataires. Ce système vient tellement à la mode que, sous peu, nous ne verrons faire de mariages que chez les ouvriers et les grands riches, c'est-à-dire dans les familles qui ne sont pas soumises aux exigences et celles qui peuvent les supporter. Que résulte-t-il de cet état de choses, qui laisse ainsi dans le célibat un nombre considérable de jeunes gens et de jeunes filles ? Comme il n'est guère possible, surtout dans un siècle de sensualisme, de vivre dans le monde sans compromettre son innocence, il en résulte que la morale est presque toujours gravement offensée par les personnes qui ne préfèrent ainsi le célibat que par spéculation. On

veut jouir de tous les plaisirs sans en avoir les charges et les embarras ; c'est pourquoi l'esprit de corruption se propage de jour en jour, de manière à
alarmer les consciences les moins délicates.

Tous ces résultats, si fâcheux pour la morale, ne
seraient-ils pas évités si les jeunes gens, imitant la
conduite de leurs pères, se faisaient un bonheur
comme un devoir d'habiter leur pays natal, de diriger dans leur patrimoine les travaux agricoles, et d'y
multiplier leurs revenus par des améliorations bien
comprises ?

Cette corruption générale des villes fait qu'une
fille ne peut guère s'y réfugier sans compromettre
sa vertu. Pourtant combien de pères et de mères de
famille ne se font aucun scrupule de laisser partir
leurs filles comme servantes ou modistes, sous prétexte que leur salaire sera double de celui qu'elles
pourraient gagner dans le village ? Eh bien ! je crois
que ces parents auraient besoin d'être éclairés sur le
véritable état des choses ; car je ne puis pas supposer que leur indifférence pour leurs enfants aille au
point de compromettre sciemment, d'une manière si
grave, leurs intérêts les plus sacrés.

Le père et la mère ont souvent de la peine à
sauvegarder l'innocence de leur fille dans leur propre pays. Pourtant, combien d'éléments préservatifs
ici qui n'existent pas ailleurs ? Dans les campa-

gnes, la jeune fille est généralement sage : rien ne lui enlève cette pudeur naturelle dont le Créateur a fait l'ornement et la protection de son sexe ; elle trouve chaque jour de nouvelles forces dans les instructions de son pasteur, dans les sacrements qu'elle fréquente, etc. La sollicitude de sa mère fait qu'elle évite bien des dangers, au moins les plus graves ; car la mère sait mieux que tout autre, que celui qui aime le danger ne tarde pas à y périr. La jeune personne qui se respecte tient elle-même à éviter les réunions dangereuses. Sachant que rien ne peut rester caché dans le village, elle s'abstient scrupuleusement de tout ce qui pourrait compromettre sa réputation et l'empêcher de faire un bon parti.

Dans les villes, nous ne trouvons aucun de ces préservatifs. La fille, étant séparée de sa mère, n'a pas à craindre sa vigilance ; du reste, il lui serait facile d'y échapper, lors même que sa mère habiterait avec elle. Dans les villes, on n'a pas à redouter le qu'en dira-t-on : tout peut se faire impunément aux yeux des hommes. Non-seulement les préservatifs ne sont plus les mêmes que dans les campagnes, mais tout, dans les habitudes, semble conspirer pour multiplier les écueils et tendre des piéges à l'innocence. La vanité, l'amour des bals, des théâtres, des romans, tout porte la jeune fille à prendre la voie du vice.

et à devenir ce qu'elle n'aurait jamais été dans son village (1).

Parmi les filles qui abandonnent leur pays pour se réfugier dans une ville, il en est beaucoup qui se voient comme poussées au libertinage par la force des choses. La plupart des femmes employées dans les ateliers, ainsi que les couturières et lingères de la capitale, gagnent jusqu'à deux francs par jour. Si l'on déduit le temps perdu par les maladies, les mortes-saisons, les fêtes civiles et religieuses, on comprendra que le salaire de l'année ne peut guère s'élever à la somme de cinq cents francs. Serait-il de six cents francs, que reste-t-il à l'ouvrière pour vivre après avoir payé le loyer de sa chambre, qui n'est pas moins de quinze francs par mois, et surtout après avoir pourvu aux exigences d'une toilette telle que la portent les femmes de Paris? La jeune fille est donc obligée de se procurer des ressources en dehors de celles qui lui viennent de son travail. Ainsi le besoin lui-même se joint aux attraits et aux

(1) Paris renferme une multitude de femmes qui font le métier, quand elles ne sont plus bonnes à rien, de pervertir la jeunesse et de la livrer aux libertins, qui leur prodiguent de l'argent. Les infâmes créatures qui escomptent ainsi sur l'immoralité, s'adressent aux filles de toutes les conditions, et cela par toutes sortes de moyens et de procédés qu'on peut appeler infernaux.

écueils pour la porter au mal. Voilà pourquoi les personnes qui connaissent bien le monde n'ont guère foi à la vertu d'une fille qui a passé quelques années à Paris.

Ce sont là des résultats effrayants, mais ils n'en sont pas moins communs et moins certains. Les statistiques même les plus minutieuses nous révèlent que, sur cent filles qui se livrent à la prostitution, il en est plus de trente qui y ont été poussées par le besoin. Cette statistique nous apprend aussi que ces filles de prostitution se recrutent principalement parmi les jeunes personnes qui abandonnent les campagnes pour courir dans une ville comme servantes ou couturières. Il me semble que le passé est assez instructif, à cet égard, pour éclairer les jeunes personnes et surtout les parents, sur la conduite qu'ils doivent tenir quand il s'agit de projets d'émigration. Puisqu'il est connu de tous, aujourd'hui, que les émigrations sont préjudiciables aux vertus religieuses et morales, n'est-ce pas plus que suffisant pour porter les parents à y regarder deux fois avant de laisser partir leurs enfants ? Les parents sont les protecteurs des intérêts de ceux qu'ils mettent au monde ; ce devoir leur est inspiré par la nature même, car il est rare de voir un père et une mère ne pas se sacrifier pour le bonheur d'un enfant. Le tout est donc de bien comprendre les vrais intérêts pour les rechercher par-dessus tout. Eh bien ! il me semble qu'il ne faut pas un grand effort de réflexion pour comprendre que les biens éternels réservés à l'âme par la religion, sont mille fois plus importants que les intérêts temporels qui peuvent nous échapper à chaque instant par la mort. Du reste, si l'on veut travailler de la manière la plus efficace au bonheur de la vie présente de ses enfants, l'essentiel est de les rendre sages et vertueux. Il est rare que l'on ne puisse pas supporter le fardeau de la vie, quand on est laborieux et économe, quand on est bon époux, bon père et bon citoyen. Ce qui rend vraiment heureux, c'est moins la richesse que la modération des appétits exagérés. Or, tout cela peut s'obtenir, et ne peut s'obtenir que par la religion. Tenons donc, par dessus tout, à ce que nos enfants soient religieux ; pour cela, évitons de les envoyer dans les grandes villes, toutes les fois surtout qu'ils ne peuvent pas compter d'avance sur une position meilleure. Les familles qui s'aiment entre elles comme elles doivent s'aimer, tiennent à ne pas séparer les membres qui la composent.

Pouvoir s'aider, se consoler mutuellement dans les besoins, les peines, les maladies et les joies, voilà le principal bonheur des familles. Tout cela peut s'obtenir facilement dans les campagnes, mais non dans les villes (1).

⚬⚬⚬

CHAPITRE II.

Soyons persuadés que l'État ne gagne pas davantage à l'émigration, sous le rapport de la sécurité et de la prospérité de l'ordre social.

Quoi qu'en ait dit Jean-Jacques Rousseau, les hommes ne sont pas faits pour vivre dans un état d'isolement, mais bien, au contraire, dans des rapports mutuels régulièrement établis. L'état social est un état de nature pour l'humanité; sans le secours de l'ordre social, l'humanité pourrait peut-être se maintenir, mais elle ne saurait prospérer.

Que faut-il à l'ordre social pour obtenir son but ? Il lui faut une autorité souveraine pour régler et

(1) Paris est peuplé de libertins et de débauchés qui ne comptent que sur l'escroquerie pour satisfaire leurs appétits exagérés; la plupart d'entre eux finissent par se suicider ou par mourir dans les prisons. Il est plus que probable que ces jeunes gens seraient des citoyens comme tous les autres, s'ils n'avaient point abandonné la province, et n'avaient point cessé de vivre de la vie de famille. Parmi les vagabonds qui peuplent les maisons centrales de Melun, Poissy et Gaillon, la moitié au moins est fournie par Paris, et se compose de jeunes gens de 18 à 25 ans.

faire respecter les rapports des citoyens entre eux. Que signifieraient des devoirs s'ils n'étaient pas réglés et enseignés ? A quoi serviraient les règles, si les méchants pouvaient les violer impunément ?

Puisque l'autorité est nécessaire au maintien et à la prospérité de l'ordre social, nous devons éloigner tout ce qui peut compromettre son existence, entraver son influence pour le bien. C'est là pourtant une conséquence nécessaire de l'émigration toujours croissante dans nos campagnes.

Combien de jeunes gens vont, chaque jour, demander aux villes, et surtout à la capitale, des emplois de toute sorte ? *N'obtient pas qui veut*, comme on le sait. Il arrive donc que la plupart de ces jeunes gens, après avoir dépensé leurs ressources, sont réduits à battre le pavé des rues. Que désirent-ils et que peuvent-ils désirer ? Pour qu'il y ait assez de vacances et de places disponibles, il faut des révolutions. Or, qui veut la fin, veut les moyens. Jusqu'ici même, il faut le dire, c'est par cette porte que sont entrées la plupart des révolutions qui ont bouleversé la France.

Depuis cinquante ans, on ne se couche pas un seul jour avec l'entière sécurité qu'on ne se réveillera pas le lendemain en pleine révolution. D'où naissent toutes ces incertitudes et ces anxiétés ? On sait bien d'avance que la révolution ne peut venir que d'un seul des

89 départements qui constituent la France. Pourquoi donc Paris fait-il des révolutions, alors que le reste de la France ne demande que l'ordre et la paix? Les Parisiens sont-ils plus maltraités que les autres par les gouvernements? Tout au contraire. Les Parisiens naissent-ils avec des instincts différents de ceux des autres Français? Nullement. Ce ne sont point, du reste, les vrais Parisiens qui font les barricades; ce sont des étrangers venus des provinces à la capitale pour faire fortune. Il est certain que s'il n'y a plus de solidité dans les gouvernements, cela tient uniquement aux trop grandes agglomérations. Si Paris n'avait que cent mille âmes; s'il n'avait point attiré, par conséquent, tous les villageois qui ont abandonné les campagnes, on n'aurait pas les mêmes craintes, et la France pourrait réduire, d'un seul coup, son budget de deux cents millions, en diminuant de moitié l'effectif de l'armée et celui des agents de police.

Cette réduction serait encore plus sensible, si l'on tenait compte des sacrifices que fait l'État pour donner du travail aux ouvriers qui sont venus en demander à la capitale. Qu'arrive-t-il, en effet, quand le travail vient à manquer? On ne sait faire qu'une chose, crier contre le gouvernement en le rendant responsable de tous les accidents et de toutes les misères.

Il en est ainsi pour les ouvriers de toutes les branches d'industrie et de commerce. Tant que le travail ne manque pas, et qu'il est bien payé, tout va bien. Il n'en est pas de même si une crise quelconque vient ralentir le commerce et suspendre les travaux. Alors, des milliers d'ouvriers se trouvent sans pain ; c'est au gouvernement qu'ils s'adressent; c'est sur lui qu'ils font retomber la cause de leur malheur. Quoiqu'il ne dépende pas plus des gouvernements d'éviter les crises commerciales que de changer la température des saisons, il n'en est pas moins vrai que tous les accidents lui sont imputés, et que les fauteurs des révolutions se servent de ces crises comme d'un prétexte pour ébranler l'autorité jusque dans ses bases les plus fondamentales.

Si l'on veut avoir une idée vraie de la différence qui existe dans les sentiments des cultivateurs et ceux de la plupart des ouvriers des villes par rapport à l'ordre social, on n'a qu'à consulter le résultat des votes émis, dans toutes les grandes circonstances, pour comparer celui des villes avec celui des campagnes. D'où sont venus les votes qui tendaient au trouble et au désordre? D'où sont venus les votes en faveur du respect des droits et des lois? Je n'ai pas besoin de faire la réponse, vu qu'elle est connue de tous.

Je comprends qu'un gouvernement qui se croit

menacé par un parti dangereux restreigne les libertés dont on pourrait se servir pour l'attaquer et le renverser ; mais ce gouvernement ne serait point excusable de pareilles mesures, s'il avait la conviction qu'on ne veut la liberté que pour mieux l'éclairer dans sa marche vers le progrès, et afin de pouvoir contrôler avec plus d'efficacité les actes administratifs.

On dit que *les peuples font les gouvernements;* rien ne me paraît mieux fondé que cette assertion ; car il est rare qu'un gouvernement soit despotique pour le seul plaisir de l'être. C'est pourquoi j'ose dire que l'esprit de calme qui caractérise les populations rurales est bien plus propre à favoriser l'extension des libertés, que les extravagances de certains chefs de club. Le gouvernement qui pourrait compter sur l'amour de ses sujets ne demanderait pas mieux que de se débarrasser de toutes les mesures de sûreté qui sont de nature à entraver les aspirations d'un grand nombre ; il entrerait dans la voie des libertés larges avec d'autant plus de satisfaction, que ce serait un moyen de resserrer les liens qui l'unissent à ses administrés, et d'alléger le poids de son autorité d'une grande partie de ses charges et de sa responsabilité.

Si les gouvernements légitimes n'ont rien à craindre des campagnes, il n'en est pas de même à l'égard des villes ; ils sont donc obligés de se précautionner d'avance contre toute éventualité. C'est dans ce but que l'on multiplie les fonctionnaires, les agents de police, et que l'on entretient, en tout temps, des armées nombreuses. Assurément, toutes ces précautions sont sages, puisqu'elles sont nécessaires ; mais la France ne serait-elle pas plus prospère si les millions que ces précautions nécessitent pouvaient être employés aux améliorations des campagnes ? S'il en avait été ainsi depuis cinquante ans, nos campagnes ressembleraient à des jardins ; on n'oserait plus les abandonner, et l'agriculture, principale force de la richesse publique, produirait des merveilles que n'égalera jamais l'industrie.

Tant que les populations accourront en foule dans les villes, il faudra de nombreuses armées et des multitudes de fonctionnaires publics. Commençons donc par arrêter le mal de l'émigration, et, alors, on pourra, plus que jamais, consacrer des trésors à l'amélioration des campagnes. De plus, la conscription, enlevant bien moins de bras aux travaux des champs, la science agricole ne manquera pas d'éléments pour réaliser ses bienfaits.

« Pourquoi, objectera-t-on, les hommes qui obli-
» gent l'Etat à prendre des précautions ne seraient-
» ils pas capables des mêmes excitations en habitant
» les campagnes au lieu des villes ? » La différence,

vous répondrai-je, est facile à expliquer. Les grandes assemblées, dit-on, font les grands tumultes. Telle personne qui n'aurait jamais conçu de mauvais sentiments par elle-même, est pourtant susceptible d'en accepter. On lui répète si souvent que le gouvernement a des torts graves, qu'elle finit par se le persuader. De la persuasion elle passe facilement à la colère, surtout si elle souffre, et croit qu'elle peut faire cesser son mal par un changement de gouvernement. L'ouvrier des campagnes n'a qu'une préoccupation, celle de bien faire son travail et de donner du pain à sa femme et à ses enfants. Il n'en est pas de même de l'ouvrier des villes; celui-ci est ordinairement débauché; à peine connaît-il de nom les joies de la famille, qui ne font sur lui aucune impression sensible. Les jouissances qu'il recherche, et dont il s'est fait pour ainsi dire un besoin, ce sont celles que l'on goûte au cabaret et au café, dans l'abus du jeu et des boissons alcooliques. Or, il est rare que les habitués du café ne soient des hommes sans ressources, des hommes avides de bouleversements sociaux.

L'homme débauché qui vit au jour le jour, c'est-à-dire celui qui ne travaille que parce qu'il ne pourrait, sans argent, être admis au cabaret, peut aimer les bouleversements; mais il n'en est pas de même de celui qui est propriétaire, et qui, comme tel, a tout intérêt à ce que la prospérité du commerce ne soit pas entravée par une révolution. Eh bien! il est rare que nos ouvriers des campagnes ne parviennent point, à force de travail et d'économie, à devenir possesseurs d'un petit avoir, ne serait-ce que d'une terre ou d'une maison. Le villageois qui possède un lambeau de terrain se sent pour lui autant d'attachement, que le grand propriétaire pour ses nombreux domaines. Comme il a horreur du communisme et du socialisme, et qu'il craint qu'une révolution n'ouvre la porte à ces fléaux, il tient par-dessous tout à conserver le pouvoir existant, surtout si ce pouvoir est du nombre de ceux qui favorisent la prospérité des campagnes. Tout simple qu'il paraît, ce villageois comprend, dans son gros bon sens, que le grand mal de la société actuelle, c'est de n'avoir pas de stabilité dans ses idées et ses convictions; il reconnaît qu'il y aurait bien plus d'élan et de confiance dans tous les rapports et transactions, si chacun de nous pouvait se dire : « De cent ans au » moins, il n'y aura pas de révolution. »

« Agriculteur, dit Caton, est synonyme de bon citoyen. » L'agriculteur tient plus que personne aux bons gouvernements; le législateur qui lui va le mieux n'est pas tant celui qui fait pulluler les journaux et les harangues, que le prince qui s'attache à encourager l'agriculture par l'écoulement des produits et la diminution de l'impôt foncier. Appréciant les événements et les actes, non en politique habile, mais en homme de bon sens, il comprend que si l'agriculture avait absorbé les fonds que l'on a dépensés depuis un siècle à des solennités purement diplomatiques, la France n'en serait pas moins florissante, ni les habitants moins riches et moins heureux.

Je sais que bien des utopistes ont reproché aux habitants de la campagne de n'être pas jaloux de leurs droits politiques. « Si tout le monde leur res- » semblait, disent-ils, nous n'aurions jamais eu que » des gouvernements despotiques et absolus. » C'est là une grave erreur, croyez-le. Le paysan est essentiellement ennemi des priviléges qui l'ont maintenu, pendant des siècles, dans un état de misère et d'abrutissement. Sa répugnance, à cet égard, est tellement vive, qu'elle va quelquefois jusqu'à l'injustice. Mais si le paysan est essentiellement jaloux de l'égalité civile et de tous les autres droits essentiels à la dignité humaine, il n'est pas moins conservateur. Avant tout, il a horreur de tout ce qui peut troubler l'ordre public, entraver la prospérité du commerce et troubler la paix des familles. Qu'on sache bien que toutes les fois qu'il s'agira d'aggraver l'impôt foncier, de porter atteinte à la religion et à la morale, de menacer les droits de la famille et de la pro-

priété, le paysan se fera un devoir de s'opposer énergiquement à des utopies si dangereuses. Faudrait-il
pour cela recourir à des gouvernements absolus, qu'il
ne reculera jamais ; car, ayant pour principe de choisir
de deux maux le moindre, il préfère avoir moins de
libertés politiques que d'être menacé dans la possession et la jouissance de ce qui lui est le plus cher
et le plus sacré.

L'expérience nous apprend qu'il est impossible
d'attenter à l'existence de l'autorité sans affaiblir,
par cela même, la confiance et troubler la marche
des affaires les plus essentielles à la prospérité publique. Il en est des transactions agricoles, industrielles et commerciales comme des fonds cotés à la
Bourse : leurs conditions sont plus ou moins favorables, selon que la sécurité de l'Etat est plus ou
moins apparente. N'avons-nous donc pas raison de dire
que les trop grandes agglomérations des grandes
villes portent considérablement atteinte à la marche
de la prospérité publique, en compromettant la sécurité de l'ordre social?

Si, en parlant des ravages que l'émigration fait à
l'agriculture, nous avions à prouver comment la prospérité sociale est instamment liée au progrès agricole, les éléments ne nous feraient pas défaut : nous
montrerions que l'on ne peut mépriser cette science
fondamentale sans jeter, par cela même, dans l'ordre

social, un germe de misère et de trouble ; nous n'aurions même pas besoin de recourir aux arguments, nous n'aurions qu'à invoquer l'histoire des différents peuples qui se sont succédé dans le monde, et elle nous répondrait aussitôt en faveur de notre assertion.

L'histoire nous dit, en effet, que tant que l'agriculture fut en honneur chez les Romains, ce peuple resta un des plus puissants et des plus prospères du monde. Romulus et Numa avaient compris, dans leur législation, qu'il fallait associer l'amour de la propriété à celui de la patrie. L'empire tomba en décadence aussitôt que l'on s'éloigna de ces principes. Si nous parcourions l'histoire des autres peuples, nous y trouverions les mêmes inspirations et les mêmes enseignements.

C'est pourquoi nous remarquons, dans l'histoire même de notre patrie, que tous les princes illustres ont tenu à se préoccuper des améliorations agricoles. Appréciant sainement la source de la prospérité publique, ils ont tenu par dessus tout à inspirer l'attachement au sol et le désir des améliorations. Leurs désirs ont été souvent trop limités, et leurs inspirarations n'ont pas été assez secondées. Mais nous croyons que si ces princes, véritablement jaloux du bien-être général, n'avaient pas rencontré d'obstacles et avaient pu vivre assez longtemps pour réaliser leurs bons désirs, leur règne aurait été une époque et un progrès pour l'agriculture.

C'est donc que l'agriculture est un principe de vrai progrès dans le bien-être général, et que tous les éléments qui, comme la désertion des campagnes, lui sont un obstacle, sont aussi, par cela même, un vrai malheur pour la prospérité de l'ordre social.

Par suite de l'émigration, les campagnes se dépeuplent, les terrains incultes restent dans le même état ; des champs, cultivés autrefois, deviennent souvent improductifs à défaut de bras pour les travailler. Ce qu'il y a de certain, c'est que plusieurs terres mal cultivées rapportent moitié moins de ce qu'elles pourraient produire si elles étaient mieux cultivées. La base même de tout progrès tombe donc en décadence. Si ce mal croissait, à l'avenir, dans les mêmes proportions qu'il a prises jusqu'ici, il ne s'ensuivrait pas seulement un état de gêne, il en résulterait, à un moment donné, une véritable crise sociale, plus terrible et surtout plus difficile à réparer que toutes les révolutions du monde.

N'oublions donc jamais que la vie des campagnes est une vie paisible, ne créant jamais plus de besoins qu'elle ne peut en satisfaire. Si les révolutions viennent des intrigues suscitées par des cabales ambitieuses, elles n'auront jamais accès dans nos campagnes. C'est pour cela qu'il serait plus sage de rendre les émigrations inutiles que de dépenser des millions pour parer aux dangers que ces émigrations peuvent offrir sous le rapport politique. Si les gouvernements qui ont dépensé des millions pour attirer, de mille manières, dans les grandes villes et surtout à Paris, nos populations rurales, avaient au contraire employé ces millions à les retenir dans les campagnes par le travail et le bien-être, ces gouvernements seraient probablement encore vivants. Aussi, croyons-nous que le gouvernement actuel a su embrasser une voie meilleure en manifestant plus d'intérêt pour ce qui tient au bien-être des campagnes.

Plus la France comptera d'agriculteurs, plus aussi elle comptera d'esprits élevés, de citoyens amis de l'ordre. L'agriculteur, généralement indépendant par caractère et par position, est rarement de ceux qui plient à tous les vents et se mettent à genoux devant les grands pour obtenir ou conserver une place ; mais il n'est pas de ceux non plus qui, fondant des espérances sur un changement de gouvernement, prennent à tâche de le dénigrer à tout prix. Le propriétaire honnête a tout intérêt à contribuer à la sécurité et à la prospérité de l'ordre social : de même que les bons agriculteurs font la richesse d'un État, de même aussi la prospérité de l'État est extrêmement avantageuse aux intérêts de l'agriculteur.

« En 1846, dit M. de Falloux, c'est-à-dire à une

époque de pleine sécurité gouvernementale, un bureau de la chambre des députés avait à nommer son commissaire du budget. La discussion allait se fermer sur quelques banalités politiques, lorsqu'un député, d'un visage imposant et d'un accent convaincu, se mit à déclarer qu'il avait une recommandation expresse à faire au commissaire qu'on allait élire : c'était d'insister de toutes ses forces contre l'affluence de plus en plus effrayante de la population ouvrière de tous les points de la France à Paris. « Depuis » longtemps, dit-il, membre du conseil municipal pa- » risien, je vois le flot monter, le péril grossir ; nous » nous endormons au sein d'une tranquillité trom- » peuse, et nous serons réveillés quelque matin par ». une formidable catastrophe. »

Quel député parlait ainsi? Était-ce un conservateur ahuri, un rétrograde sans entrailles et sans lumières? Non ; c'était un homme que sa prédiction accomplie allait porter bientôt au pouvoir, c'était François Arago. Sa patriotique doléance avait surtout en vue la soudaine agglomération ouvrière occasionnée par l'exécution des fortifications de Paris. Depuis, nous avons assisté à la révolution de février, nous avons vu la République escalader le palais Bourbon, un Louis Blanc s'emparer du Luxembourg ; nous avons subi les terribles et douloureuses journées de juin, et toutes ces leçons ont été perdues.

Depuis qu'Arago adressait ces paroles, le mal n'a fait qu'empirer ; Dieu veuille lui trouver un terme au plus tôt !

CHAPITRE III.

Les trois quarts de ceux qui émigrent en s'imaginant trouver le paradis terrestre hors de leur pays, sont victimes de cette illusion.

Aux yeux de la plupart des hommes, le bonheur de ce monde consistant dans la possession ou des honneurs, ou des richesses, ou des plaisirs, ou de la santé, ou des joies domestiques, il est assez important de savoir si la carrière qui mène à cette possession est plus accessible au commun des mortels, dans les villes que dans les campagnes.

Assurément, on peut acquérir des honneurs dans les grandes villes, puisque c'est là, en effet, que se trouvent les grands savants et les hauts dignitaires : mais on conviendra que de tels hommes doivent être regardés comme une exception bien minime, à laquelle fort peu de gens peuvent être appelés. Pour le commun des hommes, obtenir des honneurs, c'est se faire connaître, honorer et respecter d'un certain nombre de ses semblables : ce résultat est plus que suffisant pour un homme qui n'est pas dévoré par la soif immodérée de l'ambition. Eh bien! cette voie des honneurs est mille fois plus facile dans les campagnes que dans les villes. Tel propriétaire, qui est assez bien posé dans son pays pour être maire, conseiller général et quelquefois même député, est à peine connu du concierge de l'hôtel, lorsqu'il habite Paris. Son influence, très puissante sur la population du pays qu'il habitait autrefois, se réduit à rien depuis qu'il habite la ville. C'est à peine si son domestique consent à voter dans son sens quand il s'agit d'élections.

Celui qui met son bonheur dans la possession des richesses ne gagne pas davantage en quittant son pays pour habiter une ville. Il ne s'agit point ici de l'avare; car l'avare ne va jamais où les dépenses sont plus fortes, à moins qu'il ne sente le besoin d'échapper à la réprobation de ses voisins, qui connaissent ses mauvais penchants. Il est certain que celui qui ne tient à la fortune que pour les jouissances qu'elle peut procurer sert bien mal ses intentions en allant habiter une ville. Trois mille francs ne lui donnant, à Paris, d'autres résultats que ceux qu'il obtenait à la campagne avec mille francs, par le fait, ce riche bourgeois a perdu les deux tiers de ses revenus. S'il avait trente mille francs de rente, il n'en a plus que dix en réalité; bien plus, le bourgeois de nos villages, qui dépense dix mille francs par an, vit bien plus au large et mène bien plus grand train que celui qui dépense trente mille francs à Paris; le loyer seul que paie ce dernier, pour se loger selon son rang, suffirait à payer toutes les dépenses que font les premières maisons des localités rurales. Assurément, c'est plutôt dans les grandes villes que dans les campagnes que l'on arrive à ces fortunes colossales dont il est fait tant de bruit; mais avouons qu'il en est de ces fortunes comme des grandes dignités de l'empire; ce sont de rares exceptions. Sur cent qui visent aux grandes fortunes, il y en a plus de quatre-vingt-dix qui n'y arrivent pas, et plus de trente qui font faillite. Ainsi, il y a plus de chance de se plonger dans la misère que de devenir richard. Il me semble que dans cet état de choses, l'homme sage ne doit pas courir cette chance; il sait qu'en restant dans son pays il ne manquera jamais de pain, et qu'il pourra même se faire une position honorable; cela lui suffit; car, à ses yeux, le certain est toujours préférable à l'incertain.

Certaines gens, disons-nous, veulent des plaisirs par-dessus tout; rien ne s'y oppose. Dieu n'a pas mis seulement dans la nature les choses nécessaires, il y a mis aussi des choses purement agréables. Mais, dites-moi, les agréments n'abondent-ils pas dans les campagnes pour celui qui sait les apprécier? Les plaisirs factices qui nous viennent de la main des hommes peuvent bien exciter des émotions vives ; mais croyons bien qu'ils ne valent jamais, pour le vrai bonheur de l'homme, ce que valent les satisfactions naturelles.

S'il y a dans les villes des agréments qu'on ne saurait trouver dans son pays, la réciproque n'est pas moins vraie. Ajoutons qu'en général les plaisirs de la ville se paient fort cher, non-seulement au point de vue de la bourse, mais surtout au point de vue des préoccupations et des anxiétés.

« Mais, s'écrie-t-on de tous côtés, est-il possible de rester à la campagne pendant l'hiver, alors que la nature a perdu ses agréments, et qu'il est impossible d'y trouver une compensation dans les charmes de la société ? » (1) Pourquoi, vous répondrai-je, la société fait-elle défaut dans nos campagnes? C'est précisément parce que vous l'abandonnez ; si les meilleures familles donnaient le bon exemple de l'at tachement au pays, les autres finiraient par les imiter, et, alors, chaque maison notable pourrait se

(1) Tous ceux qui connaissent la vie intime des villes savent que, malgré la courtoisie avec laquelle on se traite, on ne se réunit ou on ne se complimente mutuellement que pour se critiquer quelques heures après. Dans la plupart de ces réunions, l'esprit de charité est remplacé par l'esprit de mensonge et d'hypocrisie.

créer plus de relations intimes qu'elle n'en a ailleurs
par le fait. Du reste, ce que nous blâmons ici, c'est
moins un séjour de quelques mois d'hiver dans une
grande ville, qu'un mépris général pour tout ce qui
tient aux campagnes. La plupart des grandes familles se font un honneur de se dire domiciliées à
Paris, en se réservant comme avantage accessoire
de passer quelques mois d'été à la campagne. Nous
voudrions, au contraire, qu'elles se fissent une gloire
de maintenir leur véritable domicile dans le pays
de leurs ancêtres pour conserver la haute direction
de leur propriété, et qu'un séjour de quelques mois
à Paris ne fût que l'accessoire. Selon nous, la plupart des riches font de l'accessoire le principal et
du principal l'accessoire.

Les hommes qui placent le vrai bonheur dans la
santé sont bien plus sages que tous ceux dont nous
venons de parler. Quand on se porte bien, on trouve
des jouissances presque partout; mais l'état de dou-
leur venant des infirmités, fait que tout ce qui est
plaisir pour d'autres n'est que fardeau pour nous.

Si la santé est le plus précieux de tous les biens,
n'est-ce pas, dites-moi, à la campagne plutôt qu'à la
ville qu'il faut la chercher? A Paris, par exemple,
tout semble conspirer pour affaiblir le tempérament :
les préoccupations sont plus nombreuses, les émotions plus vives, les éléments de la nourriture

souvent falsifiés, les appartements trop étroits, et l'air, qui contribue encore plus que le pain à la richesse de la santé, est presque toujours usé quand on le respire.

Parlez-moi de cette vie des champs, dans laquelle les préoccupations nuisibles sont extrêmement rares, parce que les besoins sont moins étendus, et que l'on n'est pas obligé d'entraver, à chaque instant, les mouvements naturels de son corps par les chaînes d'une étiquette trop compliquée. Les émotions vives ne sont pas les seules, dans les villes, destinées à user les tempéraments; les excès de débauche et de libertinage y contribuent encore plus. Soit pour une raison ou pour une autre, le fils le plus choyé du millionnaire de la capitale ne peut nullement se comparer, sous le rapport de la force des organes, aux enfants de nos laboureurs; les infirmités précoces ne font guère de victimes que dans les villes; les maladies chroniques sont presque aussi inconnues dans nos campagnes que le choléra.

Autrefois, le nombre des aliénés n'était en France que de 12,000; de nos jours, il s'élève à 60,000. Ce triste état ne peut provenir que d'une chose : de la trop grande multiplication des préoccupations et des émotions, ainsi que de la corruption des mœurs. Sous ce rapport, notre siècle a fait un progrès bien triste et bien rapide; il est naturel qu'il en subisse

les fâcheuses conséquences. Eh bien! la vie des villes est, par rapport à celle des campagnes, ce qu'est notre siècle par rapport à ceux qui l'ont précédé. Ce qui le prouve, c'est que les essais que l'on a faits de guérir la folie par les occupations de la vie agricole, ont déjà produit des résultats merveilleux.

On a raison de chercher le bonheur dans les affections domestiques : les joies que l'on éprouve ainsi sont des joies si pures qu'elles ne laissent jamais de remords après elles. Naturellement, l'épouse regarde comme siens les sentiments d'admiration que le public adresse à son mari; il en est de même de la mère vis-à-vis de son enfant. L'époux n'est pas moins heureux d'être agréable à son épouse, et le fils à sa mère. Évidemment, pour goûter de pareilles joies, il faut que les familles ne soient point séparées dans leurs membres, et que les liens de l'union et de la fidélité chrétiennes les maintiennent en bonne harmonie. Il n'y a guère que les campagnes religieuses qui soient capables de montrer de telles familles; car il est rare que dans les villes, le chef de la famille vive sous le même toit que son fils et son petit-fils; c'est déjà beaucoup d'obtenir qu'un époux soit en paix avec sa compagne et lui reste fidèle.

Ceux qui savent apprécier les joies de la famille sentent rarement le besoin d'aller chercher des plai-

sirs frivoles dans une grande ville. Rarement les hommes mariés recherchent les villes pour le seul désir des agréments; c'est presque toujours l'esprit d'ambition et de spéculation qui les pousse à une pareille démarche. De la femme, il en est tout autrement. N'ayant pas, comme l'homme, la faculté de jouir de certains plaisirs extérieurs, tels que la pêche, la chasse, etc., la campagne lui paraît souvent pleine d'ennui. La femme qui est encore jeune veut, avant tout, plaire par les charmes de sa physionomie, de sa conversation et de sa mise. Ordinairement pleine de vanité, elle s'imagine que c'est uniquement dans les villes qu'elle peut attirer l'attention et l'admiration dont elle est si jalouse. Combien de femmes ont causé la perte de leur famille en entraînant leur mari à la capitale !

Cette femme, obligeant ainsi son mari à fixer son séjour dans une grande ville, sera-t-elle plus heureuse qu'elle n'aurait pu l'être dans son pays ? Non, mille fois non. Je suppose qu'elle ait à sa propre disposition trois ou quatre mille francs par an pour se produire dans le monde; cela n'est pas grand chose pour la mise d'une femme; c'est à peine si elle pourra annuellement se présenter dans cinq ou six soirées. Les quatre mille francs que son mari lui laisse pour les extra de toilette ne suffisant pas pour exciter l'admiration, il lui sera difficile d'échapper à des critiques, à des railleries et, par conséquent, à bien des tribulations.

Convenons que si cette femme était restée dans son pays, et qu'elle eût employé ces quatre mille francs à secourir les pauvres, à faire des heureux, elle aurait bien mieux atteint le but qu'elle se propose. Tous les habitants des communes voisines la citeraient, à tout moment, comme un modèle de charité, comme un ange tutélaire envoyé du ciel pour les pauvres de la localité. Sans doute, en fait de bonnes œuvres, notre main droite doit ignorer ce que fait notre main gauche quand on veut que nos actes ne soient connus et récompensés que de Dieu seul ; mais, puisqu'il s'agit ici de la femme qui sent le besoin de faire parler d'elle et de se faire admirer, nous préférons mille fois, dans l'intérêt de la société et celui des pauvres, que cette femme cherche la gloire et les satisfactions dans les bonnes œuvres qu'elle peut faire dans son pays, que dans les dépenses qu'elle ferait dans une grande ville, en se singularisant par la forme plus ou moins nouvelle de ses vêtements.

Ah ! si les propriétaires employaient aux améliorations agricoles le quart des millions que leurs femmes dépensent en pure perte, pour se faire remarquer dans quelques réunions, la prospérité de la France serait assurée, et pas un seul ouvrier de nos campagnes ne serait forcé de quitter son pays par le manque de travail ou l'insuffisance des salaires. D'un autre côté, si je faisais la nomenclature des familles que la vanité des femmes a précipitées dans la misère, on verrait que ce tableau est effrayant. Assurément, beaucoup de maisons doivent leur conservation et leur prospérité à l'intelligence, à l'activité et à l'ordre des femmes qui les dirigent; mais il est à remarquer que ces femmes ne sont jamais celles que la vanité fait déserter les campagnes. La femme qui se sent capable, par sa fortune et son intelligence, de se faire remarquer entre les autres, trouve moyen d'user de la puissance que Dieu lui a donnée sans sortir de son pays. Plus perspicace que bien d'autres, elle comprend que si les villes ne donnent souvent que d'hypocrites admirateurs, il n'en est pas de même des campagnes.

Vous me répondrez peut-être que les occasions de faire le bien ne manquent pas plus dans les villes que dans les campagnes. Cela est vrai; mais il faut convenir en même temps qu'on n'y trouve pas la même satisfaction, et qu'on n'obtient pas les mêmes résultats. Les dépenses étant deux fois plus fortes dans les villes que dans les campagnes, telle famille qui consacrait une somme de deux mille francs aux bonnes œuvres, finit par ne pas se trouver cinq cents francs à la fin de l'année pour cette destination.

Donc, telle famille qui donnerait beaucoup à la campagne, donne très peu à la ville; telle autre famille qui donnait passablement, peut à peine suffire à ses besoins. C'est donc une perte réelle pour le soulagement de la misère, ainsi que pour la consolation de celui qui donne. Ce n'est pas tout : si les exigences du riche sont plus considérables à la ville qu'à la campagne, il en est de même de celles du pauvre. Telle somme qui pourrait nourrir, vêtir et chauffer cinq familles de notre pays, suffit à peine pour entretenir un pauvre de la capitale. Sous ce rapport, la misère perd encore des éléments de secours, et le riche qui donne fait beaucoup moins de bien.

Ajoutons que le riche des villes ne connaît pas assez l'état de chaque pauvre. S'il donne par lui-même, il peut laisser des besoins réels et favoriser par son aumône le vice et la paresse. S'il donne par intermédiaire, il n'a pas le bonheur de voir le pauvre de près et de joindre une consolation à son obole. Ajoutons encore que le pauvre des villes étant bien loin de valoir celui des campagnes, sous le rapport des sentiments du cœur, la fortune du riche fait plutôt des jaloux et des ingrats que des heureux pleins de reconnaissance.

Il me semble que si l'on savait mieux apprécier les avantages réels de la vie des champs, on n'y renon-

cerait jamais sans de graves motifs. On ne dirait
plus : « Je vends ma propriété; je quitte la cam-
» pagne, parce qu'il est impossible de supporter la
» vie pénible qu'on y mène. » Mais on dirait : « Si
» je quitte mon pays, je ne le quitte qu'à regret, et
» cela seulement parce que des intérêts publics ou
» privés m'appellent ailleurs. »

Le maintien et la prospérité de l'ordre social exigent que certains hommes plus capables que d'autres s'appliquent à exercer des fonctions publiques.
Comme ces fonctions ne doivent guère s'exercer
que dans les villes, il faut bien que ces hommes
renoncent à l'habitation des campagnes et aux avantages de la vie agricole. Leur conduite, nous l'a-
vouons, est plus louable que blâmable. Mais ce que
l'on déplore, ce sont les illusions par lesquelles tant
de jeunes gens des campagnes, s'imaginant être plus
malheureux qu'ils ne le sont en réalité, se croient appelés à occuper des emplois, et abandonnent ainsi le certain pour l'incertain. Ce serait un malheur que tous les
Français ne voulussent être qu'agriculteurs, vu qu'il
faut des intelligences pour les fonctions publiques et
des bras pour l'industrie ; mais le mal n'est pas moins
grand quand tous les agriculteurs veulent être négociants ou placistes, vu qu'il faut du pain à la France,
et que le blé ne peut sortir de la terre sans qu'elle
soit travaillée. L'ordre veut donc qu'il y ait des pla-

cistes et des agriculteurs ; si l'agriculture est en décadence, l'équilibre est rompu, la société est en souf-
france, et les individus ne peuvent manquer de s'en
ressentir. C'est pourquoi nous désirerions que tous
ceux qui habitent les campagnes et ne sont pas
nécessaires dans les villes, comprissent que la position certaine qu'ils occupent est souvent préférable
à celle qu'ils envient.

Tous ceux qui abandonnent les campagnes pour
réclamer des emplois aux villes comprennent-ils bien
les embarras et les tribulations dont ils demandent à
se charger ? Outre la responsabilité morale d'un emploi quelconque, à combien d'exigences, de préoccupations ne faut-il pas se plier pour contenter ses
inférieurs et surtout ses supérieurs ? On peut, à chaque instant, encourir des désagréments avec les
meilleures intentions du monde. Cela est encore plus
vrai quand on s'écarte des règlements ; pourtant quel
est l'homme assez parfait pour ne s'en écarter jamais ? Sur cent employés, il y en a plus de quatre-
vingts qui sont moins heureux que ceux de leurs
frères qui sont restés fidèles à la culture des champs.
Je sais qu'il y a des emplois qui n'ont pas de contrôle de la part d'agents supérieurs ; mais alors, au
lieu de compter avec des supérieurs, on compte
avec le public. Or, sachez-le bien, le contrôle du
public est, en général, le contrôle le plus injuste, et

surtout le plus exigeant, pour ne pas dire le plus tyrannique.

Vraiment, plus on réfléchit sur les avantages et les inconvénients de la vie des villes, plus on est étonné de la fureur qui nous porte à abandonner les campagnes. Ce qui étonne surtout, c'est la manière ordinaire de compter sur la valeur des traitements. Ainsi, il n'est pas de jour qu'on ne dise aux fonctionnaires de campagne : « Si vous étiez à Paris, » vos ressources s'élèveraient à trois ou quatre mille » francs. » Mais, dites-moi, quel est le plus riche de deux employés, est-ce celui qui, recevant trois mille francs, en dépense quatre, ou celui qui, n'ayant que quinze cents francs, en réserve annuellement trois cents? Il me semble que c'est plutôt le dernier, vu qu'il sait répondre honorablement à tous les besoins de sa condition sans compromettre ses intérêts. C'est pourquoi, si j'avais de l'argent à prêter, je le prêterais avec plus de confiance à un instituteur ou à un curé de campagne, dont le traitement n'est que de neuf cents francs, qu'à un lieutenant de l'armée de Paris, qui perçoit plus de quatre mille francs par an. Ce qu'il y a de certain, c'est que les instituteurs et les curés de campagne sont moins souvent forcés de recourir à des emprunts que les officiers dont nous parlons. Pourtant l'instituteur est presque toujours obligé de pourvoir aux besoins d'une famille entière, et le curé est toujours le premier souscripteur des bonnes œuvres de sa paroisse. Si le public était mieux fixé sur les exigences des villes, il serait moins attiré par le taux des salaires et des traitements qu'on y perçoit.

S'il y a une différence sensible entre les exigences de la capitale et celles de la province, il y en a aussi une entre les exigences du fonctionnaire et celles du propriétaire. C'est pourquoi l'agriculteur a tort de pousser ses enfants à renoncer aux travaux agricoles pour aspirer à des places; je ne vois pas de position plus favorable à la paix du cœur et à l'indépendance, que celle d'agriculteur. Pourvu qu'il soit honnête et vertueux comme doit être tout bon chrétien et tout bon citoyen, l'agriculteur n'a rien à craindre de personne; l'heure de son lever, de son coucher, de ses repas, etc., ne regarde personne. Sachant qu'il n'a qu'à se contenter lui-même, il se trouve débarrassé de mille préoccupations et anxiétés, qui ne contribuent pas peu à altérer la santé et à abréger la vie. Comme l'homme est créé pour respirer un air pur et se donner du mouvement, et non pour rester cloué sur un fauteuil dans une étroite cellule, la nature même des occupations auxquelles se livre le propriétaire ne servent pas peu à fortifier son tempérament et à le préserver, pour le temps de sa vieillesse, de bien des infirmités. Le paysan se connaît donc mal quand il se croit plus malheureux que son notaire ou son médecin ; il est au contraire bien plus heureux, toutes les fois que son travail lui permet de vivre avec aisance dans sa condition.

Ah ! si le paysan qui peut suffire aux besoins de sa famille en travaillant le peu de bien que son père lui a laissé, pouvait lire dans le fond des cœurs comme Dieu y lit, il apprendrait une chose dont il est loin de se douter ; il apprendrait qu'un très grand nombre de ceux qui portent l'habit de bourgeois envient son sort ! Je ne parle pas seulement de ceux qui sont réduits à battre le pavé des rues après avoir reçu une assez forte somme d'instruction, je parle aussi de tous ceux qui sont obligés, par position, de vivre comme bourgeois sans en avoir les revenus.

Je conviens que le paysan travaille assez durement dans certaines saisons de l'année ; mais ce travail, qui paraît si pénible à ceux qui n'y sont pas habitués dès le bas âge, n'est presque rien pour l'habitant des campagnes. Malgré son peu de soin et de prudence pour sa santé, le paysan est bien plus fort et vigoureux que le bureaucrate qui ne voit jamais la sueur ruisseler sur son visage ; de plus, le paysan est heureux et satisfait quand il a conduit ses enfants à l'âge où ils peuvent travailler ; à sept ou huit ans, ses enfants peuvent gagner leur pain.

Les embarras et la sollicitude du petit bourgeois sont loin de finir sitôt : c'est précisément à sept ou huit ans que son enfant commence à lui coûter beaucoup d'argent. Depuis cet âge jusqu'à ce qu'il pourra obtenir le diplôme de bachelier, cet enfant sera obligé de passer au moins dix ans dans les colléges. Après ce laps de temps, cette somme de dépenses, sera-t-il reçu bachelier? On n'en sait rien, car il y en a beaucoup qui ne le sont pas. Une fois bachelier, tout n'est pas fini, car le diplôme de bachelier ne donne pas de pain. Quelle carrière embrasser? C'est là un nouvel embarras; ici encore il faut d'autres années et d'autres dépenses. Que faire si on a trois ou quatre enfants? Que devenir si les enfants meurent ou tournent mal après que l'on a tout sacrifié à leur préparer une carrière? Heureux mille fois le paysan débarrassé de toutes ces anxiétés!

Les conséquences ne sont pas moins fâcheuses pour la plupart des ouvriers qui accourent dans les villes. C'est principalement sur eux que le séjour des cités populeuses exerce une fâcheuse influence sur la santé. Réduits à coucher dans des appartements étroits, à passer la journée dans un atelier où l'air est vicié; n'ayant guère le loisir d'aller loin des villes respirer de temps en temps un air plus pur; n'ayant pas de quoi se procurer une nourriture assez variée,

leur tempérament s'affaiblit peu à peu. De là résultent des maladies qui les obligent à dépenser en peu
de temps la plus grande partie de ce qu'ils ont réservé à force de travail et d'économie.

Sauf quelques rares exceptions, l'ouvrier des villes, malgré le prix élevé de ses salaires, n'est guère
plus avancé, à l'époque de sa vieillesse, que ne le sont
la plupart de nos ouvriers des campagnes. Pourtant
l'ouvrier des campagnes a été souvent obligé de
nourrir un père et une mère infirmes, de nombreux
enfants; tandis qu'en général l'ouvrier des villes,
séparé de ses vieux parents, s'inquiète fort peu de
leur sort. Tous les avantages seraient donc pour l'ouvrier des campagnes, si les riches propriétaires employaient, comme ils devraient le faire, à occuper
les ouvriers du pays, les revenus annuels qu'ils vont
dépenser dans les villes.

Une chose certaine, c'est que les fournisseurs
éprouvent mille fois plus de pertes de la part des
ouvriers dans les villes que dans les campagnes.
Cela tient-il à ce que l'ouvrier des campagnes est
plus honnête, ou bien à ce qu'il est mieux en état
de payer? Je n'en sais rien; je m'en tiens aux faits
sans me jeter dans des hypothèses pour les expliquer. Une chose non moins certaine, c'est que
l'ouvrier des villes a souvent besoin, quand il est
malade, de recourir à la gratuité des remèdes et

du médecin. Dans les campagnes, sauf quelques cas très rares, nos ouvriers trouvent moyen de se faire soigner sans être forcés de frapper à la porte d'un hospice. Je pourrais ajouter que l'ouvrier des campagnes sait se faire honneur dans bien des cas où l'ouvrier des villes se croit forcé à recourir à des certificats d'indigence.

« Oui, dit-on, l'ouvrier des campagnes, dans sa
» modeste aisance, est moins exposé que celui des
» villes à se trouver pris par les besoins imprévus;
» mais son peu de réserve tient à ce qu'il se prive
» de tout plaisir, et sait se contenter de son pain et
» de sa soupe. » J'avoue que nos ouvriers sont moins assidus que bien d'autres à fréquenter les cafés et les cabarets; mais est-ce là un grand mal, même au point de vue de la santé et de la dignité de l'homme? Le mal est que parmi ces ouvriers il en est encore trop imitant sur ce point les habitudes des citadins. C'est dans ce petit nombre qu'on trouve la misère, la fainéantise et l'abrutissement. Il est certain que nos ouvriers pourraient bien mieux se nourrir sans compromettre leur position; s'ils vivaient mieux, ils pourraient travailler et gagner davantage, ce qui reviendrait donc au même. Quoi qu'il en soit, le malheur n'est pas si grand qu'on le pense; puisqu'on doit manger pour vivre, et non vivre pour manger, la condition de nos ouvriers est encore plus favo-

rable que celle des citadins : ils ont moins de maladies, et le terme moyen de la vie humaine est
bien plus long que dans les villes.

Règle générale : malgré le prix élevé des salaires,
l'ouvrier des villes, qui a le même nombre d'enfants
à nourrir que celui des campagnes, ne jouit point
de la même aisance. Là où le villageois peut se passer du secours des autres, le citadin ne le peut pas.
Que n'aurions-nous pas à dire des ouvriers de la capitale qui vont à la grève chaque matin, sans pouvoir y trouver de travail? On ne peut s'empêcher de
gémir quand on pense que des milliers d'ouvriers
aspirent très long-temps, sans pouvoir l'obtenir, à
une place de balayeur de rue, de chiffonnier, de
croque-mort, etc. Cette pitié peut-elle ne pas se
changer en indignation, quand on apprend que ces
ouvriers qui souffrent en attendant une place si pénible et si humiliante, sont venus des campagnes,
où leur position aurait été mille fois plus honorable
et plus avantageuse !

Je suis persuadé que si les familles de province
savaient tout ce qu'il y a de pénible, d'humiliant
dans la position de la plupart de ceux qui ont abandonné la campagne pour chercher fortune à Paris,
elles ne consentiraient jamais à courir cette triste
chance. Malheureusement, ce qu'on raconte de Paris, ce qu'on y voit n'est toujours que le plus bril-

lant, Cela se conçoit : c'est plutôt le riche qui parle de ses succès et de son étalage, que le pauvre de sa déception et de sa misère. Soyez assurés pourtant que lorsque dix réussissent, il y en a plus de cent qui devraient regretter leur ancienne position dans le pays qui les a vus naître. Cette vérité n'aura bientôt plus besoin de preuves dans les livres ; car le triste état des émigrants, qui ne commencent pas mal à revenir dans leur pays, suffira pleinement à en convaincre les plus incrédules.

A la plupart de ceux qui vont chercher le paradis terrestre dans les grandes villes, nous pouvons dire ce que M. le préfet des Basses-Pyrénées écrivait tout récemment à ses administrés : « A diverses reprises, » l'administration a dû appeler votre attention sur » les résultats fâcheux que produit dans ce départe- » ment l'émigration toujours croissante de la popu- » lation valide de nos campagnes vers l'Amérique » du Sud.

» Vainement mes prédécesseurs, secondés par » vos efforts, ont tenté d'arrêter ce courant ; nos » cultivateurs, trompés par les brillantes promesses » qui leur sont faites, séduits par les récits, trop » souvent mensongers, d'une fortune rapidement » acquise, entraînés par l'exemple des rares privi- » légiés rentrant au pays avec une certaine aisance, » abandonnent une existence que le travail pourrait

» rendre facile et heureuse, pour aller chercher au
» loin les déceptions et la misère.

» On ne peut, sans porter atteinte à la liberté in-
» dividuelle, mettre un terme à ce fatal entraîne-
» ment par des mesures coërcitives. Mais le devoir
» qui vous incombe à tous, c'est d'éclairer les po-
» pulations sur leurs véritables intérêts, de faire en
» sorte qu'on n'abuse pas de leur crédulité, qu'on
» n'exploite pas une situation de gêne passagère,
» c'est de leur rappeler combien d'émigrants, après
» une vie d'épreuves et de souffrances, sont morts
» découragés après avoir vainement tenté de revenir
» vers la France; c'est, enfin, de surveiller avec l'at-
» tention la plus scrupuleuse la conduite des agents
» de l'émigration et d'empêcher qu'une institution
» qui a été autorisée par le gouvernement pour as-
» surer le bien-être des émigrants, ne soit détournée
» de son véritable but.

» Joignez donc vos efforts aux miens, messieurs,
» pour faire comprendre à vos administrés les incon-
» vénients et les dangers de l'émigration. Usez de
» tous les moyens de persuasion et d'influence dont
» vous pouvez disposer pour les attacher au sol qui
» les a vus naître; montrez-leur que là est pour eux
» la plus sûre garantie de bonheur, puisque, par
» leur travail, ils peuvent acquérir, sinon la fortune
» illusoire qu'on leur promet sur des plages lointai-

» nes, au moins une aisance honnête qui leur per-
» mette de vivre et de mourir dans leur patrie, au
» milieu de leur famille, et de remplir ainsi leurs
» devoirs de fils et de citoyen. »

La paroisse que j'ai l'honneur de servir ne comptait aucun émigrant il y a neuf ans. Depuis cette
époque, elle a perdu plus de deux cents de ses paroissiens ou paroissiennes. Plusieurs pères et fils de
famille sont allés travailler aux chantiers des chemins
de fer; plus de soixante jeunes filles sont parties,
comme servantes ou couturières, pour Paris. Sur ces
deux cents émigrants, plus de cinquante sont rentrés
moins riches qu'ils n'étaient auparavant; plus de
vingt sont morts d'accidents ou de maladies épidé-
miques auxquels ils auraient probablement échappé
s'ils étaient restés dans leur pays. La plupart des
autres, si je ne me trompe, reviendraient avec bonheur, s'ils n'avaient presque juré en partant de ne
revenir que pour dépenser les revenus du capital
considérable qu'ils auraient réalisé. Malheureusement, dit-on, la marche vers la réalisation convenue
n'est pas très rapide.

Tout cela fait que, depuis deux ans, cette paroisse
compte plus d'enfants prodigues convertis que d'en-
vieux d'émigrer. « Parmi nos compatriotes qui sont
» allés à Paris avec tant de bonheur, dit-on de tous
» côtés dans la paroisse, plusieurs sont morts, quel-

» ques-uns sont en prison, la plupart des autres
» sont misérables ; qui sait si nous n'aurions pas le
» même sort ? Puisque ici nous jouissons de la paix
» et de la santé, et que nous avons du pain en tra-
» vaillant, notre meilleur est de rester tranquilles. »
Bonne résolution qui nous paraît très sage, et que
nous ne pouvons qu'approuver ! Plût à Dieu qu'ailleurs on n'aimât pas plus les changements qu'on ne
les aime ici en ce moment ! C'est un vœu que nous
faisons dans l'intérêt même des émigrants ; car nous
savons par expérience, je le répète, qu'il y a fort
peu d'exceptions contre le vieux proverbe qui dit :
Pierre qui roule ne ramasse pas mousse (1).

CHAPITRE IV.

Il n'est pas impossible de remédier à l'esprit d'émigration.

C'est beaucoup, avons-nous dit, de savoir là où
est le mal, et en quoi il consiste ; mais à quoi abou-

______

(1) Il y a plus de cent mille personnes à Paris qui ne savent
pas le matin comment elles trouveront leur nourriture de la
journée. Sur ces cent mille personnes, il y en a plus de trois
mille tombées de haut par des spéculations hasardées. Si ces
familles n'avaient point quitté leur pays par ambition ou tout
autre motif, elles seraient encore probablement les premières de leur localité.

tirait cette connaissance, si on ne s'en servait à chercher et à appliquer les remèdes propres à combattre et à guérir le mal dont il s'agit? Lorsqu'il s'agit d'un mal physique, le remède n'est pas toujours efficace, ni même possible. Il n'en est pas de même pour le mal moral : il peut toujours compter sur des remèdes; mais, en revanche, ces remèdes sont quelquefois bien lents et bien compliqués. Cela est vrai surtout quand il s'agit d'un mal comme celui de l'émigration, qui a exercé déjà un grand empire sur les tendances générales.

Nous réclamons donc comme nécessaire au succès, le concours de toutes les forces qui dirigent l'humanité. L'émigration venant en grande partie de ce que notre siècle a trop développé l'amour de soi et des jouissances matérielles, la religion chrétienne est là pour nous apprendre à modérer nos passions, et pour nous dire qu'il ne faut pas chercher ici-bas un bonheur complet. Mais combien de personnes refusent de puiser des convictions à l'enseignement religieux, et ne montrent que de l'indifférence pour les compensations de l'autre monde! A ces hommes égoïstes, à ces cœurs aux sentiments étroits, il faut donc des compensations présentes. C'est aux gouvernements civils à les leur offrir et à les leur procurer; c'est à eux de ne pas trop aggraver les campagnes pour embellir les villes. Si le bien-être matériel est en état de progrès, l'État doit faire en sorte que le villageois, sans quitter son pays, y trouve sa part aussi bien que le citadin.

Malgré la haute influence qu'exercent les gouvernements modernes par un excès de centralisation, il s'en faut bien qu'ils soient tout puissants, surtout quand il s'agit de réformer une tendance générale. Les particuliers, et principalement les grands propriétaires, doivent donc s'associer aux gouvernements pour le succès d'une œuvre si importante. Puisque l'esprit d'émigration n'est qu'une illusion préjudiciable à tous, nous devons tous nous entendre pour la dissiper.

Bon nombre de personnes bien intentionnées paraissent entièrement découragées quand elles viennent à saisir toute la gravité du mal : selon elles, il n'y a rien à faire ; le meilleur parti est de laisser marcher des tendances qu'il n'est plus possible d'arrêter ni de réformer. Fatale illusion, qui serait plus pernicieuse que le mal, si elle était partagée par tous les esprits sérieux et par tous les cœurs bien intentionnés ! Quand il s'agit de réparer les malheurs de la société, on peut dire quelquefois : *C'est bien tard*, mais jamais : *C'est trop tard*.

Pourquoi aurions-nous raison de nous écrier : *C'est trop tard*, quand il s'agit du mal de l'émigration ? Je m'expliquerais cette sentence d'alarme et de désespoir, s'il s'agissait d'arrêter une locomotive ou une machine quelconque obéissant forcément à un mouvement imprimé sur elle; mais je ne la comprendrai jamais d'un être doué d'une volonté intelligente et libre. Il n'est pas d'homme qui n'ait la responsabilité de ses actes, et qui, par conséquent, ne puisse vouloir autrement qu'il n'a voulu. Mais l'humanité n'est-elle pas entièrement composée de ces êtres intelligents et libres ? Dire d'un mal qu'il est inévitable parce qu'il est presque général, ah! je n'aurais pu comprendre ni admettre cette conclusion dans aucun siècle; mais je le puis encore moins quand il s'agit d'un peuple comme la France, éclairé et dirigé par l'enseignement chrétien, d'un peuple né au XIXe siècle, au milieu des lumières de la plus haute civilisation.

Pourquoi serait-il impossible d'arrêter l'émigration? Serait-ce parce qu'elle ne peut être jugée par les tribunaux ni punie par les prisons? Sans doute, en vertu des droits les plus sacrés de la liberté individuelle, tout homme qui n'a pas mérité la privation de ses droits de citoyen, peut jouir des bienfaits de l'industrie, se transporter d'un lieu dans un autre pour son utilité ou son agrément. S'il se trouve malheureux dans le pays qui l'a vu naître, rien ne lui empêche de chercher un toit meilleur et de choisir une position différente de celle de son père.

Je comprends ce droit et je le respecte ; mais ce que je ne comprends pas, c'est qu'on vienne m'affirmer d'un mal, qu'il est inévitable par cela seul qu'il ne peut être condamné ni puni. Non, cela ne peut être ainsi. Le tribunal n'est pas la seule influence capable d'agir sur les tendances sociales ; disons même que cette force serait nulle si elle ne se basait sur d'autres plus puissantes. Les tribunaux n'ont de force que parce qu'ils sont appuyés par la conscience universelle, qui veut que les droits de chacun soient respectés. Que tous les tribunaux de la terre, protégés par tous les gendarmes du monde, prennent pour devise de condamner le juste et de protéger le coupable, et vous verrez que leur influence ne tardera pas à s'anéantir, en excitant des récriminations et des soulèvements. Puisque, en réalité, la conscience universelle est tout, c'est en elle qu'il faut avoir confiance, c'est à elle surtout qu'il faut s'adresser dans une nation chrétienne et civilisée.

Dans tout état social bien organisé, cette conscience attend et reçoit ses principales lumières des gouvernements chargés de les diriger. Pourtant, jusqu'à ces dernières années, les gouvernements ont plus contribué à favoriser le mal qu'à l'éviter. C'est une remarque qui ne peut échapper à celui qui est tant soit peu versé dans la connaissance des actes administratifs depuis 89. Etudiez, en effet, les mesures les plus importantes des gouvernements qui se sont succédé, en France, depuis la révolution, vous n'en trouverez pas une seule qui n'ait eu pour résultat de faire déserter les campagnes pour attirer les populations dans les villes. Tout ce qu'on a appelé progrès intellectuel, économique, politique, industriel, etc., a obtenu pour principal effet celui dont nous parlons.

Evidemment, pour que l'autorité souveraine d'un Etat quelconque exerce librement sa bienfaisante direction, il faut une certaine centralisation. Les princes du moyen-âge, si bien intentionnés qu'ils eussent été, n'auraient jamais pu travailler si efficacement qu'aujourd'hui au bonheur de leurs sujets. L'essentiel d'une mesure favorable à la prospérité générale, c'est qu'elle ne trouve point d'obstacles dans son application. La centralisation, si utile en elle-même, devient pourtant un mal quand elle est poussée à l'excès, comme aujourd'hui.

De notre temps, les provinces ne sont rien ; Paris est tout. L'influence d'un protecteur parisien est souvent plus efficace que celle de toutes les autorités locales d'un département. Un gouvernement serait-il adoré de la France entière, que s'il déplaît aux Parisiens, il n'en est pas moins renversé. La province est tellement habituée à recevoir de la capitale ses idées, ses fonctionnaires, ses lois et ses gouvernements, qu'elle semble avoir perdu toute confiance en elle. Ce prestige de supériorité de la capitale sur la province fait que nos villageois sont tout glorieux de se réfugier à la capitale. Une fois devenus Parisiens, ils se croient en droit de mépriser, au moins du fond du cœur, tous ces pauvres compatriotes, ces laboureurs qui, d'après eux, sont assez stupides pour remplir, dans les campagnes, les fonctions les plus humiliantes et les plus méprisables. Le tailleur d'habits ou le maçon qui revient au pays avec dix ou douze mille francs, se croit bien supérieur en connaissances sur les droits de l'homme et du citoyen, au maire et au curé de son village.

Il serait temps de laisser aux autorités locales de la province plus d'influence dans les mesures et les nominations qui la regardent spécialement. Le gouvernement est déjà entré dans cette voie d'amélioration; il ne lui reste plus qu'à la compléter. Une fois convaincu que le citoyen honnête peut être appelé aux honneurs, sans être obligé d'aller les briguer à Paris, le provincial montrera beaucoup plus d'attachement pour le pays qui l'a vu naître.

« C'est tout naturel, dit-on, que l'on abandonne
» les campagnes pour se réfugier dans les villes,
» et surtout à la capitale; il y a des provinces telle-
» ment pauvres, que les habitants mourraient de
» faim si la plupart d'entre eux ne s'expatriaient. »

Supposons qu'un sol bien cultivé ne puisse donner assez de travail et de pain pour tous ceux qu'il voit naître, s'ensuit-il pour cela une obligation de courir en masse à la capitale? Puisque la population de la France augmente chaque année, il faut que les produits agricoles augmentent proportionnellement ; sans cela, nous faisons fausse voie dans la marche du progrès. Mais comment s'opèrera ce progrès dans les améliorations agricoles, si la plupart des villageois quittent la charrue pour aller exercer un métier dans la capitale? S'il y a des habitants qui n'ont ni de propriété ni de travail dans les campagnes, il serait bon de les appeler dans les départements où les terrains restent incultes, à défaut de bras pour les travailler ; il serait utile de faire pour certains départements en retard ce qu'on a fait pour l'Algérie. Nous n'avons pas besoin d'ajouter que ces mesures seraient mille fois plus efficaces ; tel qui aime mieux souffrir ou aller habiter une grande ville, que de partir de France pour aller dans un pays où le climat est si différent du sien, n'aurait aucune peine à changer de département.

Les départements qui fournissent le plus d'émigrants sont le Cantal, la Savoie, la Creuse, la Haute-Vienne, le Puy-de-Dôme, la Corrèze, les Basses-Pyrénées, les Hautes-Alpes, l'Isère, la Haute-Garonne, la Meuse et la Moselle. Ailleurs, le nombre des émigrants est presque insensible ; il n'est guère que ce qu'il doit être dans un pays libre et commercial.

Les remèdes seraient presque impossibles si tous les habitants dont nous parlons se livraient à l'émigration ; mais il ne s'agit ici que d'une très faible portion. Ainsi, l'on a toujours regardé le Savoyard comme un être abandonné du Créateur, auquel il est impossible de trouver du pain dans son pays. Eh bien ! rien n'est plus mal fondé que cette compassion. La Savoie renferme des terrains très fertiles ; et quiconque a étudié ce territoire se convaincra sans peine qu'il est un pays essentiellement agricole de sa nature, capable, par une culture bien exercée, de nourrir trois fois plus d'habitants qu'il n'en compte en ce moment. Nous augurons bien de cette contrée, surtout depuis qu'elle fait partie de la grande nation française ; du reste, la Savoie compte bien moins d'émigrants qu'on ne le croit communément.

Dans les pays que nous venons de mentionner comme fournissant beaucoup de sujets à l'émigration, il n'y a guère qu'un arrondissement ou un canton par chaque département, dans lequel l'esprit d'émigration soit une tendance régulière. Pour le Cantal, c'est l'arrondissement de Murat ; pour la Corrèze, c'est l'arrondissement d'Ussel et une partie de l'arrondissement de Tulle, connu sous le nom de *Xaintrie*. Dans la Creuse, c'est l'arrondissement d'Aubusson ; dans la Haute-Garonne, c'est l'arrondissement de Saint-Gaudens ; dans l'Isère, c'est le canton d'Oysans ; dans les Hautes-Alpes, l'arrondissement de Briançon, et dans la Haute-Vienne, l'arrondissement de Saint-Yrieix, etc.

La plupart de ces départements ne passent pour pauvres, que parce qu'ils comptent beaucoup d'émigrants, et que la culture y est grandement en retard. Cela n'empêche pas que plusieurs d'entre eux ne soient destinés à devenir les plus riches par les améliorations agricoles. Une fois que les propriétaires seront assez amis du bien général, et même de leurs intérêts particuliers, pour augmenter la production en donnant plus de travail, et que les ouvriers auront compris qu'il vaut autant rester chez soi que d'aller chercher fortune ailleurs, alors, mais alors seulement, on reconnaîtra que ces pays ne méritent pas les reproches qui leur sont adressés journellement par ceux qui ne les connaissent que très superficiellement.

« Mais, dit-on, ces pays ne seront jamais des pays de grand commerce ; » pourquoi pas, une fois qu'ils seront sillonnés par des routes et des chemins de fer ? Ce qui fait marcher le commerce dans un pays, c'est la richesse de ceux qui l'habitent. Eh bien ! je suis persuadé que ce sont précisément les pays que l'on a méprisés jusqu'ici, qui sont appelés à une

grande richesse ; les autres ne peuvent que décliner.
Tant que Paris et les grandes villes n'ont pu s'ap-
provisionner que dans les départements limitrophes,
ces départements ont eu le monopole des bénéfices ;
c'est là seulement que le propriétaire pouvait fruc-
tueusement tenter des améliorations. Mais le temps
va venir, s'il n'est pas venu déjà , où ces départements perdront leur monopole ; les autres départements, voyant écouler leurs produits dans de meilleures conditions, feront beaucoup plus d'améliorations qu'ils n'en ont fait jusqu'ici , et les ouvriers ne
seront plus obligés d'aller chercher du travail ailleurs
que dans leur pays. Les revenus agricoles devenant,
par la facilité de l'écoulement des produits , deux ou
trois fois plus considérables , il en sera de même de
la valeur de la propriété , qui doublera et triplera
par cela même dans ces départements. Le progrès qui s'opère chaque jour dans la facilité des
communications tend lui-même à porter des remèdes
contre l'émigration.

Je pourrais passer en revue les départements qui
passent pour très mal partagés par la nature , pour
montrer que ces pays sont plus capables que bien
d'autres d'un précieux développement sous le rapport de l'agriculture , fondement de la richesse publique. Ainsi , parmi ceux qui n'ont jamais habité le
Limousin , ou qui ne l'ont vu que par les vagistas

d'une diligence , en est-il un seul qui ne le regarde comme un pays condamné à faire mourir de faim les trois quarts de ses habitants? Pourtant tous les connaisseurs qui ont étudié de près le Limousin, restent convaincus qu'il peut devenir une des provinces les plus productives de France. Le Limousin possède de très bonnes prairies, vu que les ruisseaux y coulent en abondance , et que la position des terrains permet de conduire les eaux très loin. Parmi les nombreux pâturages qui ne produisent presque rien , il en est beaucoup qui, par le moyen du drainage ou de simples irrigations bien dirigées, pourraient se changer en prairies très productives. Outre ses nombreuses prairies naturelles , dont la plupart sont de première qualité, le Limousin compte de nombreuses vignes; il produit du froment, du seigle, de l'avoine, du sarrasin , du maïs, des pommes de terre, des châtaignes, des fruits en abondance, etc., en un mot , il récolte un peu de tout. Si quelques voyageurs jugent si mal le Limousin, c'est que ne l'ayant vu que superficiellement, ils ont été frappés de l'accident de certains terrains, de la négligence de la culture, ainsi que de la quantité des pays qui y sont encore couverts de bruyère.

On a donc tort de croire que les Limousins sont obligés d'émigrer pour vivre. Les Limousins pourraient facilement se passer du pain des villes; s'ils

émigrent en abondance, c'est qu'obéissant à une
vaine illusion, ils s'imaginent trouver le paradis terrestre dans les grandes villes. Une fois que ce pays
sera sillonné par des chemins de fer, et que les revenus agricoles seront, par cela même, plus considérables, les améliorations que l'on opèrera de
toute part sur la propriété, seront plus que suffisantes
pour occuper et nourrir tous les habitants. Dès-
lors, on ne pourra plus nous dire que dans des pays
comme celui-ci, l'émigration est un mal inévitable.

« Mais, objectera-t-on encore, il y a des départements bien plus mal partagés que ceux dont vous
parlez ; il en est où l'intempérie des saisons est telle
que pendant l'hiver, qui y dure plus de six mois,
nul travail agricole n'est possible, autre que celui
de soigner les bestiaux. Faut-il donc condamner les
habitants de ces pays à rester oisifs pendant six
mois ? Ce serait là une grande perte pour les familles
et la société. » Dans les quelques pays où les bras
sont nécessaires pendant l'été, et inutiles pendant
l'hiver, les habitants, vous répondrai-je, se livrent à
des émigrations purement transitoires. Ainsi, tous
les villageois jeunes et vigoureux de l'arrondissement
d'Ussel vont, comme scieurs de long, passer l'hiver
dans les départements du Lot-et-Garonne et des
Landes, et reviennent ensuite pour aider à travailler leur propriété ou celle de leur père. Le peu d'ar-

gent qu'ils ont gagné pendant la mauvaise saison ne sert pas peu à les mettre dans l'aisance et à leur faciliter quelques améliorations agricoles. Ce n'est donc pas là le grand mal que nous signalons comme si préjudiciable aux familles et à la société. L'émigration que nous condamnons est celle qui consiste à mépriser son pays et les travaux des champs pour courir après une profession industrielle dans les grandes villes. Nous voulons tout ce qui est utile à la prospérité du pays ; or, il est certains états, comme celui de scieur de long, qui demandent à être exercés par des hommes plus forts et plus robustes que ceux du pays. C'est donc plutôt un bien qu'un mal, que certains villageois des arrondissements les plus froids, aillent chercher du travail hors de leur pays pendant la mauvaise saison. Alors, c'est moins une désertion qu'un simple voyage, vu que la famille conserve son domicile et sa propriété. Il en est de cette émigration transitoire comme des quelques années que le fils de famille passe sous les drapeaux.

Si les émigrations transitoires avaient de graves inconvénients dans certains pays, on pourrait y remédier en y établissant une manufacture industrielle, qui pourrait chômer ou travailler très peu pendant l'été, et occuper les ouvriers pendant l'hiver. Jusqu'ici, on s'est fait presque une obligation d'établir les manufactures dans les villes ; c'est là un tort grave sous bien des rapports. Il vaudrait mieux que les manufactures se rapprochassent des ouvriers, que d'obliger les ouvriers à quitter leur pays pour aller chercher les manufactures dans les grandes villes. Du reste, il en est de toutes les manufactures comme de l'imprimerie; le prix de revient est moins élevé en province qu'à la capitale. Avouons que notre siècle a réalisé des transformations plus difficiles et plus dispendieuses, et pourtant moins précieuses en bons résultats que celles dont nous parlons.

Quant aux arrondissements dans lesquels tous les terrains passables sont cultivés, et dans lesquels les petits propriétaires ne peuvent pas se suffire sans faire émigrer les membres les plus valides de la famille, disons que ces arrondissements étant aussi en très petit nombre, on pourrait encore recourir aux moyens que nous venons d'indiquer. Quand il s'agirait ici d'autres quatre ou cinq arrondissements, il ne serait pas bien difficile d'y établir des manufactures. Une fois que les émigrants dont nous parlons n'iraient plus dans les villes, il serait inutile de laisser dans ces villes les usines qui y ont été établies pour leur donner du travail et du pain. De même que la mesure que nous proposons ne multiplierait pas les ouvriers, elle ne multiplierait pas non plus les manufactures : ces manufactures ne feraient que changer de place. En ce moment, je le répète, les ouvriers sont obligés de quitter leur pays pour aller jusqu'aux manufactures; alors, au contraire, les manufactures iraient trouver les habitants de la campagne chez eux, pour leur éviter les inconvénients d'un déplacement lointain. Nous pensons que le commerce y trouverait aussi bien son bénéfice, que la moralité et le bien-être de nos émigrants.

Sous quelque point de vue que l'on étudie l'émigration, on reconnaîtra sans peine qu'elle n'est point un mal inévitable, et qu'il est possible d'empêcher ce qu'elle a de pernicieux, pourvu que l'on ne continue point à s'en tenir aux demi-mesures. Il y a des émigrations utiles, rien de mieux que de les encourager par la facilité des communications; mais ce qu'il importe d'inculquer au plus vite dans l'esprit des populations, c'est que l'on peut trouver le mérite, la célébrité, le bien-être dans les campagnes aussi bien que dans les villes. Jusqu'ici, l'on a fait du *paysan* le synonyme d'homme stupide et ignorant qui n'est bon qu'à cela; ce préjugé peut et doit disparaître. La profession d'agriculteur est, en réalité, une des plus honorables et des plus utiles; pourquoi l'ignorerait-on? Ce qui manque généralement au paysan, comme nous le dirons plus loin, c'est de ne pas assez sentir le besoin et la voie du progrès matériel et intellectuel. C'est aux bourgeois et aux autorités administratives à leur inspirer des sentiments si précieux. Une fois que la société aura fait pour les campagnes ce qu'elle a fait pour les villes, l'esprit d'émigration, loin de passer pour incurable dans ce qu'il a de fâcheux et de déplorable, n'aura plus besoin d'être combattu.

CHAPITRE V.

Pour remédier à l'esprit d'émigration, il faudrait se préoccuper des campagnes autant que des villes.

Partout où l'on trouve une société chrétienne, l'on y voit exercer une sollicitude bienveillante envers les classes inférieures. Il faut convenir pourtant que cette sollicitude n'a jamais été aussi féconde que dans notre siècle. Cela tient-il à ce que notre civilisation a multiplié les besoins ? Je n'en sais rien ; ce qu'il y a de certain, c'est que l'on n'a jamais vu agir autant d'institutions bienfaisantes.

Tout homme qui possède encore ses forces est appelé à vivre de son travail, soit manuel, soit intellectuel ; cette destination est donnée par le Créateur lui-même à chacun de nous. Comme l'état social a pour but de seconder en tout les intentions du Créateur, la société doit s'occuper par-dessus tout de mettre à même chaque citoyen de vivre de son travail. Notre siècle, il faut le dire à sa gloire, n'a rien négligé pour s'acquitter dignement de cette tâche. En même temps que les carrières se sont multipliées par l'extension nouvelle qu'ont prise l'industrie et le commerce, un vif élan a été donné au travail par des améliorations importantes exécutées sur tous les points de la France.

Celui qui possède doit travailler; mais celui qui ne possède rien s'y sent encore plus obligé par le besoin : le propriétaire d'un vaste domaine pourrait à la rigueur faire travailler sa propriété et suffire à ses besoins par les revenus de cette propriété; mais il n'en est pas de même de celui qui n'a d'autres ressources que celles qui lui viennent de son travail. Assurément, la propriété étant très morcelée en France, le nombre des propriétaires est passablement considérable; mais celui des simples ouvriers ne l'est pas moins. C'est donc sur ces derniers principalement que doit se porter la sollicitude du gouvernement et des administrations locales.

Quand l'ouvrier est célibataire et qu'il jouit de toutes les forces de l'âge, le prix de son travail suffit amplement à ses besoins personnels; mais il n'en est pas toujours de même quand à ses propres besoins viennent se joindre ceux d'une femme et de

plusieurs enfants. C'est donc un devoir et une nécessité pour la femme d'associer son travail à celui
de son époux. C'est pour cela que l'organisation sociale offre une grande lacune en fermant aux femmes
la porte de presque toutes les carrières. Si on ne
veut pas les admettre aux dignités qui nécessitent
des études approfondies, qu'il n'en soit pas de même
des charges qui peuvent être remplies plus facilement. Occupons-nous surtout de donner du pain à
la femme qui en a le plus besoin ; donnons du travail à la mère de famille, à la femme de l'ouvrier ;
les familles n'y gagneront pas moins sous le rapport moral que sous le rapport du bien-être matériel.

Pour que la mère puisse concourir aux charges du ménage par les ressources de son travail,
il faut pouvoir la décharger d'une partie de ses
obligations de famille. Comment pourra-t-elle gagner
un salaire, si elle est obligée de bercer, d'élever
et de soigner ses enfants? La société a pourvu à
tous ces besoins par l'institution des *Crèches* et des
Salles d'asile. La mère n'a qu'à y porter son enfant
au commencement de la journée, pour le reprendre
après la cessation du travail.

Il ne suffirait pas à l'ouvrier de vivre au jour le
jour pour éviter les embarras dans sa position ; car
il n'est pas une seule existence qui n'entraîne des

besoins imprévus. Si l'ouvrier dépense régulièrement tout ce qu'il gagne chaque jour, que fera-t-il quand une maladie l'obligera de cesser son travail et de s'imposer des dépenses plus qu'ordinaires ? La société, tutrice naturelle de ses intérêts, a voulu remédier à ces inconvénients par l'institution des *Caisses d'épargne* et des *Sociétés de secours mutuels.* C'est par là que l'on inspire à l'ouvrier des sentiments de prévision et d'économie.

Supposons qu'un tempérament soit assez privilégié pour n'éprouver jamais de pertes de temps par les maladies, il n'en reste pas moins certain qu'à une époque les infirmités viendront l'assaillir pour lui rendre tout travail impossible : ce temps, c'est celui de la vieillesse. On a encore pourvu à cet inconvénient par l'institution des *Pensions de retraite.*

Si, malgré toutes les précautions dont nous venons de parler, quelques familles se trouvent dans des embarras exceptionnels, les *Sociétés de Saint-Vincent-de-Paul*, les *bureaux de bienfaisance*, les hospices, etc., s'empressent de leur apporter les secours nécessaires ; ces secours sont surtout efficaces quand ils sont accompagnés de ces consolations que peut seule inspirer la religion chrétienne. Tâchons de relever le pauvre de l'état de misère, mais surtout appliquons-nous à le relever moralement. En relevant à leurs propres yeux la dignité des classes inférieures, nous travaillons, de la manière la plus efficace, au progrès de la grandeur sociale.

On a donc fait beaucoup pour les classes inférieures; malheureusement la plupart de ces bienfaits ne peuvent se trouver que dans les villes. En faisant le bien, on a fait le mal; c'est-à-dire, qu'en rompant l'équilibre entre le sort des villageois et celui des citadins, on a favorisé la désertion des campagnes, on a fait naître le désir et le besoin de quitter son pays pour se réfugier dans les villes. Rien n'était plus facile pourtant que de ne point associer ainsi le mal au bien : il aurait suffi d'observer les règles de la justice dans la répartition des bienfaits. Puisque les habitants des campagnes sont, aussi bien que les habitants des villes, des chrétiens, des concitoyens et des Français, je ne vois pas pourquoi on a refusé d'étendre jusqu'à eux les bienfaits de la civilisation moderne.

Ainsi, vous faites tout pour donner du travail dans les villes et y élever les salaires; mais pourquoi ne pas agir de même à l'égard des ouvriers des campagnes? Porter à trois ou quatre francs le prix de la journée de travail dans les villes, et le laisser à un franc dans nos campagnes, c'est dire, par cela même, aux ouvriers : « Fuyez les campagnes et accourez dans les villes. » Dans la plupart des communes rurales du département de la Corrèze, les ouvriers qui n'ont d'autre métier que celui de travailler la terre se trouvent bien heureux quand ils peuvent, pendant les quatre ou cinq mois de l'hiver, trouver un propriétaire qui consente à leur donner la nourriture et soixante centimes par jour. A mon avis, c'est une très mauvaise spéculation de la part des bons propriétaires, que de laisser ainsi les ouvriers sans travail ; car les ouvriers sans ressources passent leur temps à dévaster les propriétés pour le bois de chauffage, etc. ; et le propriétaire, qui refuse de donner de l'argent par le travail, est presque obligé de le donner à sa porte comme aumône. Ne vaudrait-il pas mieux occuper les familles pauvres à des travaux utiles, que de blesser leur dignité en les obligeant de tendre la main ?

Sans doute, nous l'avons dit déjà, malgré tous les avantages que l'on a créés en faveur des habitants des villes, l'ouvrier n'y est guère plus heureux ni plus riche que dans la plupart de nos campagnes ; mais cela tient uniquement à ce que ces avantages spéciaux attirant trop de monde, les institutions sont devenues impuissantes en présence de la multiplication des besoins ; cela tient encore à ce que l'esprit de débauche, faisant beaucoup plus de victimes dans les villes que dans les campagnes, l'excédant des salaires est à peine suffisant pour compenser les pertes de temps et les dépenses du cabaret. Si la trop grande affluence des ouvriers dans les grandes cités n'avait engendré ce qu'on appelle les *mortes-saisons*; si l'ouvrier des villes était aussi économe et surtout aussi sage que l'ouvrier des campagnes, la position du premier serait dix fois plus avantageuse que celle du second, sous le rapport du bien-être matériel.

D'où vient que dans la plupart de nos campagnes, ceux mêmes qui se trouvent dans de bonnes conditions, ne savent point profiter des avantages de leur position, et passent aussi tristement leurs jours que celui qui ne possède rien? Cela vient uniquement de ce que la société ne s'est nullement préoccupée de les former aux inspirations de la civilisation moderne. C'est assurément par une sotte ignorance, que le villageois qui va chercher le vétérinaire pour son bœuf malade, néglige d'appeler le médecin quand son père est mourant. Ce sont là des faits étonnants, mais ils n'en sont pas moins réels dans plusieurs localités. En général, le paysan soigne mieux ses bestiaux qu'il ne se soigne lui-même.

Grâce aux soins que l'on a pris d'éclairer les populations ouvrières des villes, ces populations sentent aujourd'hui le besoin de se loger et de se nourrir selon les lois de l'hygiène. Beaucoup d'ouvriers des villes se montrent inconséquents en habitant des appartements trop étroits, mais cela tient à la cherté des loyers et non au mauvais goût des locataires : si ces hommes habitaient nos campagnes, ils sauraient, sans compromettre leur position, se loger, se nourrir et se vêtir convenablement; disons même que leur bon goût coûterait moins cher que l'insouciance des paysans de la plupart de nos départements. Nous connaissons des familles qui dépensent chaque année plus de deux cents francs en frais de maladie, et qui pourraient facilement les éviter en assainissant leur habitation. Si ces familles tenaient compte de l'argent qu'elles donnent au pharmacien et au médecin, et surtout du temps perdu par le malade et par ceux qui le soignent, elles verraient qu'au bout de cinq ans, la somme serait trois fois plus que suffisante pour obtenir les réparations exigées par les règles les plus essentielles de l'hygiène. Mais non; on ne veut rien entendre à tous ces raisonnements; les aïeux ont habité cette maison humide, entourée de bourbiers infects; ils n'avaient ni pavé, ni plancher, ni croisées à leur habitation; faire autrement, ce serait sortir de sa condition, ce serait faire du luxe, ce serait se rendre ridicule à tous ses voisins. Voilà où en est encore, sous ce rapport, la stupidité de nos paysans. L'esprit de routine n'a tant d'influence sur les populations rurales, que parce qu'on ne s'est point appliqué à leur inspirer l'amour du bien-être et du beau. Si on leur avait imprimé le goût des réparations en embellissant les chemins et les édifices communaux, ces populations auraient compris peu à peu, comme celles des villes, que, s'il est utile de bien loger et de bien nourrir les bestiaux, il n'est pas moins utile d'avoir pour l'homme les mêmes précautions.

Ce que je dis du retard préjudiciable dans lequel on a laissé nos bons villageois par rapport à la commodité et à la salubrité des habitations, je pourrais le dire aussi de tous les autres éléments les plus essentiels aux conditions de l'existence humaine. Sous tous ces rapports, notre paysan n'est pas seulement au-dessous de l'habitant des villes, il est encore de beaucoup surpassé par le villageois de plusieurs contrées de l'Europe, et surtout de l'Angleterre.

« La maison qu'il habite, dit M. Michel Chevalier, au lieu de ressembler à ces cottages d'un aspect agréable dont se composent la plupart des villages anglais, peut, presque aussi bien que ceux du temps de La Bruyère, être appelée une *tanière*. On n'y rencontre rien de ce qui fait le bien-être et la commodité de la vie ; ce sont des constructions où manque ce qui est le plus indispensable même à l'hygiène : un rez-de-chaussée humide sans plancher, pavé à peine, où l'on est pêle-mêle avec les animaux domestiques ; à la porte, un tas de fumier qui empeste l'atmosphère ; aucune disposition intelligente pour se garantir du froid pendant l'hiver, quoique à cet égard les modèles soient tout trouvés, puisqu'il n'y aurait qu'à copier l'Allemagne et l'Europe orientale ; — une nourriture grossière où la viande n'apparaît que comme un rare phénomène, même dans les provinces les plus renommées pour la production du bétail ; fort rarement l'usage du vin, malgré l'abondance et le bon marché de cette denrée en France, le plus souvent de l'eau claire, et dans les départements qui se croient privilégiés, un cidre dépourvu de toute vertu. Je pourrais citer telle localité située à 50 kilomètres des marchés où le vin est au plus vil prix, et dans laquelle cependant le travailleur des champs, nourri par le propriétaire ou par le fermier, n'a jamais une ration de vin à son repas, excepté peut-être chez quelques propriétaires qui, moins avares ou calculant mieux que les autres, distribuent du vin aux travailleurs à l'époque de la moisson seulement.

» L'instruction est au niveau du régime alimentaire et de l'habitation ; le paysan ignore ce qu'il aurait le plus besoin de savoir pour être un agriculteur passable et retirer de la terre un peu de bien-être en échange de son travail.

» J'ose affirmer que dans nos campagnes, parmi la population mâle, entre trente et cinquante ans, il n'y a pas une personne sur dix qui en soit là. Parmi les femmes, il faudrait dire une sur vingt. Une population qui vit dans des conditions semblables est en dehors de la vie civilisée, et à moins de rêves chimériques, on n'est pas autorisé à faire fond sur elle pour un progrès général des arts agricoles, ou pour un accroissement rapide de la richesse publique et des ressources de l'Etat. »

« Chacun, dit-on, est libre de se loger et de se » nourrir comme il l'entend. » Je comprends très bien qu'on ne peut pas forcer nos paysans par des procès-verbaux à se loger et à se nourrir autrement qu'ils ne le font. Mais puisque les moyens moraux ont suffi pour éclairer les populations des villes, pourquoi n'emploierait-on pas les mêmes moyens quand il s'agit des campagnes? On ajoutera peut-être qu'il ne s'agit ici que d'une vingtaine de départements arriérés; c'est possible; mais vingt départements donnent une population de près de 6 millions d'habitants; et je ne vois pas comment le nombre de ces hommes ne serait pas suffisant pour que l'on s'intéressât vivement à l'amélioration de leur sort. Paris n'a guère qu'un million et demi, et pourtant l'on s'évertue, tous les jours, à y créer de nouveaux bienfaits et de nouveaux agréments. Jusqu'à ce que l'on m'aura prouvé que les campagnards ne sont pas Français comme les Parisiens, je resterai étonné d'une sollicitude si vive pour les uns et d'une indifférence si marquée pour les autres.

Disons donc que l'apathie des autorités locales à

cet égard est grandement blâmable. Beaucoup de conseillers généraux, de maires, de conseillers municipaux ressemblent fort à des chanoines honoraires. La possession du titre leur suffit ; les obligations de leur dignité ne les préoccupent nullement : à leurs yeux, c'est plutôt une dignité personnelle qu'une fonction publique. Ces reproches ne peuvent pourtant s'adresser qu'à un certain nombre ; car il en est d'autres qui sont entièrement pénétrés des obligations de leur dignité ; ils se font un devoir de donner aux intérêts publics la préférence sur les intérêts privés.

Si tous les conseils généraux et surtout les conseils municipaux avaient favorisé l'embellissement des voies et des édifices publics, cette initiative, comme l'a très bien dit S. M. l'Empereur, aurait inspiré aux populations l'amour du beau. Le propriétaire le plus voisin du presbytère ou de la maison commune, aurait tenu à embellir sa maison et aurait appris à y faire des réparations avec intelligence ; son ami aurait voulu l'imiter, ainsi de suite. Par cette transformation des communes rurales, les ouvriers auraient trouvé du travail sans quitter leur pays, et tous les commerçants et débitants de la localité en auraient ressenti les bons effets.

Quant aux institutions bienfaisantes des caisses d'épargne, il me semble que rien ne serait plus fa-

cile que d'en établir une par chaque canton. Aujour-
d'hui les communes rurales ont de très fréquents
rapports avec le chef-lieu de canton : c'est là que
l'on va, le dimanche, pour trouver le juge de paix,
le notaire, l'huissier, le contrôleur, le percepteur,
ainsi que pour se procurer chez les marchands tout
ce qui est nécessaire au ménage pour les six jours
de la semaine. Comme c'est principalement dans les
campagnes que les classes inférieures n'ont ni le talent ni l'occasion de faire fructifier le peu d'argent
qui leur reste après les foires, elles pourraient le
confier à la caisse d'épargne, où elles le trouve-
raient quand le besoin s'en ferait sentir ; cette création ne demande aucun sacrifice aux communes ni
à l'État.

En parlant des crèches et des salles d'asile, nous
avons dit qu'elles faisaient un grand bien aux familles pauvres, en permettant à la femme de contribuer aux charges du ménage par le concours de son
travail. Mais pourquoi ce bienfait ne s'étendrait-il
pas aux campagnes comme aux villes ? Nous espérons donc que les administrations locales s'empres-
seront de plus en plus d'entrer dans les intentions
si louables de S. M. l'Impératrice. S. Exc. M. le ministre des cultes étant mieux disposé que jamais à
imposer des sacrifices à l'État pour la construction
des maisons d'école, rien n'empêche que chaque chef-

lieu de canton ne réserve une salle au bienfait dont nous parlons. Il serait ridicule d'opposer une raison de dépense à cette noble inspiration, vu que la modique rétribution payée par quelques familles aisées est plus que suffisante pour indemniser la commune de la somme de trois ou quatre cents francs qu'elle est obligée d'attribuer à la nouvelle sœur qui vient s'adjoindre à celles qui font la classe. Du reste, il n'est peut-être pas une seule salle d'asile qui ne reçoive des secours de l'État ou du département.

Le travail des femmes, qu'on le sache bien, est encore plus nécessaire dans les campagnes que dans les villes. Il y a beaucoup de pays, en France, où les femmes prennent autant de part que les hommes à la culture de la vigne, au labourage, etc. Tel petit propriétaire qui vit avec aisance ne pourrait pourtant se suffire avec le revenu de sa modeste propriété, si, sa femme ne lui portant aucun secours, il était tenu de payer un domestique ou un ouvrier. Dans les pays où la femme ne participe point aux travaux extérieurs, son temps n'est pas moins précieux ni moins rempli par la préparation des repas, la tenue du linge et le raccommodage des habits.

Les gouvernements, et surtout le gouvernement actuel, ont fait de grands sacrifices pour propager l'instruction dans les communes rurales : l'instruction étant un bien précieux, rien de mieux que de le répartir dans toutes les classes de la société, aussi bien dans les campagnes que dans les villes. Puisque l'État a rempli son devoir, c'est aux autorités locales à remplir le leur : le gouvernement ouvrant la porte des écoles, c'est aux principaux de la commune à faire en sorte que ces écoles ne restent pas vides et les sacrifices inutiles (1).

Si nous avons plus d'intelligence et plus d'influence que bien d'autres, nous devons user de cette intelligence pour éclairer nos compatriotes et nos voisins, et nous servir de notre influence pour faire suivre nos bons conseils. Rien de mieux que de faire part de notre fortune à ceux qui n'en ont pas; mais notre charité est encore bien plus précieuse quand nous sommes cause que tel ou tel enfant qui aurait croupi dans l'ignorance et s'en serait repenti le reste de ses jours, fréquente l'école et le catéchisme pour former son esprit et son cœur.

Malgré les sacrifices du gouvernement et la sollicitude des conseils académiques, il y encore des départements où la moitié des enfants n'apprend ni à lire ni à écrire. Quel remède contre un abus si grave? Les droits de la famille ne permettent pas à l'État de rendre l'instruction obligatoire; d'un autre côté, on ne peut s'empêcher de sentir de la com-

(1) Il y a aujourd'hui en France 37,000 écoles communales.

passion ou plutôt de l'indignation contre l'indifférence si coupable et si préjudiciable de tant de villageois. Le seul parti à prendre, c'est d'exposer énergiquement et consciencieusement aux parents ignorants les avantages de l'instruction et les inconvénients de l'état contraire. De nos jours, il est beaucoup plus facile de convertir nos villageois ; car les relations par lettres étant cent fois plus fréquentes, il leur arrive assez souvent de se mordre les doigts quand ils sont obligés de recourir à un étranger pour écrire ou lire des lettres contenant des secrets de famille. Il en est de même quand il faut débourser dix francs par chaque quittance de peu d'importance, que le créancier ou le vendeur aurait pu donner sous-seing privé, s'il avait su signer.

Dans la plupart des communes rurales, les enfants n'apprennent presque rien dans les écoles, par la raison bien simple que les parents ne les y envoyant que quatre ou cinq mois de l'année, ces enfants oublient pendant le reste du temps ce qu'ils ont appris durant ces quelques mois. L'administration, toujours prévoyante contre des abus si graves, a établi presque partout le mode d'abonnement scolaire. Le prix de la rétribution étant considérablement abaissé pour celui qui s'abonne pour l'année, il en résulte que l'enfant qui ne fréquente l'école que quatre ou cinq mois, débourse presque autant que celui qui y reste l'année entière. Cette innovation a produit presque partout de très bons résultats; car la plupart des parents se sont déterminés à prendre un abonnement, et par conséquent à laisser leurs enfants pendant toute l'année. Cette méthode d'élever ainsi la rétribution pour ceux qui ne fréquentent l'école que pendant quelques mois, n'a qu'un seul inconvénient pour les communes rurales : quand les enfants ont passé l'âge de quatorze ans, les cultivateurs ne peuvent guère se passer de leurs services pendant les travaux de la belle saison, et l'élévation de la rétribution fait que ces enfants n'y reviennent pas pendant l'hiver. Il n'en serait pas de même si l'élévation du prix pour ceux qui ne s'abonnent pas, n'était applicable qu'aux enfants qui n'ont pas encore atteint l'âge de quatorze ans.

Plusieurs personnes, je le prévois, me voyant patronner la propagation de l'instruction primaire dans les campagnes, seront tentées de m'accuser de contradiction, vu qu'à leurs yeux cette instruction ne peut servir qu'à augmenter le nombre des émigrants qui vont réclamer des emplois aux villes. Je me hâte donc de leur répondre : « Oui, l'instruction a pu favoriser l'émigration tant que cette instruction ne s'est adressée qu'au plus petit nombre. Je comprends très bien que lorsque dix ou douze jeunes gens sont les seuls du village capables de lire et d'écrire, ils soient tentés de se regarder comme supérieurs à tout ce qui les entoure, et se croient autorisés à mépriser les travaux des champs pour aspirer à des places. Mais pourra-t-il en être de même, une fois que tous les jeunes gens du village seront dotés du même savoir? Alors, évidemment, la capacité de savoir lire et écrire n'étant plus une exception ni un privilége, cessera d'exciter chez quelques jeunes gens du village des sentiments ambitieux, surtout si les instituteurs s'appliquent à former les qualités du cœur aussi bien que celles de l'esprit. »

Disons donc que la propagation de l'instruction, au lieu de favoriser l'émigration, est destinée, au contraire, à former un de ses remèdes les plus efficaces; c'est pour cela que nous devons viser à ce que tous les villageois sachent lire et écrire. Ces résultats, une fois obtenus, ne serviront pas seulement à rendre les émigrations plus rares, ils serviront aussi à faciliter les applications et les améliorations agricoles, à épargner bien des frais au paysan pour tous les actes sous-seing privé. Instruire l'homme, c'est développer ce qu'il y a de plus essentiel et de plus noble dans son être; ce qui nous grandit et nous élève ne peut pas servir à nous démoraliser, quoi qu'on en dise.

Ceux qui ont fréquenté les écoles aiment à lire des ouvrages intéressants; c'est pour eux et pour toute leur famille un attrait et un délassement. On comprend que le villageois aime la lecture, vu qu'il n'a pas d'autre distraction pendant les soirées de l'hiver et les jours de chômage. Le jeune homme et la jeune fille, incapables de discerner les bons livres, ne se font aucun scrupule de lire tous ceux qui leur tombent sous la main ; ils lisent même de préférence ceux qui leur sont offerts à bon marché par les libraires de la ville voisine et par les colporteurs ambulants. Ces livres peuvent n'avoir rien de dangereux pour la politique ; mais il n'en est pas de même pour la morale. Il serait donc très utile qu'il y eût dans chaque commune un recueil de quelques bons livres, capables d'entretenir la jeunesse dans les bons sentiments qui leur ont été inspirés par leur pasteur et leur maître d'école.

S. Exc. M. le ministre des cultes s'est fait un devoir d'encourager l'œuvre des *Bibliothèques communales*, qu'il ne faut pas confondre avec les bibliothèques scolaires. Son Excellence a fait don à quelques communes de plusieurs bons livres dont elle pouvait disposer. N'est-il pas honteux d'apprendre que certaines communes ont été assez insouciantes pour ne pas déplier les ballots envoyés, sous prétexte qu'elles n'avaient pas de local destiné à ce but ? Il me semble que les autorités devraient se faire un devoir rigoureux de travailler à tout ce qui peut rehausser l'esprit moral de leurs populations ; quand elles ne le font pas , elles se montrent indignes du titre dont elles sont investies (1).

Un autre mal moral dont il faut encore se préoccuper vivement , c'est le vagabondage. L'enfant qui s'habitue à mendier dès son bas âge, ne fréquente ni le catéchisme ni la classe de l'instituteur ; ne pouvant être surveillé par des parents ou des maîtres, il voit développer en lui tous les mauvais instincts de l'homme , sans recevoir l'éducation qui développe les bonnes inspirations et redresse les mauvaises. Il est rare que l'arbre ne soit pas ce qu'a été l'arbrisseau ; cet enfant vit dans l'ignorance, la paresse, etc. ; or, ces défauts, comme on le sait , sont la source de bien d'autres ; ce qui le prouve , c'est que cette catégorie fournit presque tous les malfaiteurs qui peuplent nos prisons. L'état de mendicité est donc un état fort nuisible à l'ordre moral, social et religieux ; il n'est pas moins préjudiciable aux intérêts du vrai pauvre : car alors les fainéants absorbant les aumônes de celui qui peut donner, le vrai pauvre reçoit beaucoup moins pour sa détresse ; le riche des-

_____

(1) On ne compte guère en France que 1,000 bibliothèques communales.

tinant chaque année une certaine somme aux œuvres de charité, il ne peut donner à l'un ce qu'il
a donné à l'autre (1).

Certains départements ont vu le mal, mais ils n'ont
pas su y porter un remède efficace. On s'est contenté
de prendre des mesures sévères contre les mendiants ;
on a cru pouvoir arrêter la mendicité en écrivant
sur tous les coins de mur : *Défense de mendier;* rien
de plus absurde. Comment! Vous n'assurez aucun
secours à celui qui a besoin, et vous lui défendez de
mendier sous peine d'être incarcéré! C'est donc que
vous voulez condamner les pauvres à mourir de faim !

Parmi ceux qui mendient, il en est qui ont vraiment besoin, comme étant incapables de travail
ou n'en trouvant pas. Il y a des enfants de quinze
ou vingt ans qui sont obligés de mendier pour un
père ou une mère infirmes ; il faut donc commencer
par secourir, à domicile, tous ceux qui ont vraiment

(1) Je connais un Auvergnat qui, à chaque automne, quitte
son pays pour passer l'hiver dans le Poitou. Avant de partir,
il loue trois ou quatre enfants de huit à quinze ans. Chacun
de ces enfants, obligé de se dire orphelin, passe dans les
villages pour demander l'aumône, tout en cherchant à vendre des épingles et des aiguilles. L'Auvergnat, revenant au
pays, se trouve avoir gagné des sommes considérables par
cette honteuse spéculation. Ce fait m'est connu personnellement ; mais je sais, par des témoignages authentiques, qu'il
y en a bien d'autres de ce genre.

5*

besoin. Si les ressources ordinaires de la charité étaient réservées uniquement aux vrais besoins, les pauvres dignes de compassion seraient abondamment secourus.

Le département de la Corrèze ayant fondé un établissement, connu sous le nom de *Dépôt de mendicité*, les pauvres valides qui s'obstinent à se livrer au vagabondage, sous prétexte que le travail leur manque, sont conduits à ce dépôt. Des sœurs de charité y prennent soin de leur instruction morale et religieuse, ainsi que de tout ce qui regarde leur bien-être matériel. Evidemment, ces pauvres sont mille fois mieux qu'avant, sous tous les rapports; et, lorsqu'ils demandent à sortir, ils n'ont plus horreur du travail agricole et savent même l'exécuter avec intelligence. Une fois, du reste, que la mendicité est interdite, sous peine pour les délinquants d'aller travailler au dépôt de mendicité, le paresseux se décide à renoncer au vagabondage pour vivre de son travail. Des résultats si utiles réclament-ils de grands sacrifices aux départements? Nullement. Le département de la Corrèze en a été quitte pour les premiers frais : il n'y a guère que neuf ans que cette institution est fondée, et déjà les ressources provenant de la culture des terrains autrefois improductifs dépassent le taux des dépenses nécessaires. Dans quelques années, cet établissement pourra, avec ses bénéfices, acheter d'autres terrains incultes et y obtenir des résultats non moins satisfaisants. De cette manière, le bien des vrais pauvres n'est pas enlevé par les mendiants de profession; les mendiants valides ne sont plus privés de l'instruction morale et religieuse; l'agriculture gagne des bras autrefois inutiles, et acquiert pour sa richesse des terrains dont le rapport était nul. Pourquoi donc ne ferait-on pas dans tous les départements ce que l'on a fait dans quelques-uns (1)?

Ce n'est pas tout d'obliger les fainéants à travailler; il y a des infirmes, des vieillards, qui n'ont jamais été ou qui ne sont plus en état de compter sur les ressources du travail; il faut se préoccuper de leur sort si digne de notre intérêt. Dans les villes, les hospices et autres institutions peuvent donner un refuge aux créatures délaissées qui n'ont personne pour leur donner des soins, mais il n'en est pas de même dans les communes rurales.

On a parlé bien souvent de l'intention d'établir des hospices cantonaux; mais un examen plus attentif a fait comprendre que la réalisation si coûteuse et si difficile de cette idée n'obtiendrait pas des

---

(1) Grâce aux efforts de l'administration et aux sacrifices des communes, la mendicité est défendue dans quarante-sept départements. On compte trente-trois dépôts, outre les refuges annexés aux hôpitaux et aux hospices.

résultats satisfaisants. Les hospices, en effet, sont très utiles dans les grandes villes, parce que les villes peuvent compter sur de grandes ressources, et que les citadins qui n'ont pas de quoi se faire soigner dans leurs infirmités, ne répugnent nullement à se réfugier dans un hospice. Il n'en est pas de même dans les campagnes : les bons effets n'y seraient nullement en rapport avec les dépenses obligatoires. La fondation et la bonne direction d'un hospice cantonal qui aurait seulement dix places disponibles, exigeraient un capital de près de 200,000 fr. L'établissement, avec tout le mobilier nécessaire, coûtant plus de 40,000 fr., le revenu annuel des autres 160,000 fr. serait presque absorbé par l'entretien du mobilier, le traitement des sœurs de charité, les honoraires du médecin, du comptable, le salaire des domestiques, l'achat des remèdes, etc. De plus, il y a des cantons où les habitants se font un tel point d'honneur de ne pas entrer dans un hospice, qu'ils préfèrent souffrir que de s'y réfugier. Ainsi, l'entretien de l'établissement avec les complications de la bureaucratie entraînerait des frais énormes, et les âmes charitables n'en seraient pas moins obligées de porter des secours à domicile.

Au lieu de fonder un hospice avec 200,000 fr., que l'on applique les revenus de cette somme aux secours à domicile, et l'on verra que les résultats seront autrement bienfaisants : alors, ce ne sera pas seulement cinq ou six pauvres que l'on secourra, mais bien quarante ou cinquante affligés qu'on aidera et consolera avec la même somme. De cette manière, un franc en vaudra deux en réalité; car il n'est guère d'infirme qui n'habite avec quelque parent ou ami capable de lui donner des soins. Si, par une exception bien rare, un infirme est entièrement délaissé et demande à être soigné dans un hospice, la commune peut le faire admettre dans l'hospice le plus voisin, moyennant une légère rétribution qu'elle prendra sur les revenus dont nous parlons. Les communes rurales et les malheureux gagneront considérablement à renoncer à la fondation d'un hospice, pour s'en tenir aux pratiques suivies par les sociétés de secours mutuels.

L'essentiel, pour améliorer le sort des villageois de toute condition, n'est donc pas de copier, pour ainsi dire, tout ce qui se fait dans les villes; c'est de chercher les moyens les plus pratiques et les plus en rapport avec les convictions et les habitudes de ces habitants. Cette tâche appartient de droit aux autorités locales; c'est à elles, qui connaissent les mœurs, les ressources et les besoins, de se préoccuper vivement de tout ce qui peut donner du travail aux ouvriers et des secours aux infirmes. Espérons que l'heureuse initiative des administrations urbaines ne tardera pas à trouver de l'écho dans nos administrations rurales. Puisque notre siècle est un siècle de progrès, il faut que les campagnes s'en aperçoivent aussi bien que les villes.

Si l'on faisait pour le bien-être des villageois tout ce que l'on a fait pour le bien-être des citadins, les villes ne tarderaient pas à voir alléger le fardeau de leurs dépenses : cela revient à dire que sous le rapport même matériel, les villes ne perdent guère moins que les campagnes au mal de l'émigration. Les habitants des grandes villes, et surtout les Parisiens, se plaignent de l'élévation des droits d'entrée sur tous les objets de consommation ; j'avoue que ces prélèvements sont regrettables sous bien des rapports ; mais est-il possible aux villes de renoncer à de pareils bénéfices, tant que les familles qui ne trouvent point de ressources et de travail dans les campagnes viendront en chercher dans les villes ? Ainsi, d'après un mémoire publié tout récemment dans le *Moniteur* par M. Hausmann, préfet de la Seine, il résulte que les habitants de Paris, que la ville aurait à nourrir ou à secourir dans un cas de disette, sont au nombre de cent mille. M. le préfet en conclut que si Paris a dépensé, en 1847, neuf millions en bons de pain pour une population de neuf cent mille habitants, il faudrait, pour la population actuelle, vingt-un millions, si une disette du même genre venait à nous éprouver.

Le gouvernement, nous aimons à le croire, cherchera plus que jamais à faire participer les campagnes aux grands bienfaits du progrès moderne. Le peuple des campagnes compte toujours sur les belles espérances qu'a fait naître M. le ministre de l'intérieur quand il a dit : « L'Empereur tient bien plus » aux améliorations des campagnes qu'aux trans- » formations des villes. »

CHAPITRE VI.

Il faudrait s'attacher surtout à favoriser le progrès agricole.

Assurément, je ne suis pas de ceux qui veulent méconnaître les bienfaits du progrès industriel, je les crois incontestables. Grâce à ce progrès, l'homme des temps présents peut visiter toute la terre, devenue son domaine par la création; s'il ne se sent point le courage ou les ressources nécessaires pour parcourir la terre, il peut au moins jouir de ses produits : l'habitant du Midi peut demander à son frère du Nord les productions qui ne viennent pas sur son sol, et réciproquement.

Ce n'est point là encore qu'il faut chercher les

plus grands résultats; ce qu'il y a de plus précieux, c'est la communion des intelligences et des cœurs qui découle naturellement de cet état de choses. Par la facilité des communications, les peuples civilisés portent la lumière chez ceux qui ne le sont pas encore. Quel bien ne font pas nos missionnaires catholiques, sous le rapport social et religieux, aux barbares qu'ils vont évangéliser! Entre les peuples civilisés, les richesses intellectuelles s'accroissent chaque jour; le plus riche donne au plus pauvre sans s'appauvrir lui-même, et il est rare que le plus instruit n'ait pas lui-même quelque gain à en retirer. Quel est l'homme, en effet, qui possède assez de connaissances pour n'avoir pas besoin d'en acquérir de nouvelles, et quel est celui qui n'en acquiert pas en étudiant les livres et les mœurs des peuples qu'il n'avait pas visités?

Ce qui fait encore que l'humanité retire beaucoup du progrès industriel pour son progrès intellectuel, c'est qu'on est parvenu à faire remplacer dans bien des cas le bras de l'homme par les forces de la mécanique. Une fois que les machines auront diminué de plus de moitié les travaux manuels, tous ceux qui remplissent les fonctions que rempliront alors les machines, pourront se livrer à des travaux plus nobles et plus conformes à la nature de l'être intelligent. Si, avec six heures de travail, je parviens à

obtenir les résultats qui exigeaient vingt-quatre heures, et cela par le seul secours d'une mécanique,
mes forces seront moins épuisées, j'aurai plus de
temps et de goût pour cultiver mon intelligence et
l'enrichir des lumières de l'instruction.

Ces bienfaits ne sont pas moins utiles au villageois
qu'au citadin, vu que l'on peut remplacer les bras
du faucheur, du laboureur, du moissonneur, etc.,
par des machines qui remplissent le même rôle; sans
doute il faudra toujours, de la part de l'agriculteur,
de la vigilance, du soin, et même un certain travail
manuel; mais il n'en reste pas moins vrai que les
machines remplaçant les bras de l'homme pour un
grand nombre d'applications purement matérielles,
l'agriculteur aura plus de temps pour la direction des
travaux, l'étude de combinaisons nouvelles, etc. Les
améliorations deviendront d'autant plus faciles et
fructueuses, que les exécutions seront moins pénibles et moins dispendieuses.

Tout cela prouve qu'on aurait eu tort de ne pas
encourager l'industrie, mais ne prouve pas qu'on
ait eu raison d'oublier l'agriculture. L'agriculture
n'est-elle pas une science, et même la première des
sciences? En créant l'homme, Dieu lui imposa l'o-
bligation de travailler la terre; que deviendrions-
nous, en effet, si la terre n'était fécondée par notre
travail? On peut, à la rigueur, se passer de chemins

de fer, de télégraphes, de livres, de tableaux ; mais on ne peut pas se passer de pain.

Puisque la prospérité agricole est la condition et la force de toute espèce de prospérités, on devait faire marcher de pair l'agriculture et l'industrie, en donnant des encouragements aussi bien à l'une qu'à l'autre. L'ordre logique aurait même voulu que l'on veillât d'une manière spéciale aux progrès agricoles.

L'industrie, disons-nous, par un développement trop rapide, a enlevé aux campagnes presque tous les bras et tous les capitaux ; il faut donc donner à l'agriculture un mouvement de compensation, par lequel les campagnes soient en voie de reprendre leurs capitaux et leurs bras. Un pareil but pourra être atteint, si l'on fait pour l'agriculture les sacrifices que l'on a faits pour l'industrie. Ce mouvement est d'autant plus facile à donner, que tous les esprits sérieux en sentent la nécessité, et l'attendent avec impatience comme un divin Messie.

Outre la mission essentielle qui incombe aux gouvernements de travailler à tout ce qui contribue à la prospérité sociale, l'Etat a des intérêts tout particuliers pour encourager les améliorations agricoles, et même à faire de grands sacrifices pour les faciliter. C'est pourquoi nous persistons à proclamer que les gouvernements qui n'ont pensé qu'à faire des bacheliers et des placistes, ont manqué à leurs devoirs et à leurs intérêts les plus sacrés.

Ah! si les gouvernements avaient su ce qu'ils se préparaient en favorisant les affluences dans les villes et surtout à la capitale, ils se seraient bien gardés de tenir la conduite qu'ils ont tenue jusqu'ici! S'ils connaissaient bien nos campagnes, ils sauraient que c'est d'elles surtout qu'il faut attendre l'esprit d'ordre et de paix qui fait la sécurité de l'ordre social. Compter sur les bonnes dispositions des villageois et des agriculteurs, c'est compter sur des dispositions puissantes : l'agriculteur n'est pas le plus empressé à flatter les gouvernements, mais il n'a pas de raison pour les calomnier. Ce n'est pas lui qui tourne à tous les vents, et ne se fait aucun scrupule de prêter et de violer des serments!

Par quels moyens encourager l'agriculture? Il en est mille pour un; nous en indiquerons plusieurs dans le chapitre qui traite des devoirs des bons propriétaires relativement à l'émigration. Nous en tenant ici aux moyens qui regardent plus spécialement le gouvernement et les administrations locales, nous les rapporterons à quatre principaux, savoir : 1° la multiplication des écoles d'agriculture; 2° la prompte exécution des voies rurales et de certaines lignes de chemins de fer; 3° la bonne direction des concours régionaux et cantonaux; 4° enfin l'application des sages mesures que l'on a prises, par la loi de 1864, sur l'assainissement et la mise en valeur des landes communales.

1° Un docteur en médecine aurait-il passé les nuits et les jours à lire des ouvrages qui traitent de la manière de connaître et de guérir les maladies, aurait-il obtenu le diplôme de toutes les facultés médicales, que s'il s'en tenait à l'étude des livres, sans jamais soigner de malades et exercer d'opérations, on pourrait dire de lui qu'il est loin d'avoir atteint la perfection du médecin utile : si ce médecin avait un peu moins étudié pour exercer davantage, l'humanité souffrante y aurait gagné au lieu d'y perdre. Savez-vous pourquoi les diplômes délivrés par la Faculté de médecine sont des garanties pour les familles ? C'est que ces diplômes ne peuvent être obtenus que par ceux qui joignent la pratique à la théorie. Ce que nous disons de la médecine, nous pourrions le dire de plusieurs autres professions ; nous devons le dire surtout de l'agriculture. Celui même qui aurait passé sa vie entière à lire des ouvrages, des revues et des journaux agricoles, ne serait bon à rien s'il ne joignait les avantages de la pratique à ceux des connaissances scientifiques. Pourquoi trouvons-nous si lente la marche du progrès agricole ? Parce que la France ne compte pas assez d'agriculteurs joignant la science à la pratique : elle ne

possède guère que des routiniers, repoussant comme
hérésie toute innovation scientifique, ou des théo-
riciens qui, n'étudiant jamais l'agriculture qu'au
coin de leur cheminée, ne tiennent pas assez compte
des modifications que doivent nécessairement apporter la différence des climats et l'accident des terrains. Ce qu'il nous faut, ce sont des hommes qui,
après avoir étudié l'agriculture dans ses principes,
ses méthodes, s'attachent à faire eux-mêmes d'u-
tiles applications. Les écoles d'agriculture sont une
chose utile au progrès agricole, parce que ces écoles,
à l'instar des écoles médicales, ont pour base l'union
de la pratique à la théorie; le jeune homme qui sort
de cette école sait conserver ce qu'il y a de bon dans
les vieux usages, et il sait, en même temps, mettre
à profit tout ce que la science a découvert d'utile pour
le pays qu'il habite, pour les terrains qu'il cultive.

On me répondra peut-être qu'il est plus facile que
je ne le pense, de se passer des écoles d'agriculture,
vu que le propriétaire qui connaît la pratique par
la culture de sa propriété, ne manque pas de livres
et de journaux pour apprendre la théorie; je m'empresse de répondre que c'est là une véritable chi-
mère. Les livres peuvent être utiles à ceux qui ont
déjà des connaissances; mais ils sont presque inutiles
à ceux qui n'ont rien appris par l'enseignement
oral. Si on s'en rapportait à la multiplication des

livres pour ce qui regarde la religion, l'instruction primaire, la médecine, etc., et que l'on supprimât, comme inutiles, les prêtres, les instituteurs, les professeurs, tous ceux, en un mot, qui ont pour mission d'instruire les hommes par l'enseignement oral, on ne trouverait partout que des ignorants; les livres, alors, au lieu d'être mieux propagés et mieux lus, resteraient entièrement inconnus. C'est donc que le Créateur, en constituant l'état social, a fait de l'enseignement oral la condition nécessaire de la transmission et de la propagation de toute connaissance scientifique. Les livres agricoles abondent, j'en conviens, mais on se sent généralement peu de goût pour les lire et peu d'aptitude pour les comprendre : sans le zèle inspiré par les écoles pour le progrès de l'agriculture, ces livres seraient encore moins recherchés et moins lus.

Les écoles d'agriculture et les fermes-modèles ont donc de très bons résultats; malheureusement, elles sont trop clair-semées pour donner une impulsion générale au progrès agricole. Rien ne serait plus utile que d'établir une ferme-modèle par chaque arrondissement. Cette institution n'entraînerait aucun inconvénient, vu qu'une pension dont le prix serait peu considérable serait payée à l'établissement par les propriétaires qui lui confieraient leurs enfants. Il est possible que les départements fussent tenus à quelques frais de fondation et d'entretien ; mais que sont ces frais en comparaison des sacrifices qui sont faits pour former des bacheliers ? Pourtant, le titre de bachelier vaut-il plus, pour la société et les familles, que celui de bon agriculteur ? S'il importe à la France de compter des bacheliers, ne lui importe-t-il pas aussi de compter des agriculteurs intelligents et zélés ? Combien de familles qui comptent des bacheliers sans pain ! Il n'en serait pas de même si ces jeunes gens avaient appris à aimer et à cultiver les champs : quantité de maisons bourgeoises sont sur le point de faillir, parce qu'elles ont dépensé des sommes considérables à former des bacheliers qui ne sont encore bons qu'à dépenser. Ce serait rendre un grand service à bien des familles, que d'attirer ainsi leurs enfants à la culture des champs : pourquoi, en effet, mépriserait-on cette carrière plus que toute autre, vu qu'elle est la plus sûre de donner du pain et de faire prospérer la société ? Les honneurs peuvent se trouver là aussi bien qu'ailleurs ; l'histoire des siècles passés, et surtout l'histoire contemporaine, se fait un honneur d'offrir à notre admiration plusieurs agriculteurs célèbres. S'il y a des mentions dans les académies et sur les champs de bataille pour les savants et les héros, il y en a aussi dans les concours régionaux et cantonaux pour les cultivateurs intelligents et zélés.

L'institution d'une *ferme-modèle* par arrondissement n'aurait pas le seul avantage de diminuer le nombre des bacheliers inutiles qui ruinent leurs familles, elle aurait surtout pour résultat celui d'imprimer une impulsion générale aux améliorations agricoles. Il est évident qu'une ferme-modèle qui s'attacherait exclusivement à donner des règles et des conseils pour l'arrondissement où elle se trouve située, en tenant compte de la nature du climat et de celle des lieux, rendrait, par cela même, aux propriétaires, les applications très utiles et très faciles. Je comprends qu'un jeune homme de la Corrèze, qui sort de l'école d'agriculture de Toulouse, se trompe assez souvent en tentant des améliorations dans son arrondissement, vu que ce département diffère intégralement de la Haute-Garonne par la nature de son climat et de son terrain ; mais si ce jeune homme sort de la ferme-modèle de Neuvic, près Ussel, les améliorations lui seront bien plus faciles (1).

Que résulterait-il de l'état de choses que nous demandons ? Il en résulterait que les améliorations exécutées par l'ancien élève de la ferme-modèle d'arrondissement, étant toujours remarquables par la simplicité des procédés et l'efficacité des résultats, pro-

(1) Disons ici, en passant, que la ferme-modèle de Neuvic s'est rendue vraiment digne du nom qui lui est donné.

duiraient inévitablement une bienfaisante influence sur tous les voisins, parents et amis de ce propriétaire; devenant, pour son village, un véritable maître d'école d'agriculture, ce cultivateur aurait contribué à donner au progrès agricole un mouvement très précieux. Il en serait ainsi, tous les ans, de quinze ou vingt jeunes gens; or, ce nombre serait plus que suffisant pour changer totalement un arrondissement dans l'espace de dix ans. Tant que les écoles d'agriculture ne seront pas popularisées par leur multiplication, elles ne pourront donner un grand essor au progrès agricole : rarement nos villageois auront l'idée ou la bonne volonté d'envoyer leurs enfants au loin pour s'inspirer de procédés dont la plupart ne seraient pas applicables dans leur pays (1).

Ne craignez pas que les fermes-modèles, une fois multipliées, restent désertes ; le seul moyen, au

(1) La ferme-modèle de Grignon est peut-être la plus remarquable de France; il n'en est pas moins vrai, pourtant, que plusieurs élèves voulant, une fois revenus dans leur pays, y introduire les applications usitées à l'établissement, n'obtiennent que de très mauvais résultats. Pourquoi cela? Parce que telle réforme qui est utile à un pays, est nuisible à un autre qui en diffère sensiblement par le climat et le sol. Ces inconvénients n'existeraient plus si chaque ferme-modèle, n'étant organisée que pour un arrondissement, s'appliquait aux améliorations qui conviennent spécialement au terrain de cet arrondissement.

contraire, d'attirer sur elles l'attention et l'amour des cultivateurs, c'est de les propager, c'est de mettre, pour ainsi dire, sous leurs yeux les bons résultats obtenus. Ce qui fait que les nouveaux procédés ne trouvent que des incrédules et des ricaneurs dans la plupart des pays, c'est que ces procédés n'ont jamais été appliqués, ou ne l'ont été que très mal dans ces pays. Il n'en serait pas de même si les opérations de la ferme-modèle étaient réalisées sous leurs yeux; car, alors, ils pourraient les appliquer eux-mêmes sans recourir à des modifications difficiles; comme rien ne parle plus haut que les faits, les indifférents, les incrédules et les ricaneurs ne tarderaient pas à se convertir; ils deviendraient eux-mêmes de véritables apôtres, dont la prédication ne serait jamais sans écho. Il est évident que l'institution dont nous parlons est la seule capable de donner une impulsion générale au progrès agricole.

D'où vient que notre culture est si inférieure en résultats à celle des autres nations et surtout à celle de l'Angleterre? La production moyenne de l'hectare de terre en France, évaluée en blé, est de douze hectolitres au plus, tandis qu'en Angleterre elle dépasse vingt-six hectolitres. D'un autre côté, les cultivateurs anglais nourrissent trois têtes de gros bétail sur une surface où nous en nourrissons à peine une seule. Pourquoi, je le répète, une infériorité si préjudiciable ? Cela vient en grande partie de ce que nos paysans ne se sentent guère que du dégoût pour les innovations scientifiques. En cela le paysan est-il grandement blâmable? Je ne l'ai jamais pensé : il n'y a pour lui d'autre école que celle des faits. Or, notre paysan, dans son observation attentive des expériences faites chaque jour par les novateurs, a trop souvent l'occasion de contrôler des déceptions dispendieuses, pour hasarder ses capitaux ou ses revenus à de pareilles entreprises, qu'il a droit de regarder comme téméraires. L'essentiel, pour la propagation du progrès agricole, est donc d'empêcher les tentatives infructueuses; or, on n'obtiendra jamais ce but tant que les principaux propriétaires ne puiseront leur savoir ailleurs que dans des livres ou dans des établissements agricoles, placés dans des pays qui diffèrent considérablement du leur sous bien des rapports.

Pour exciter davantage l'émulation dans les fermes-modèles, on pourrait étendre à ces écoles les encouragements qui existent déjà dans les colléges et les facultés. Aux jeunes gens qui ont fréquenté avec fruit et assiduité l'école de médecine, par exemple, on donne un diplôme, qui est tout à la fois une récompense pour celui qui en est doté et un motif de zèle pour celui qui doit fréquenter encore l'école. Pourquoi n'agirait-on pas de même à l'égard des élèves des écoles d'agriculture? Cela ne contribuerait pas peu à faire comprendre une chose qui paraît entièrement méconnue des générations présentes, savoir que l'agriculture est une véritable carrière scientifique, dans laquelle on peut chercher l'illustration et les mérites aussi bien que partout ailleurs.

Il ne serait pas mal d'attacher un bénéfice à la récompense honorifique de ceux qui se distinguent le plus dans la ferme-modèle par leur intelligence et leur zèle; si, par exemple, l'on exonérait du service militaire les deux plus forts de chaque école, cette récompense, que tous les jeunes gens pourraient espérer, suffirait amplement pour peupler les fermes-modèles et exciter l'émulation de tous les élèves. On a déjà fait beaucoup pour l'agriculture en permettant à une grande partie du contingent de rester au foyer domestique, à la condition de passer quelques mois d'hiver au chef-lieu du département; les bons résultats que l'on veut atteindre deviendraient bien plus efficaces par la mesure que nous proposons, mesure que certains économistes illustres ont proposée avant nous. Sans doute, c'est plutôt un honneur qu'un fardeau de servir son pays sous les drapeaux; mais, puisqu'on ne manque pas de soldats, rien n'est plus utile que d'exciter les habitants des campagnes à servir leurs familles et leur patrie par les travaux et améliorations agricoles.

Le gouvernement a rendu un grand service au pays en appliquant aux travaux agricoles la plupart des pénitenciers retenus à longs termes; nous pourrions exprimer la même satisfaction pour toutes les mesures qui tendent au même but. Rien de mieux, par exemple, que de laisser dans les villages les enfants abandonnés, confiés de préférence à des nourrices de la campagne. La plupart des familles s'attachant à eux, ces enfants adoptifs apprennent de bonne heure à aimer les travaux des champs, dont ils font presque toujours leur profession de prédilection.

L'éducation des filles laisse beaucoup à désirer dans nos campagnes; les maîtresses d'école se faisant presque une obligation d'apprendre la tapisserie, la broderie, etc., aux élèves qui leur sont confiées, il en résulte que les filles se dégoûtent des travaux du ménage, pour lesquels elles n'ont que du mépris, et n'ont rien tant à cœur, en sortant de l'école, que de se réfugier dans une ville comme modistes ou couturières. Comme ce mal est connu des familles, la plupart d'entre elles préfèrent ne pas envoyer leurs filles à l'école, que de s'exposer à de pareils inconvénients.

De même qu'il nous faut de bons agriculteurs, il nous faut aussi des ménagères intelligentes et actives qui sachent préparer le repas, raccommoder le gros linge et les vieux habits, engraisser la volaille , traire les vaches, faire le beurre et le fromage , etc. Bien élever la femme, c'est la former surtout à la vie pratique, c'est lui apprendre à bien remplir ses devoirs d'épouse, de mère de famille et de maîtresse de maison. Quand il s'agit donc d'écoles de filles pour les campagnes, ces écoles, pour être fréquentées et produire de bons résultats, devraient former la jeune fille sur les occupations qu'elle est appelée à remplir tout le reste de sa vie. Nous nous faisons un honneur et un devoir de nous associer aux bons sentiments exprimés par M. Thiac dans la lettre suivante adressée au *Journal d'Agriculture pratique* :

« **M.** le ministre de l'intérieur vient d'adresser une circulaire relative à l'enseignement professionnel à introduire dans la maison centrale pour les jeunes filles détenues , de façon à permettre à celles-ci, à leur libération, de se placer comme domestiques ou filles de fermes.

» Je me suis demandé si , au lieu de circonscrire une pareille recommandation aux maisons centrales, il n'y aurait pas utilité à en étendre l'effet aux différents couvents qui ont mission de venir dans nos campagnes instruire nos jeunes filles ; et je vous prie de me permettre d'appeler votre attention à ce sujet.

» Depuis quelques années , la charité privée a facilité dans beaucoup de communes rurales l'établissement de deux ou trois sœurs, dont l'une soigne les malades, et les autres donnent l'instruction, soit à des élèves payantes, soit gratuitement à des enfants pauvres.

» Leur action a été partout bienfaisante, et leur influence n'a pas été sans produire de bons fruits.

» Seulement et malgré elles, beaucoup de jeunes filles, qui auraient dû rester dans la vie des champs, s'en sont éloignées, parce que, s'étant attachées plus particulièrement aux travaux de l'aiguille et de la lingerie, elles ont préféré se porter dans les villes, où à la place d'une situation plus lucrative qu'elles avaient espérée, elles ne rencontraient souvent que des dangers sérieux.

» Il serait donc à désirer que, sauf quelques aptitudes spéciales, et pour les jeunes filles élevées gratuitement, on se bornât à leur apprendre :

» 1° A lire, écrire, compter et le catéchisme;

» 2° A coudre, à raccommoder le gros linge et le blanchir;

» 3° La tenue intelligente d'une basse-cour : traire les vaches, faire le beurre avec propreté, engraisser les porcs, soigner et engraisser les volailles avec économie;

» 4° Les travaux divers dont elles sont habituellement chargées dans l'exploitation d'une ferme, travaux que beaucoup font aujourd'hui machinalement

et qu'elles feraient alors avec une certaine aptitude.

» Il est évident qu'une jeune fille, élevée dans ces
conditions, qui en feraient une véritable et bonne
femme de ménage, serait recherchée comme domestique ; elle pourrait dès lors prétendre à un salaire
plus élevé et à plus de bien-être. Un double but serait donc atteint, et l'amélioration du sort de la
jeune fille elle-même, et la conquête pour la vie
rurale d'une excellente auxiliaire.

» Les moyens d'exécution ne me paraissent pas
difficiles ; — mais il faudrait d'abord se préoccuper
de l'éducation agricole des sœurs elles-mêmes, et,
dès lors, remonter aux maisons-mères.

» On ne peut douter de la merveilleuse aptitude des
sœurs religieuses à tout apprendre, à tout enseigner ;
le sentiment de profonde charité qui les guide, les
anime et les éclaire.

» Ainsi, elles instruisent les sourds-muets, les
aveugles ; elles enseignent les sciences, les lettres,
tout enfin, et elles ne restent étrangères à rien.
Comment supposer que, dans les maisons-mères, où
toutes les lumières, toutes les ressources se rencon-
trent, il ne serait pas possible de créer, comme an-
nexes, des établissements, sur une petite échelle, où
toutes les conditions agricoles pourraient être pra-
tiquées et enseignées ? — Plusieurs de ces dames

sont nées dans les champs, et, chez la plupart, les instincts de la vie rurale seraient facilement réveillés. Du reste, un pareil établissement, dirigé par les sœurs de l'ordre de la Sainte-Famille, existe à la Brède, près de Bordeaux ; je l'ai visité, et il pourrait au besoin servir de modèle. »

Voici quelques détails sur l'institution des *Sœurs agricoles de la Sainte-Famille* dont parle M. Thiac, institution dont la propagation peut être considérée comme un des remèdes les plus efficaces contre la désertion des campagnes et le mépris des travaux des champs. Placées sous la houlette des curés de village, qui seront toujours pour elles l'image du bon Pasteur, accueillies et encouragées par les autorités locales, par les propriétaires qui compatissent aux souffrances de nos populations rurales et qui désirent y apporter remède, elles vont habiter la chaumière que déserte le villageois ; à l'exemple des saintes femmes qui avaient tout abandonné pour accompagner Jésus et ses apôtres dans leurs courses évangéliques, elles vont apprendre aux enfants du hameau, que la félicité qu'ils chercheraient vainement dans nos villes se trouve plus solide et plus pure dans leurs champs, et afin de leur faire mieux apprécier les avantages de la vie simple et laborieuse pour laquelle ils sont nés, elles se montrent heureuses elles-mêmes de la partager avec eux, après avoir vu de près et avoir

6*

quitté volontairement tout ce que la cité avait de plus séduisant pour elles.

Parmi les moyens qu'elles ont adoptés comme les plus propres à leur faire atteindre le but qu'elles se proposent, nous nous bornerons ici à indiquer ceux dont tout le monde peut apprécier l'importance et l'opportunité ; tels sont : 1° les fermes-écoles ou les établissements dans lesquels un certain nombre de sœurs, vivant du produit des terres qu'on leur donne ou qu'on leur afferme à des conditions charitables, dispensent aux enfants de l'endroit l'instruction religieuse et morale, tout en les exerçant aux travaux des champs, soit dans leur ferme, soit chez les propriétaires qui veulent les occuper chez eux et sous leur conduite ; 2° les écoles mixtes ou celles dans lesquelles l'enseignement primaire se joint aux travaux de l'agriculture, et 3° les colonies ou orphelinats agricoles dans lesquels elles reçoivent, comme internes et moyennant une rétribution fournie par les parents ou par la charité, les petites filles qu'on désire faire élever par les sœurs agricoles. Dans les écoles qu'elles ouvrent aux externes, si elles reçoivent les enfants des deux sexes, elles veillent à ce qu'ils soient toujours séparés, de façon à ce que les uns soient occupés en classe lorsque les autres le sont dans les champs.

Elles joignent, à chacune des œuvres dont on

vient de parler, toutes les œuvres complémentaires que les besoins et les ressources des localités leur permettent d'entreprendre pour l'extension de leur mission. Ainsi, elles forment de pieuses congrégations, selon les règles de la Sainte-Famille, et c'est parmi leurs congréganistes qu'elles choisissent de préférence les journalières dont elles ont besoin pour elles-mêmes ou pour les propriétaires qui leur en demandent; elles font surtout servir ces réunions chrétiennes à maintenir dans la vertu les congréganistes qui en font partie, ainsi qu'à procurer, soit à elles, soit à leurs familles, tous les secours temporels et toutes les consolations dont elles ont besoin en santé comme en maladie. La ferme ou la communauté des sœurs agricoles, si rien ne s'oppose au développement de leur mission, devient tout à la fois l'hospice des vieillards ou des infirmes indigents, la pharmacie des pauvres, et comme une maison de Providence où l'on fournit des remèdes et du bouillon aux malades que les sœurs visitent à domicile, où l'on distribue des aliments, du bois, des vêtements, du linge à tous ceux qui en manquent. C'est ainsi que les sœurs agricoles rapprochent le château de la chaumière, les riches des pauvres, pour les porter à s'aimer et à s'entr'aider comme des frères en Jésus-Christ. C'est ainsi qu'elles les portent à se sanctifier en remplissant les uns envers les autres les devoirs que leur imposent leurs positions respectives dans la grande famille dont Dieu veut être le père : aux uns, la commisération et l'assistance ; aux autres, la soumission et la reconnaissance ; à tous, l'amour et le dévouement en N.-S. Jésus-Christ.

Le travail a été imposé à l'homme comme pénitence, et, pour le chrétien, le travail est une dette sacrée, une dette de justice dont il doit consciencieusement s'acquitter, soit envers le divin Sauveur qui en a fait une des conditions de notre rédemption, soit envers les créatures qui le rétribuent, soit envers tous ceux qui ont droit de participer aux fruits qui en découlent. Les sœurs développent et tâchent de bien faire comprendre à leurs élèves cette vérité, qui est comme la base de leur première éducation et comme la source de leur bonheur futur. L'homme sans religion tend à se soustraire à cette obligation du travail ; ou bien, quand il s'y soumet, on le voit, morne et silencieux, se courber vers la terre comme un mercenaire, comme un esclave. Il n'en est pas ainsi des enfants de Dieu : les ris et les chants pieux se mêlent à leurs fatigues aussi bien qu'à leurs fêtes, et c'est l'esprit que les sœurs agricoles s'efforcent de donner à tous ceux qui partagent leurs travaux, en les animant par le chant des cantiques, par de saintes réflexions et par des conversations édifiantes.

2° Pour la marche de notre progrès agricole, il nous faut une détermination bien arrêtée des propriétaires de tous les pays à faire des améliorations sur leur propriété : défricher ce qui est inculte, assainir ce qui est marécageux, multiplier les engrais pour mieux féconder les terrains, etc. Or, pour que le propriétaire entreprenne avec zèle des améliorations qui réclament des sacrifices pécuniaires, il faut nécessairement qu'il soit convaincu d'une chose, savoir que les résultats qui découleront de ces améliorations feront plus que compenser les sacrifices.

Cette conviction n'est pas difficile à acquérir dans les pays qui sont sillonnés par des chemins de fer : la facilité des communications y favorisant considérablement l'écoulement des produits, et par cela même, l'élévation des prix, l'agriculteur est assuré d'augmenter ses revenus en réalisant des améliorations. Malheureusement, il n'en est pas de même de certains départements déshérités : tant que ces départements ne seront pas sillonnés par des chemins de fer, les propriétaires ne pourront pas réaliser d'améliorations dans des conditions avantageuses. D'un côté, les engrais industriels, les tuyaux de drainage, etc., leur reviennent plus cher; d'un autre côté, leurs produits se vendent à plus bas prix. Il est donc indispensable de tracer des voies ferrées dans ces pays pour y imprimer le mouvement du progrès agricole existant déjà dans les autres départements.

Ici, nous avons plutôt des éloges que des reproches à adresser au gouvernement, vu qu'il met tout le bon vouloir et toute la diligence possibles à ces réalisations. Les résultats obtenus depuis quelques années sont merveilleux; tout ce qu'il y a de plus regrettable, c'est que les départements industriels ont absorbé jusqu'ici presque tous les avantages, tandis que les départements pauvres, capables de s'enrichir par le développement agricole, sont encore privés des voies ferrées. Cet oubli ne sera pas de longue durée, car des études sérieuses ont été faites dans le but de doter tous les départements de ces bienfaits.

Quelques concessions ont été remaniées sur le réseau du Nord : la ligne d'Hirson à Achette, celle de Lille à la frontière allant à Tournay remplacent la ligne de Saint-Quentin à Erquelinnes. Le chemin de Rouen à Amiens a été concédé, un tiers à la compagnie de l'Ouest et deux tiers à celle du Nord; la ligne de Mézières à Hirson à la compagnie de l'Est; celle de Brioude à Alais à la compagnie de Lyon; celle de Palaiseau à Limours à la compagnie d'Orléans. Ces concessions ont une longueur de 171 kilomètres.

En 1861, on a ouvert à la circulation 655 kilomètres

de nouvelles lignes ; en 1862, 980 ; en 1863, plus de
1,000 kilomètres nouveaux seront ajoutés à ce parcours, ce qui portera l'ensemble à 12,000 kilomètres.
Tous les travaux à la charge de l'Etat se poursui-
vent avec activité. En 1863, on mettra en circulation les lignes de Rennes à Guingamp, de Toulouse
à Montrejean, de Tarbes à Bagnères-de-Luchon, de
Pau à Bayonne. On travaillera aux chemins de Caen
à Flers, de Mayenne à Laval, d'Epinal à Remire-
mont, de Lunéville à Saint-Dié, de Grenoble à Mont-
mélian, d'Annecy à Aix, de Thonon à Collonges, de
Niederbronn à Thionville, de Louviers à Rouen,
d'Annonay à Saint-Rambert, de Dijon à Langres,
de Châtillon à la ligne de l'Est, de Clermont à Mont-
brison, de Toulouse à Tarbes, de Commentry à Gan-
nat ; au chemin de ceinture de Paris ; à la traversée
du Mont-Cenis (12 kilomètres de tunnel). L'ensemble
de ces travaux, joint à ceux qui les suivront, portera le réseau aujourd'hui projeté des voies ferrées
à une longueur totale de 18,430 kilomètres, qui né-
cessiteront une dépense de 2 milliards, dont 350 millions à la charge du trésor. Les produits du réseau
en exploitation se sont élevés, en 1862, à 476 millions. Depuis trois ans 1,240 millions ont été dépensés aux travaux de chemins de fer. D'énormes ressources ont été créées dans les localités desservies
par les voies ferrées au profit de la prospérité géné-

rale. L'Etat a encore une part de 360 millions à supporter pour l'achèvement total du réseau projeté.

Les chemins vicinaux et agricoles ne sont pas moins propices au progrès de l'agriculture. Dans les communes où les voies qui conduisent à la ville sont praticables, les denrées et autres produits s'écoulent dans de bien meilleures conditions que partout ailleurs. Dans l'arrondissement que j'habite, il y a des communes où le terrain, quoique de meilleure qualité qu'ailleurs, se vend pourtant un tiers en moins que dans les communes environnantes. Cela vient de ce que les propriétaires de ces dernières communes, pouvant transporter leurs produits avec facilité, tirent par le fait beaucoup plus de revenus que les propriétaires des autres terrains. Evidemment, les premiers propriétaires peuvent se livrer à des améliorations fructueuses, mais il ne peut en être de même de ceux qui sont forcés de livrer leurs produits à de très mauvaises conditions, ou condamnés à supporter des frais considérables pour les transporter à la ville voisine.

Tout cela nous prouve que la multiplication des voies agricoles est une condition essentielle de la prospérité générale de l'agriculture ; cela nous prouve aussi qu'il y a des administrations locales qui ne savent pas assez connaître ou rechercher les vrais intérêts de leurs administrés. Combien de conseils municipaux, en effet, ne répondent que par la plus coupable indifférence aux bons sentiments que le gouvernement cherche à leur inspirer à cet égard ? Je connais beaucoup de communes qui compteraient en ce moment de nombreux chemins agricoles, si les autorités locales avaient développé tout le zèle convenable. Que de propriétaires ne sont pas moins coupables que les autorités locales ! Car, au lieu de regarder les journées de prestation comme une marche naturelle vers un grand bien, ils les regardent souvent comme un fardeau inutile. Ordinairement, les propriétaires travaillent avec si peu de zèle quand ils s'acquittent de cette obligation, que cent de ces journées n'en valent pas quarante d'autres. Aussi voyons-nous un très grand nombre de communes rurales dans lesquelles les chemins vicinaux ne sont pas autres qu'ils n'étaient il y a vingt ans. C'est à peine si les journées de prestation suffisent pour réparer les dégâts causés dans l'année sur les chemins déjà faits.

Un second obstacle à l'achèvement des chemins vicinaux, c'est l'obstination de certains propriétaires à ne vouloir céder les terrains nécessaires aux routes, qu'à des conditions extrêmement avantageuses pour eux. Tel propriétaire qui vendrait à peine cent francs un lambeau de terrain à son plus proche voisin, ne craindra pas d'en demander deux cents francs quand il s'agira de le céder pour le passage d'une route. « Le département, se dit-il en lui-même, est bien assèz riche pour payer cher. » Si quinze ou vingt propriétaires donnent ainsi, chaque année, l'exemple de l'obstination, il faut recourir à des expropriations forcées qui entraînent presque toujours des embarras et des lenteurs. Espérons que les propriétaires devenant plus éclairés sur leurs véritables intérêts, deviendront, par cela même, plus faciles à cet endroit. Que m'importe, en effet, de renoncer, à bas prix et même gratuitement, à un hectare de terrain, si la proximité de la route donne une valeur presque double aux autres cent hectares, sous le rapport de l'agrément de la propriété et de la facilité des transports? Il est certain que ceux qui se montrent difficiles à cet endroit travaillent bien plus contre que pour eux-mêmes.

Il y a passablement de départements où les habitants sont pénétrés de la grande importance des voies agricoles; ce sont précisément les départements où il se fait le plus d'améliorations sur la propriété, et où les produits s'écoulent dans les meilleures conditions pour le cultivateur; il me semble que ce devrait être là un puissant motif d'encouragement pour les autres départements. Je connais des communes où l'on laisse pourrir le bois, par suite de la difficulté des transports; pourtant l'autorité locale ne se donne aucun mouvement pour y activer l'ouverture et l'amélioration des voies rurales.

Je conviens que certains départements, comme la Corrèze, ont dix fois plus de difficultés que d'autres pour obtenir sur tous leurs parcours des chemins convenables : ces départements ont plus de dépenses à subir, parce que les terrains sont plus accidentés et leur territoire plus étendu ; en second lieu, ces départements ont moins de ressources disponibles, vu que le pays n'est pas favorable à la multiplication des transactions commerciales et agricoles, et que la population n'étant pas en rapport avec l'étendue du territoire, les journées de prestation sont relativement moins nombreuses que partout ailleurs. C'est principalement sur ces départements que le gouvernement doit porter son attention, soit dans la distribution des fonds affectés aux chemins vicinaux, soit dans la direction et l'impulsion qu'il exerce sur les déterminations des conseils provinciaux et communaux. Le gouvernement a bien plus à gagner qu'à perdre en faisant des sacrifices pour les chemins vicinaux : la propriété acquérant une grande valeur en sus par l'amélioration des chemins, l'État ne tardera pas à trouver une large compensation dans les droits qu'il perçoit à l'occasion des ventes et des successions ; il aura, de plus, la satisfaction d'avoir rempli un devoir essentiel, en contribuant considérablement à la prospérité publique. Je sais fort bien que les communes devraient s'intéresser assez à ces améliorations pour n'avoir pas besoin d'une initiative étrangère ; mais, malheureusement, nous nous sommes habitués à recevoir toutes nos bonnes inspirations du gouvernement ; nous ne savons rien entreprendre ni rien exécuter, si on ne nous le conseille et on ne nous y pousse par des encouragements et des secours. Il faut donc prendre notre siècle tel qu'il est, pour en tirer le meilleur parti possible.

Le gouvernement, bien pénétré de la nécessité de son initiative, s'est fait un devoir d'imprimer l'élan en consacrant une somme de 25 millions, dans l'espace de huit ans, à l'achèvement des chemins vicinaux. Une partie de ces millions a été déjà divisée entre tous les départements ; le reste sera employé en moins de six ans. Quoique vingt-cinq millions, en huit ans, pour 89 départements, soient bien peu de chose en comparaison de ce qui est dépensé dans quelques grandes villes, ce sacrifice ne servira pas peu, néanmoins, à convaincre de l'importance des voies rurales les départements qui en sont le plus dépourvus, et contribuera puissamment à attirer l'attention et à exciter le zèle des autorités locales sur cette grande question.

Grâce à cet élan, l'année 1862 a vu travailler, en Sologne, sur treize routes agricoles de 525 kilomètres. Dans la Dombes, on a construit 15 routes ; 183 kilomètres sont terminés, 51 sont en construction, 58 vont être entrepris. Dans la Brenne, sur 12 routes agricoles devant avoir 233 kilomètres de long, deux sont finies, plus une section de la troisième et de la quatrième. Dans les Landes, les routes agricoles sont en grande partie terminées : elles ont un parcours de 450 kilomètres. Un coin du département de Lot-et-Garonne, couvert de landes, sera percé de deux routes semblables et mis en communication avec les précédentes. Nous pourrions mentionner une multitude d'autres améliorations considérables sur les routes agricoles, mais les limites que nous nous sommes proposées dans ce travail ne nous permettent pas d'entrer dans de plus longs détails.

3° Qu'a-t-on fait pour encourager les sciences, les arts et l'industrie? On ne s'est pas contenté de fonder des écoles, d'instituer des bourses et des demi-bourses, on a tenu à récompenser par des primes et des honneurs tous ceux qui se sont le plus distingués dans ces carrières par leur savoir et leur zèle. Eh bien! il faut agir de même à l'égard de l'agriculture. L'amour du gain n'est pas pour tous un appât suffisant ; l'homme, et surtout le Français, tient par dessus tout à être honoré, admiré et imité de ses semblables. C'est pour cela qu'on ne peut contribuer plus efficacement à la prospérité de l'agriculture, qu'en mentionnant, chaque année, au public le nom des propriétaires qui ont réalisé les améliorations les plus utiles. Cette méthode n'a pas seulement pour but de récompenser les agriculteurs les plus méritants, elle tend aussi à relever les travaux agricoles du mépris général dans lequel ils sont tombés, et de créer des imitateurs de ceux que l'on honore. De cette manière, tous ceux qui sont animés du désir de s'illustrer sauront que l'illustration peut s'obtenir aussi légitimement et aussi efficacement dans les campagnes que dans la capitale même, aussi bien en travaillant les champs qu'en rédigeant des journaux ou en composant des tableaux.

On se fait un devoir d'orner de la croix d'honneur la poitrine de celui qui s'est distingué dans les combats : rien de mieux que de récompenser ainsi ceux qui n'ont pas craint d'exposer leur vie pour les intérêts de la patrie ; mais il n'en est pas moins vrai que les droits de l'agriculteur zélé sont aussi légitimes que ceux du héros. Le soldat s'est en effet sacrifié pour la patrie, mais le sacrifice que l'on récompense par la décoration n'a été que le sacrifice d'un moment, tandis que celui de l'agriculteur comprend des années et une sollicitude de tous les instants. Ce décoré du champ de bataille a servi sa patrie dans un danger ; mais, par le fait, il n'a pu la servir qu'en s'acharnant à égorger des hommes qui, pour être regardés comme ses ennemis, n'en sont pas moins ses frères. Tout, au contraire, dans la vie de l'agriculteur, tend à augmenter le bien-être et la prospérité de l'humanité.

Quoique des primes pécuniaires soient accordées par les concours régionaux au propriétaire qui s'est le plus signalé par son zèle et ses résultats, néanmoins le but de ces concours n'est pas d'*enrichir*, mais bien d'*honorer* les cultivateurs les plus méritants. D'après les intentions de l'administration, la lice n'est sérieusement et réellement ouverte qu'aux propriétaires ou fermiers de domaines soumis à une culture sagement dirigée, en rapport parfait avec les circonstances locales où elle se trouve placée, bien réglée dans ses dépenses et productive dans ses résultats. Le jury doit récompenser des résultats acquis, d'une authenticité incontestable, et dont l'exemple puisse être sûrement invoqué pour démontrer comment l'économie dans les dépenses, l'ordre dans le travail, le perfectionnement raisonné des méthodes culturales, l'heureuse alliance de la science et de la pratique, et enfin une juste subordination de la culture aux circonstances qui la dominent, créent la prospérité présente et assurent l'avenir des exploitations rurales.

« Les concours régionaux de 1862 accusent, dit M. le ministre de l'agriculture, un progrès notable sur ceux qui les ont précédés. Vivement stimulée par l'éclat des récompenses publiques, plus énergiquement excitée encore par les résultats avantageux d'un élevage rationnel, l'énergique activité des cultivateurs est demeurée toujours en éveil et ne s'est pas arrêtée un seul instant dans la voie des améliorations fécondes où l'entretiennent sans cesse les encouragements de l'Etat.

» La statistique des concours prouve que le nombre des inscriptions suit une progression toujours croissante, et l'on peut ajouter que la qualité de tous les produits exposés augmente également avec leur quantité. Dans l'espèce bovine, par exemple, il n'est pas de race qui ne porte l'empreinte d'heureux perfectionnements. Quelquefois par le croisement, le plus souvent par la sélection, d'importantes améliorations ont été réalisées. Dans le midi aussi bien que dans le nord, à l'ouest comme à l'est et au centre, les anciens types se sont modifiés, et, tout en respectant les aptitudes spéciales de chaque race qui tiennent essentiellement aux circonstances locales et aux nécessités de la culture, les éleveurs n'ont reculé devant aucun effort pour atténuer les défauts et développer les qualités des animaux sur lesquels s'exerce leur industrie.

» Dans l'espèce ovine, les résultats obtenus ne sont pas moins significatifs, et si les toisons de nos races indigènes n'ont rien perdu des qualités qui les distinguent, partout aussi la conformation générale s'est améliorée et s'est rapprochée du type qui répond le mieux aux besoins de la consommation.

» L'espèce porcine est en voie de transformation complète, et dans les régions où la nourriture abonde et où les animaux ne sont pas assujettis à de longs parcours, les races anglaises perfectionnées tendent à remplacer les familles indigènes. Ce n'est pas que ces derniers n'aient également leur mérite et que la consistance et la fermeté de leur chair et de leur graisse ne les fasse rechercher pour les salaisons, mais la précocité et la rapidité de l'engraissement créent, d'un autre côté, un avantage en faveur des races anglaises.

» Si du bétail on passe aux instruments aratoires et aux machines agricoles, le progrès n'est pas moins sensible et se traduit par de nombreuses innovations dans l'outillage des fermes. En effet, à mesure que les bras et la main-d'œuvre sont devenus plus rares et plus chers, il a bien fallu s'adresser aux machines et s'aider d'un puissant auxiliaire dont l'industrie manufacturière semblait avoir jusqu'à ce jour monopolisé les services. A peu d'exceptions près, les machines à vapeur fixes ou locomobiles ont figuré dans le catalogue de tous les concours en 1862, et d'ingénieux perfectionnements ont été mis en relief et signalés par les jurys spéciaux. Les faucheuses, les râteleuses, les moissonneuses y ont aussi pris place en plus grand nombre que dans les années précédentes ; et, pour tout dire en un mot, le perfectionnement de l'outillage s'est montré au niveau des besoins de la culture.

» J'arrive maintenant à la partie principale des concours régionaux, à la grande prime d'honneur destinée à récompenser l'exploitation qui, dans le département où se tient le concours, a mérité d'être signalée entre toutes, et d'être proposée comme un exemple à suivre, un modèle à imiter.

» Cette institution a été le point de départ d'améliorations importantes qui se continuent sans relâche dans tous les départements de l'empire, et dont le pays recueille déjà les fruits les plus abondants. En effet, les hommes de progrès ne sont plus isolés dans leurs tentatives, et l'espoir de prendre place au livre d'or de l'agriculture leur a suscité des rivaux et des émules. Sous cette bienfaisante influence, les bonnes méthodes se répandent de proche en proche, l'exploitation du sol devient plus active et plus raisonnée, le matériel agricole se perfectionne, le bétail s'améliore, les engrais sont mieux soignés et plus abondants, l'ordre s'établit dans les comptes, et enfin le capital se hasarde plus volontiers dans une branche de production où l'attirent l'honneur et le profit. »

Les concours régionaux obtiennent des résultats précieux, mais insuffisants. Le progrès agricole, en effet, consiste à exciter le désir des améliorations chez tous ceux qui possèdent des biens fonds; mais nous savons que la propriété étant très morcelée en France, il y a mille fois plus de petits propriétaires que de grands. Combien de propriétaires qui n'ont qu'un revenu de mille francs, combien d'autres en ont encore moins! Pour faire partie des concours dont nous parlons, il y a des dépenses à faire pour l'achat et l'élevage des bestiaux; il faut, de plus, faire conduire quelquefois à soixante lieues de distance les bestiaux que l'on désire faire concourir : c'est dire qu'il faut s'imposer des charges très lourdes pour la chance éloignée d'obtenir une prime. Tout cela est très bon pour le riche propriétaire : s'il n'a pas de prime pour les bestiaux qu'il a élevés, il aura au moins l'honneur de s'être mis en état de concourir; cette satisfaction lui suffit amplement pour le dédommager des sacrifices pécuniaires qu'il s'est imposés. Il ne peut en être de même du petit propriétaire : ce qui n'est rien pour le riche serait beaucoup pour lui; une dépense de quatre à cinq cents francs lui serait très préjudiciable; c'est pourquoi il regarde comme plus sage le parti de s'abstenir de pareils concours. C'est pour la masse des propriétaires que les concours cantonaux ont été institués ; eux seuls peuvent agir sur la généralité de nos cultivateurs. Il est donc très important de les établir là où ils ne sont pas encore connus, et de les bien diriger là où ils fonctionnent déjà.

Ce qui nuit à la prospérité de quelques-uns des comices cantonaux, c'est que, dans la distribution des primes, les membres du jury tiennent trop compte de la quantité des terrains améliorés. Pourquoi celui qui n'a que cent hectares de terrain améliorés de la manière la plus parfaite, ne mériterait-il pas une récompense aussi bien que celui qui en a amélioré deux mille ? Il en est des améliorations comme de l'aumône : la pauvre veuve qui donne un centime, a quelquefois plus de mérite que le millionnaire qui donne un franc. La veuve se prive personnellement pour donner, tandis que le millionnaire ne change en rien ses habitudes.

Les membres du jury doivent donc s'intéresser aux améliorations des petits propriétaires ; ils feraient bien aussi de récompenser ceux des colons, fermiers et domestiques qui se sont fait le plus remarquer par leur amour du travail et la régularité de leur conduite. Ces récompenses serviraient plus qu'on ne pense à attacher bien des gens au pays des campagnes, et à les perfectionner. Qu'on sache bien qu'il est très important pour le progrès de l'agriculture d'avoir de bons métayers et de bons domestiques.

De nos jours, ce n'est pas seulement par l'espé-
rance d'obtenir des mentions honorables, que le cultivateur est poussé dans la voie des améliorations agricoles, il y est encore excité par ses intérêts matériels.
Nous ne sommes plus du temps où une contrée ne savait que faire des produits qui excédaient sa consommation ; aujourd'hui les plus minutieux, tels que les
fruits, le beurre et le fromage, trouvent des écoule-
ments faciles dans la rapidité des communications :
nous avons donc tout intérêt à multiplier nos produits
par les améliorations. Il est inutile d'ajouter que, dans
la plupart de nos contrées, la plus essentielle des améliorations est de multiplier et de féconder les prairies.
Peu à peu, nous le savons, les villageois eux-mêmes
s'habituent à faire entrer la viande dans les éléments
de leur nourriture ; plus nous irons, plus il faudra
de bestiaux pour la consommation : c'est dire que
les bestiaux sont destinés à s'écouler dans des conditions de plus en plus favorables pour le cultivateur,
et que les motifs qui nous engagent à multiplier nos
prairies ne peuvent qu'aller en croissant. De plus,
en multipliant nos bestiaux par l'augmentation de
nos fourrages, nous obtenons de plus nombreux engrais, et, par cela même, nous trouvons le moyen
d'augmenter nos récoltes sans élargir nos champs
par de nouvelles acquisitions. Quoique les espérances
de l'avenir en faveur du cultivateur ne soient pas

aussi belles pour les denrées que pour les bestiaux, néanmoins, il y aura toujours autant pour ne pas dire plus d'avantages que par le passé à augmenter la fécondité de nos champs. Sans doute, la facilité et la rapidité des communications feront que le blé ne montera jamais à ces prix fabuleux qui portaient la ruine et la désolation chez tous ceux qui ne récoltent rien; mais, en revanche, les mêmes raisons nous font croire qu'il ne descendra jamais à ces prix infimes qui sont la ruine des cultivateurs. Comme la température n'est jamais la même partout, il est rare que l'année où les récoltes sont abondantes dans une contrée du monde, elles ne fassent pas défaut ailleurs. Le gouvernement rendra de grands services aux cultivateurs, en facilitant l'exportation dans les années d'abondance comme il facilite l'importation dans les années de disette.

Que les propriétaires soient bien convaincus d'une chose : s'il appartient aux gouvernements de donner les inspirations du bien, c'est aux particuliers à les réaliser. Quelle mauvaise habitude que d'attendre tout du gouvernement, et de se regarder comme de pures machines qui ne savent rien faire de bon sans en avoir reçu l'impulsion! Il y a des améliorations qu'on ne peut obtenir sans conseils et sans capitaux, mais il en est d'autres plus générales, et par cela même plus importantes, que tout cultivateur peut réaliser. Ainsi quel est celui qui n'est pas capable de clore et de rigoler son pré avec soin ? Quel est celui qui ne peut bêcher, labourer et extirper les mauvaises herbes de son champ pour le rendre plus fertile ?

Qu'on nous permette, en passant, de dire quelques mots sur un préjugé assez répandu qui nuit aussi bien à la prospérité commune qu'aux intérêts du propriétaire. On se figure généralement qu'une terre doit se reposer au moins tous les trois ans pour conserver sa fécondité. L'expérience la plus suivie constate que c'est là une illusion préjudiciable. Remarquez, en effet, que la terre ne reste jamais sans produire ; si vous refusez de lui confier du blé ou toute autre semence, elle se couvrira de mauvaises herbes qui l'épuiseront encore plus que le blé. Tout ce qu'il importe d'observer, c'est la variété dans les semences. On aurait donc tort de faire toujours du froment dans le même champ ; si une terre a donné du blé une année, faites-y, l'année suivante, de l'avoine, ou du sarrazin, ou des betteraves, ou des pommes de terre, etc. En voici la raison : La terre contient différents sucs destinés à nourrir les plantes ; si elle nourrit toujours la même plante, les sucs que cette plante absorbe par son accroissement finissent par s'épuiser ; il n'en sera pas de même si, à la première semence, en succède une autre puisant des sucs qui n'ont pas été absorbés par la semence précédente.

En observant cette variété, et surtout en ayant soin de faire de temps en temps des semences qui nous obligent à bien remuer la terre et à la purger des mauvaises herbes, nous obtiendrons continuellement d'abondantes récoltes. Deux hectares de terrain nous produiront autant que trois, pour ne pas dire autant que quatre, surtout si nous savons employer les engrais nécessaires. Voilà des améliorations à la portée de tout le monde, et qui par le fait pourtant sont plus fécondes en résultats, que bien d'autres en apparence plus éclatantes. C'est aux propriétaires éclairés à donner le bon exemple; ici, il n'y a rien comme l'expérience pour convertir les ignorants.

4° Tout ce qu'on a tenté et réalisé pour exciter les propriétaires à faire des améliorations sur leurs propriétés ne peut avoir aucun effet sur les biens communaux. Nous devons donc regarder comme bienfaisante la loi qui a été portée tout spécialement sur la mise en valeur des terrains communaux. Depuis cette loi, portée en 1861, 21,500 communes ont été visitées; 3,500 ont été reconnues aptes à profiter du bénéfice de la loi sur une étendue de 227,000 hectares. Malheureusement, les résistances des communes ralentissent beaucoup les effets de la loi;

nous espérons que les conseils généraux associeront leurs efforts à ceux de l'administration pour obtenir les bons effets que le législateur s'est proposés.

Sur 129 projets de reboisement mis à l'étude par les ponts et chaussées, 89 ont été soumis aux conseils généraux et aux conseils d'arrondissement ; 40 projets nouveaux ont été étudiés. Conformément au décret de février 1860, 8,560 hectares appartenant à des propriétaires ont été reboisés ; l'administration affecte 500 pépinières et trois sècheries à cette opération. 2,000 hectares de terrains communaux ont été reboisés ; 4,000 sont l'objet de travaux, et 2,800 hectares ont été reboisés en territoire de montagne. Les défrichements de bois appartenant à des particuliers, n'ont eu lieu encore que sur une étendue de 10,200 hectares.

Pour bien comprendre l'importance des mesures récentes que l'on a portées tout récemment sur le défrichement et le reboisement des terrains incultes, il ne faut pas perdre de vue qu'il en est de la terre comme de l'homme : elle ne doit jamais rester sans travail. Dieu n'a rien fait d'inutile ; ce qui n'est pas propre à une chose est propre à l'autre. C'est à l'homme qu'est laissé le soin de ce discernement ; s'il ne s'en occupe pas, il est cause de la perte réelle qu'éprouve l'humanité dans ses intérêts matériels.

Nous devons donc défricher tous les terrains incultes qui ne sont pas absolument essentiels à la pâture des bêtes à laine. Si quelques sols, ce qui est rare, paraissent devoir rester improductifs devant le travail et les engrais, nous devons les utiliser par des semis et des plantations. Je pourrais mentionner ici un des principaux propriétaires de notre commune, comme étant parvenu par ce moyen à se créer des agréments et des revenus sur une montagne nue, que tout le monde avait regardée depuis des siècles comme impropre à toute espèce de combinaison agricole. Dès que l'on a pu apprécier les bons résultats de cet honorable cultivateur, la plupart de ses voisins ont tenu à l'imiter; il en est résulté un grand bien, sous tous les rapports, pour la commune et les particuliers. Non-seulement le pays est devenu plus agréable, mais les propriétés ont obtenu des revenus qu'elles n'avaient pas autrefois; il est probable que sans ces plantations, faites il y plus de trente ans, nous paierions notre bois de chauffage beaucoup plus cher que nous ne le faisons. Voilà donc des résultats qui ne sont pas moins utiles aux consommateurs qu'aux cultivateurs. Si chaque commune comptait seulement quatre ou cinq propriétaires de ce genre, la prospérité générale ne tarderait pas à ressentir les bons effets de leur intelligente initiative.

Il est important d'utiliser les terrains improductifs, mais il est encore plus essentiel de bien soigner les terrains déjà cultivés. En général, dans la plupart des départements, les prés et les champs ne rapportent guère que le tiers ou la moitié de ce qu'ils pourraient produire ; au lieu de consacrer de fortes sommes d'argent à faire de nouvelles acquisitions, nous ferions bien mieux de les employer à l'amélioration des terrains que nous possédons déjà : nous obtiendrions les mêmes revenus sans accroître nos impositions et sans augmenter considérablement les dépenses et les travaux ordinaires de culture.

Nous aurions voulu dire un mot dans ce chapitre de quelques institutions ayant pour but de faciliter au propriétaire la voie des améliorations. Nous aurions mentionné de préférence celles qui s'adressent au propriétaire de bonne volonté, auquel il ne manque rien que l'argent. La Société de *cheptel* rend de grands services à l'agriculture et aux cultivateurs, vu qu'un assez grand nombre de petits propriétaires ne pourraient, sans son secours, élever des bestiaux, ni par conséquent labourer et engraisser leurs terres. Les bienfaits du *Crédit foncier* ne seraient pas moins précieux, si cette société ne rendait les emprunts presque impossibles aux particuliers, par les formalités coûteuses et compliquées qu'elle exige. Ces nombreuses formalités font que les emprunts au *Crédit foncier* ne sont guère faits que par les compagnies, les villes et les communes. Il n'en serait pas de même si le *Crédit foncier* avait cherché à se populariser en se constituant pour mandataire dans les campagnes, un notaire de chaque canton. Le paysan, plein de confiance en son notaire qu'il voit très fréquemment, n'aurait eu besoin que de s'adresser à lui, soit pour placer des fonds, soit pour en demander. Jusqu'à ce que la société du *Crédit foncier* ait modifié ses statuts, on peut dire d'elle qu'elle est parfaitement inutile à tous ceux auxquels elle devrait être spécialement utile.

Il y a, en effet, dans les campagnes, une multitude de petits propriétaires qui récoltent à peine de quoi subvenir aux besoins annuels de leur famille. Parmi ces propriétaires, il en est qui sont laborieux jusqu'au point de ne pas perdre un moment, économes jusqu'au point de ne jamais dépenser un centime pour leurs plaisirs ; quand ils vont à une foire, ils portent un peu de pain noir dans la poche de leur habit, pour n'être pas obligés d'entrer dans un cabaret. Il est évident que ce sont là des hommes qui veulent venir au monde, qu'il est utile par conséquent d'encourager et d'aider dans leurs bonnes intentions.

Malgré ses bonnes intentions, que fera cet honnête père de famille pendant l'année que les frimas de l'hiver ou les tempêtes de l'été auront détruit la récolte sur laquelle il comptait ? Comment paiera-t-il les impôts et nourrira-t-il sa famille? Que fera-t-il si son vieux père qui est encore foncier dans la maison vient à mourir? Comme on le sait, de tels événements entraînent baucoup de dépenses de différente sorte, d'autant plus qu'il faut payer les droits de succession dans un temps donné, sous peine d'être exproprié. Dans tous ces cas, me direz-vous, cet honnête agriculteur doit recourir à un emprunt. Je conviens que c'est là le seul parti à prendre, s'il ne veut pas être expulsé du peu de bien que lui ont laissé ses ancêtres; mais n'y a-t-il pas eu des temps où les capitaux, affluant en masse sur les rentes et entreprises industrielles, étaient fort rares dans les campagnes? Quoique aujourd'hui l'argent abonde davantage dans les villages, les capitalistes, nous le savons, n'aiment guère à prêter pour un temps long, et surtout pour un temps indéterminé. Persuadé que le propriétaire en question ne pourra payer de long-temps si on ne lui fait vendre sa propriété au tribunal, ce qui répugne toujours à des voisins, on aime mieux répondre qu'on n'a pas d'argent à lui prêter, que de s'exposer à lui causer plus tard les inconvénients dont nous parlons. Voilà des positions regrettables, auxquelles il est utile de s'intéresser. Le *Crédit foncier* aurait pu rendre ce service à la société.

Parmi les mesures capables d'imprimer un vif élan

au progrès agricole, il en est qui ne sont pas au
pouvoir des administrations locales, et que le gouvernement seul peut exécuter. La plupart de ces mesures ne réclament guère que de la sollicitude; quant
à celles qui nécessitent, pour le moment, quelques
sacrifices pécuniaires, on peut dire, nous ne saurions trop le répéter, qu'elles ne seront pour l'Etat
qu'un prêt fait avec usure. Il est facile de comprendre que l'Etat profite autant, pour ne pas dire plus
que les particuliers, de la multiplication des produits et de l'accroissement de la valeur de la propriété.

On me dira peut-être que l'Etat est déjà trop obéré
pour augmenter ses dépenses. Si les gouvernements,
répondrai-je, n'avaient fait que des dépenses de cette
nature, l'Etat serait aujourd'hui bien plus riche qu'il
n'est. Une grande nation comme la France ne recule
point devant des dépenses simplement exigées par
l'honneur et la diplomatie; comment donc pourrait-
elle reculer devant des dépenses moins considérables,
ayant pour but d'accroître la prospérité générale?
Evidemment, le gouvernement préférerait compter
quelques bataillons de moins, que de s'avouer inca-
pable d'inspirer et de diriger le progrès agricole (1).

(1) L'entretien de l'armée coûte à la France plus de sept cent
mille francs par jour.

Il a déjà donné trop de preuves de son zèle et de son dévoûment au progrès agricole pour s'arrêter sitôt dans cette voie bienfaisante. Du reste, nous ne sommes point du nombre de ceux qui s'alarment, je dirai presque se désespèrent en lisant tant d'inscriptions sur le grand-livre de la dette publique. L'important pour une grande nation consiste moins à ne pas emprunter qu'à favoriser la prospérité générale. Ce qui doit rassurer les timides et les tremblants, c'est que, dans trente ou quarante ans, l'Etat commencera à devenir propriétaire des vôies ferrées qui sillonnent la France depuis assez long-temps. Ce qui n'est pour lui, en ce moment, qu'un sujet de dépenses considérables, deviendra alors une source de revenus importants.

⟞⟝

CHAPITRE VII.

Devoirs des propriétaires relativement à l'émigration.

Les lois romaines, dit M. Berthevin, supposent une force d'adhésion entre le propriétaire et la terre, plus grande que celle du ciment et des matériaux qu'il lie. Le droit de propriété était absolu, et c'est ce caractère qui, peut-être, fut une des causes de la prospérité de l'agriculture. Mais une cause plus

puissante encore, ce fut que les possesseurs eux-
mêmes ne remettaient point le soin de faire cultiver
leurs champs à des étrangers. Serranus semait son
champ lorsqu'il fut proclamé consul; Curius Den-
tatus, ce consul que l'or des Samnites trouva incor-
ruptible, cet homme de génie qui, le premier, con-
çut la pensée de pratiquer une large excavation pour
y faire passer les eaux du Vélino et les précipiter
dans la Néra, quitta trois fois la charrue pour commander les armées romaines; et le vainqueur de
Pyrrhus, des Samnites et des Lucaniens reprit ses
travaux rustiques après ces divers triomphes. Le
messager du sénat, chargé d'apprendre à Cincinna-
tus qu'il était nommé dictateur, le trouva nu et la-
bourant les quatre arpents de terre qui faisaient son
patrimoine. « Habille-toi, lui dit-il, pour recevoir les
ordres du sénat! » Quinze jours de victoires lui suf-
firent pour délivrer Rome de ses ennemis, et le
seizième il retourna à sa charrue. Attilius Régulus
demande un congé au sénat pour venir labourer son
champ, qui fait vivre sa famille, et le sénat, pour
laisser Régulus à son commandement, ordonne de
cultiver le champ aux frais de l'Etat. Les deux Sci-
pion ensemençaient leurs terres des mêmes mains
qui renversèrent les murs de Carthage. Après la
prise de cette ville, le luxe s'introduisit dans Rome,
et fut, suivant la belle expression de Juvénal, le ven-

geur du monde vaincu. Alors, dit Varron, l'agriculture n'exista plus pour les Romains. L'Italie devint un jardin ; les terres, cultivées par des esclaves, ne donnèrent plus que de faibles produits.

Il est certain que les grands propriétaires de l'empire romain contribuèrent bien plus à la prospérité de leur patrie par leur attachement au sol que par leur valeur dans les combats. Tant que ces propriétaires eurent la bonne habitude de ne quitter la campagne que pour des cas urgents, tant qu'ils se firent un honneur et un devoir de présider aux travaux des champs, Rome conserva le prestige de la première puissance du monde : tant il est vrai que la vie des campagnes est la principale source des grandes vertus sociales. Rome ne tomba en décadence qu'au moment où les propriétaires aisés abandonnèrent les travaux des champs à des colons, pour se livrer eux-mêmes à toutes les orgies du sensualisme.

Que devons-nous dire des riches propriétaires de notre patrie ? Ne sommes-nous pas obligés d'avouer qu'ils ont tenu à imiter les propriétaires de l'empire romain en décadence ? Nous avons vu la plupart des riches mépriser la vie des campagnes pour courir après celle des villes. Ceux qui n'ont pas cru pouvoir vendre leur propriété dans d'assez bonnes conditions, ont laissé à d'autres le soin de la faire travailler, avec la recommandation expresse de ne pas consacrer de fortes sommes aux améliorations. Ce n'était pas assez de s'abstenir d'améliorations, on tenait à ravager le plus possible la propriété pour en tirer de l'argent. C'est ainsi qu'un très grand nombre de personnes ont fait couper les arbres que leurs pères avaient plantés avec tant de soin, sans épargner ceux qui avaient bonne venue et sans penser à les remplacer par d'autres. On a coupé pour faire de l'argent, mais on a refusé de planter parce qu'il aurait fallu de l'argent. La terre étant notre mère nourricière, on peut dire de ces propriétaires qu'ils se sont conduits non en fils reconnaissants, mais en fils dénaturés.

Quand on revient dans des pays que l'on a visités ou habités, il y a vingt ou trente ans, on est tout étonné de trouver déserts presque tous les châteaux et habitations des bons propriétaires que l'on avait connus. S'il nous arrive de demander aux gens du pays pourquoi ces propriétés ont changé de maîtres, nous obtenons presque partout la même réponse : « Le père est mort, dit-on, et le fils ou le gendre » a vendu les biens patrimoniaux pour aller habiter Paris ou une autre grande ville; l'un vit de » ses rentes, un autre est employé du gouvernement ou des chemins de fer, tel autre est négociant ou entrepreneur, etc. » Vraiment, quand il est convaincu des tristes conséquences que le mal

de l'émigration entraîne pour les familles et la société, l'homme de cinquante ans ne peut visiter les
campagnes qu'il a connues dans sa jeunesse, sans être
saisi d'étonnement, de tristesse, je dirai même de
compassion !

Pourtant, il faut le dire, l'illusion semble perdre
de son empire ; quelques esprits, plus clairvoyants
et plus sages que d'autres, s'efforcent d'entrer dans
la voie opposée. Parmi les hommes qui ont brillé
dans le monde politique et littéraire, il en est plusieurs qui ont quitté les villes sans regret, et avouent
hautement que jamais ils n'ont été plus heureux ni
plus utiles à leur pays que depuis le jour où ils ont
consacré leur sollicitude à la direction des travaux
agricoles. Parmi ceux qui ont passé la plus grande
partie de leur vie aux préoccupations industrielles
ou financières, il en est aussi un certain nombre qui
sont tout heureux d'acquérir une propriété dans la
province, pour pouvoir jouir en paix des avantages
que procurent l'habitation de la campagne et la culture des champs. Nous ne pouvons qu'applaudir à
cet élan ; Dieu veuille le favoriser dans l'intérêt des
familles et celui de la société ! Si nous avions un
conseil à donner à ces anciens industriels, nous leur
conseillerions de faire de préférence leurs acquisitions dans les départements arriérés, là où la propriété n'a pas encore atteint la moitié de sa valeur,

là où il reste beaucoup à faire sous le rapport des améliorations.

Ces derniers nous paraissent plus sages que tous ceux qui abandonnent leur pays pour aller chercher ailleurs les honneurs, les richesses et le bonheur. La plupart de ces nouveaux propriétaires exercent une grande influence dans le pays qu'ils ont adopté : les uns sont maires, d'autres sont devenus membres du conseil d'arrondissement ou du conseil général, etc. Qu'étaient-ils dans les villes ? Inconnus de tous, quelquefois même de leurs plus proches voisins. Me dirat-on que toutes les dignités non lucratives ne sont pas de nature à nous toucher ? Cela peut être pour le malheureux qui vit au jour le jour ; avant tout, il lui faut du pain ; mais cela n'est pas naturel à ceux qui jouissent d'une certaine fortune : pour ceux-là, c'est un besoin comme un devoir d'user de l'influence de leur position pour diriger les masses ; en ajoutant des dignités à leur position de fortune, ils se mettent mieux en état de faire le bien par leur initiative et leurs bons conseils. Il est certain qu'un homme de la classe moyenne a cent fois plus de chance de trouver des honneurs dans les campagnes que dans les villes ; ne serait-il ni conseiller municipal, ni maire, ni conseiller général, il y a une influence qui ne peut pas lui échapper, s'il est homme d'intelligence et de bonne volonté : étant plus riche et plus instruit que la plupart de ceux qui l'entourent, il jouira dans son pays d'une estime et d'une considération que l'ancien propriétaire ne trouvera presque jamais dans la ville où il s'est retiré.

Du reste, c'est déjà s'honorer beaucoup que de montrer de l'attachement à la science qui est la base de la prospérité publique ; c'est bien mériter de son pays, que de doubler et tripler dans sa propriété la quantité des produits, et inspirer ainsi à tous ceux qui nous entourent le désir de nous imiter dans nos améliorations sur la culture des champs. Je ne m'étonne donc pas que tant de zélés cultivateurs soient parvenus à conquérir si hautement l'estime et l'admiration de leurs concitoyens; je ne m'étonne nullement que tant de personnages, déjà illustres à bien des points de vue, aient tenu à se glorifier avant tout de leur qualité de cultivateur (1).

Si vous me demandez encore pourquoi je donne plutôt le nom de *sages* à ceux qui abandonnent les

(1) Le général Lafayette étant un jour appelé comme témoin à la Cour impériale de Melun, répondit à l'interrogation qui lui était faite sur la nature de sa profession : « Je suis *cultivateur.* » Le général Lafayette avait tenu à se charger lui-même de sa comptabilité agricole ; sa famille a voulu conserver sur la table de sa chambre le livre de compte si bien tenu par l'illustre général.

Le général Bugeaud se faisait aussi une gloire de présider aux travaux des champs.

villes pour les campagnes, qu'à ceux qui font tout le contraire, je vous répondrai que si les tribunaux ont, chaque jour, tant de faillites, tant de calamités à enregistrer pour le compte de ceux qui se jettent dans les entreprises hardies de l'industrie, il n'en est presque jamais de même de ceux qui s'associent au travail de la Providence pour la culture des champs. Tel industriel qui se dit millionnaire aujourd'hui, sera peut-être demain condamné à demander un secours au bureau de bienfaisance, ou, au moins, à faire perdre ses créanciers et à vivre médiocrement sur les revenus de la dot de sa femme : des cas de ce genre ne sont malheureusement que trop fréquents. Le cultivateur ne vise pas à ces grandes fortunes dont il peut se passer facilement ; mais, en revanche, il est presque assuré d'accroître insensiblement ses revenus par des améliorations ; il se garantit surtout de ces sauts dangereux entraînant avec eux la honte et la misère, pour ne pas dire l'injustice et le crime.

Toutes les fois que j'ai eu l'occasion de m'entretenir avec des hommes qui ont renoncé à la vie industrielle pour la vie agricole, j'ai tenu à m'enquérir des sentiments qui les animaient. Ils m'ont tous répondu que si le placement de leurs fonds sur la propriété leur rapportait un peu moins que dans certaines entreprises industrielles, néanmoins ce place-

ment les tranquillisait bien mieux sous le rapport de
la sécurité et de la délicatesse ; ils ajoutent tous que
la vie agricole leur convient bien mieux que la vie des
villes, sous le rapport de la santé et des affections
domestiques. Ce qui me fait croire que ces hommes
ne se trompent pas et n'ont pas voulu me tromper
dans leurs appréciations, c'est qu'en consultant les
gens de finance et de commerce, je n'en trouve pas
un seul avouant que cette vie lui va sous le rapport
du bien-être. « Nous tenons à nous enrichir, ré-
» pondent-ils ; c'est pour cela que nous supportons
» les fatigues, les ennuis et autres inconvénients de
» cette position ; mais nous avons l'idée bien arrêtée
» de nous en désister quand nous pourrons faire
» autrement. »

Je comprends, en effet, que l'on demande une place
au gouvernement, à l'industrie, au commerce, etc.,
quand on a besoin du secours de cette place pour
vivre, car le nécessaire doit passer avant l'utile et
l'agréable ; mais je ne comprends pas que des propriétaires qui peuvent se suffire en cultivant ou en
faisant cultiver leurs champs, renoncent à leur position, sous prétexte d'être mieux ailleurs. Si les hommes, avant de prendre une détermination, réfléchis-
saient sérieusement sur les inconvénients de la vie
des villes et des professions industrielles ; s'ils tenaient compte surtout des enseignements journaliers

de l'expérience, nous verrions beaucoup moins de dégoût pour la propriété foncière, et beaucoup plus d'attachement aux occupations agricoles.

Ce qui fait que nos bourgeois émigrants sont encore si peu empressés à revenir dans leurs propriétés pour les améliorer, c'est qu'ils n'ont jamais appris à connaître les avantages réels des occupations agricoles. Ces messieurs ne connaissent guère la campagne que par ses côtés superficiels; c'est à peine s'ils l'habitent trois ou quatre mois par an, et cela sans se préoccuper nullement de ce qui constitue le bonheur de l'agriculteur. Ils ne savent pas apprécier les avantages de la vie agricole, parce qu'ils n'en ont pas la moindre idée, *ignoti nulla cupido.*

Dans le travail que M. de Falloux a publié sous ce titre : *Dix ans d'agriculture,* cet ancien homme d'Etat nous dit, en effet, que s'il ne s'était jamais senti d'inclination pour les occupations agricoles, c'est uniquement parce qu'il n'avait pas été en état d'en apprécier les charmes. Aujourd'hui qu'il a pu les apprécier par une application de dix ans à l'amélioration de ses propriétés du bourg d'Iré, il est pleinement convaincu que c'est dans ce genre de vie que l'on peut trouver le vrai bonheur, et il croirait être grandement utile à ses amis en parvenant à leur faire imiter son exemple. « Je cède, dit-il, » à la tentation de dire à mes amis : je ne me suis

» pas trompé, et je ne vous trompe pas. La voie
» que j'ai suivie est bonne et sûre; vous pouvez
» vous y engager à votre tour, et profiter de l'expé-
» rience faite à mes risques et périls. Plus j'ai vécu
» de la vie agricole, plus j'en ai goûté le charme et
» le bienfait; j'éprouve donc à cette heure-ci beau-
» coup plus que le plaisir de raconter, j'éprouve le
» désir de persuader. Je voudrais avoir des imita-
» teurs, et, si je parvenais à susciter quelque bon
» agriculteur de plus, je croirais avoir rendu à mon
» pays un noble et utile service.

» Mon ambition hautement avouée, voici com-
» ment je me flatte de la justifier et de la satisfaire:
» je me propose d'établir ici les trois points sui-
» vants:

» 1° Je n'ai pas débuté dans des conditions favo-
» rables, et tout ce que j'ai fait, chacun peut le faire;

» 2° Tous mes déboursés m'ont été promptement
» rendus par le terrain auquel je les avais confiés, et
» j'ai fait une affaire supérieure à la plupart des
» placements industriels;

» 3° En paraissant se désintéresser des grandes luttes
» politiques ou sociales, l'agriculture place cepen-
» dant ceux qui s'en occupent au premier rang des
» serviteurs et même des restaurateurs d'une société
» ébranlée. Peut-être ne m'a-t-il fallu rien moins
» que cette dernière considération pour me déter-

» miner à parler, ce que quelques-uns nommeront
» une langue morte, à l'heure où tant d'événements,
» tant de périls, tant de turpitudes sollicitent ce
» qu'il pourrait y avoir de plus vivant dans la pa-
» role humaine. »

« Non, il n'y a rien de plus utile à notre bonheur,
que de nous former et de former nos enfants à la
direction des travaux agricoles. Un bon et riche
paysan me disait un jour : « J'ai cinq enfants ; tous
ceux que j'ai habitués à travailler les champs comme
moi ne m'ont presque jamais donné d'inquiétude ;
non-seulement je les ai toujours eus auprès de moi,
pour leur donner de bons conseils et les soigner
quand ils ont été malades, mais ils conservent encore pour leur père tout le respect qui lui est dû. Il
n'en est pas de même du cinquième, pour l'éducation duquel j'ai dépensé beaucoup : pour faire ses
études, il a été obligé de vivre presque toujours loin
de moi; je me suis imposé des privations pour mieux
pourvoir aux besoins de son instruction, et aujour-
d'hui il est le plus rebelle à mes avis. Il me regarde
comme un ignorant, et quelquefois comme un ra-
doteur; ce qu'il y a de certain, c'est qu'il rougit
d'avoir pour père un paysan habillé de bure. Malgré
tous ces inconvénients, je serais encore assez heureux si mes sacrifices avaient pu faire son bonheur.
Point du tout, il est le plus malheureux de ses frè-

res ; car les revenus du poste qu'il occupe n'empê-
chent pas qu'il ne soit toujours dans la détresse : ses
besoins se sont encore plus élargis que ses ressources. »

Je connais les détails du fait que me racontait ce
bon propriétaire, et je puis assurer que de pareils
résultats sont assez communs. Que de fois les pères
de famille, comprenant mal les vrais intérêts de leurs
enfants, occasionnent leur malheur ! N'est-ce rien,
en effet, que de se séparer de son enfant au lieu
de l'avoir toujours auprès de soi, comme la plupart de nos propriétaires, de nos fermiers et de nos
colons ? On se ruine en croyant s'enrichir : car les
places n'étant pas assez abondantes pour suffire à
tous ceux qui en demandent, la plupart de ceux qui
ont abandonné les travaux des champs pour courir
après elles, se trouvent sans ressources ; ces hommes ne gagnent pas d'argent, pourtant ils en ont
dépensé et ont appris à en dépenser. Un état si
triste les porte souvent à maudire la société, et
quelquefois même à désirer la mort de leur père
pour entrer plus tôt en possession du peu de patrimoine qui leur reste. Il aurait donc bien mieux valu
pour le bonheur de ce jeune homme et de toute sa
famille, qu'il n'eût jamais appris à mépriser les travaux des champs : son père avait vécu en paix, il
était parvenu à conserver son patrimoine tout en

nourrissant plusieurs enfants ; rien n'empêchait que son successeur en fît autant et même plus encore. On ne saurait croire combien est grand le nombre des jeunes gens qui se trouvent dans la misère et le désespoir, pour avoir méprisé la profession de leur père et avoir voulu fréquenter les colléges !

Nous avons dit ailleurs qu'il n'est pas rare de voir la méfiance, l'infidélité, la discorde régner dans les familles des villes ; et pourtant de quoi se composent ces familles et surtout les familles qui sont obligées de vivre de leur travail ? En est-il beaucoup qui aient leur grand-père, leur grand'mère ? Il n'en est presque pas. Les pères et mères n'ont même pas le temps de soigner leurs enfants ; ils les confient à une nourrice, éloignée quelquefois de trente lieues. Le père et la mère n'ont donc pas le doux plaisir de mettre leur enfant sur les genoux, de lui prodiguer des caresses, de contempler son sourire, d'entendre ses doux cris. Si on le retire de la nourrice, c'est pour le confier à la crèche ou à la salle d'asile, et plus tard à l'école et à l'apprentissage. Une fois en état de gagner son pain, le jeune homme se sépare de ses parents pour les voir très rarement ; s'il se marie, c'est toujours pour habiter hors du foyer paternel. Dans les villes, le père et la mère ne se croient pas capables de supporter un fils ou une fille, un gendre ou une bru. Pour être d'accord, disent-ils, il faut être loin et non près ; c'est-à-dire que les membres d'une famille n'apprennent jamais à s'aimer.

Il n'en est pas de même dans les campagnes ; le fils n'a pas de peine à supporter les défauts de ses parents, ni les parents ceux des enfants. Cela se comprend : les enfants ayant toujours vécu avec leurs parents, ont été formés par eux et habitués de bonne heure à leurs petits défauts, s'ils en ont. Les parents, du reste, ayant toujours retenu leurs enfants au foyer domestique, ne perdent rien de l'autorité paternelle qu'ils exercent sur eux dès le plus bas-âge. Au lieu de sentir le besoin de ne plus habiter ensemble, ils repoussent toute idée de séparation comme le plus grand des malheurs. Ah ! si l'on peut dire que l'amour domestique est le foyer même du vrai bonheur, on doit ajouter que cet amour n'est jamais si doux et si complet que dans nos campagnes. Il semble que si Dieu réserve aux villageois ce qu'il y a de plus pur dans l'air matériel, il tienne aussi à leur réserver ce qu'il y a de plus noble et de plus sensible dans les affections.

Vu le courant des idées et des tendances, nous devons regarder comme très estimables et très méritants les riches propriétaires qui ne se sont pas laissé ébranler dans leur attachement au pays, et préfèrent employer leurs ressources à donner du travail aux ouvriers par des améliorations utiles, que de les dépenser dans une ville en promenades, en bals, en spectacles, etc. Les populations rurales manqueraient à leur devoir et à leurs intérêts les plus sacrés, si elles oubliaient de tels hommes quand il s'agit d'élire des députés, des conseillers généraux, etc. Un homme a beau être riche et influent, il ne fera rien ou presque rien pour les besoins du pays, s'il le méprise en refusant de l'habiter ; loin d'être utile à son pays, il le dessert par son mauvais exemple. Si de tels hommes avaient pour le pays qu'ils veulent représenter l'attachement qu'ils affichent dans leur profession de foi, avant tout ils chercheraient à le prouver par l'exemple : pour bien connaître et apprécier les besoins d'un pays, il faut, avant tout, l'habiter, il faut être intéressé à sa prospérité, comme propriétaire ou industriel.

L'administration rendrait un grand service aux campagnes, en favorisant de tout son pouvoir l'élection des propriétaires qui s'attachent au pays qui les a vus naître, et se montrent zélés pour tout ce qui regarde la prospérité agricole ; ce serait là un des moyens les plus efficaces de combattre l'esprit d'émigration. On se figure généralement, dans les campagnes, qu'un député ou un conseiller qui habite Paris est beaucoup plus influent auprès du gouvernement que celui qui reste fidèle à son pays. Le gouvernement aurait tout intérêt à dissiper ces préjugés ;

et il pourrait les dissiper facilement, en réclamant dans la concession de ses faveurs le témoignage des autorités locales et des personnes notables du pays, plutôt que celui des personnes intrigantes qui habitent la capitale. A la mort du dernier conseiller général du canton de Corrèze, son panégyriste, homme des plus distingués du département, s'attacha à nous le représenter comme ayant été essentiellement l'*homme du pays*. Plût au ciel que l'on pût faire souvent des panégyriques de ce genre !

C'est beaucoup que d'aimer son pays, que de conserver la propriété de ses pères, mais cela ne suffit pas. Le propriétaire qui ne se préoccuperait nullement d'améliorer ses biens par des assainissements, des irrigations, des défrichements, des plantations, etc., ne nuirait pas seulement à ses intérêts ; sa négligence serait fort préjudiciable à la commune et à la société. Une meilleure culture occuperait, je suppose, dix ouvriers de plus ; voilà donc dix familles malheureuses privées des ressources du travail. Cette propriété qui ne produit que cent hectolitres de blé, mille quintaux de fourrage, pourrait en rapporter deux fois plus ; c'est donc une perte réelle pour le bien-être général des consommateurs. De tels propriétaires ne sont pas dignes d'être rangés au nombre de ceux que nous devons honorer et admirer.

Combien de propriétaires nourrissent par des aumônes trente ou quarante familles de leurs communes, qui ne sont pauvres que parce qu'elles manquent de travail? Ces propriétaires servent bien mal leurs intérêts et ceux de la société. Si ces propriétaires savaient réduire en salaires ce qu'ils donnent en aumônes, qu'en résulterait-il? Il en résulterait que leurs revenus, augmentant sensiblement par les améliorations, les mettraient à même de faire beaucoup plus de bien aux classes ouvrières; il en résulterait que les familles qui vivent d'aumône, pouvant désormais vivre de leur travail, se sentiraient bien moins blessées dans leur dignité, et seraient moins exposées aux vices qui accompagnent ordinairement le chômage et la misère.

Evidemment, les grandes améliorations ne peuvent être faites que par les riches propriétaires; mais je crois avoir déjà dit qu'il y a des améliorations possibles à tout cultivateur. Le petit propriétaire, le fermier, le métayer ont intérêt à tirer parti de tous les lambeaux de terre; ils ont tout intérêt à bien rigoler les prés, à labourer, à ensemencer et à récolter avec soin.

Qu'il nous soit permis, en passant, de signaler la mauvaise habitude que prennent quelques petits propriétaires de vouloir toujours employer le peu d'avances qui leur reste à élargir leur propriété de quelques hectares acquis à très chers deniers. Souvent, après s'être mis dans les dettes pour acheter une terre de convenance, ils se voient condamnés à laisser vendre tout leur bien par expropriation ; n'achèteraient-ils que selon leurs ressources présentes, ils ne s'en trouvent pas moins dans le besoin quand un événement imprévu vient leur imposer des dépenses extraordinaires. Il serait plus sage, à mon avis, de s'abstenir de payer si cher une convenance, et de s'attacher uniquement à bien soigner le peu que l'on possède. Je connais quelques cultivateurs zélés qui font rapporter à leur propriété autant que d'autres qui ont deux fois plus d'étendue. Evidemment, tous les avantages sont pour les premiers, puisqu'ils perçoivent autant que les seconds et qu'ils ont en moins les dépenses que ces derniers s'imposent pour le double de la mise de fonds, le surplus des impôts, les frais de clôture, de culture, etc.

C'est un devoir pour le propriétaire de ne pas s'éloigner pour toujours de son pays, et de présider lui-même à la direction des travaux agricoles : faire autrement, c'est prêcher le mépris de la propriété, c'est engager ses métayers et ses fermiers à mal s'acquitter de leurs obligations. Voulons-nous pour cela condamner les grands propriétaires à tenir à leur main tous les domaines qui constituent leur propriété, et à renvoyer, par cela même, tous leurs

métayers et fermiers pour n'avoir que des serviteurs
à gages ? Non, mille fois non. Il n'est pas indifférent,
au contraire, à la propriété d'être travaillée par un
métayer ou un fermier qui fait tout par lui-même,
avec le seul secours de sa famille, presque toujours nombreuse; nous voulons dire simplement que
le propriétaire doit se trouver souvent au milieu
de ses colons, non pour les surveiller avec méfiance,
mais pour leur donner de bons conseils, leur indiquer les améliorations à faire, les encourager à les
exécuter, en participant aux charges comme il par-
ticipera aux bénéfices. Il est certain que le colon,
dont le maître habite la capitale et ne porte aucun
intérêt à sa propriété, se garde bien de faire des
améliorations dont il ne lui serait jamais tenu compte;
mais il n'en est pas de même si le maître est toujours avec lui pour lui donner les conseils, les encouragements et les fonds nécessaires. De cette manière, le colon profite des connaissances scientifiques
que son maître a pu acquérir; et le propriétaire peut
à son tour profiter des lumières que le colon tient de
l'expérience et de la connaissance des terrains. C'est
là un moyen efficace d'associer les enseignements de
la pratique à ceux de la théorie.

« Alors que de toutes parts, dit M. Brunet, pré-
sident du conseil général de la Corrèze, on s'en
prend au colonage des souffrances de notre agri-

culture limousine, et que nombre de gens autorisés, des maîtres de l'agriculture proclament que le seul moyen de nous relever de notre infériorité, c'est de bannir de notre sol *cette lèpre* (le mot a été dit), il est étrange de rencontrer dans les résultats d'une de ces luttes, où viennent rivaliser les grandes cultures et les grandes fortunes, sinon l'apologie, tout au moins la défense des métayers, et, dans tous les cas, une démonstration évidente des exagérations que commettent ceux qui accusent le colonage de tous nos mécomptes agricoles. Telle est pourtant la chose que j'ai à vous signaler, à propos du concours de Limoges. Il ne s'agit ici ni d'arguments ni de théories, mais d'un fait ; et personne n'ignore combien, en toutes matières, mais surtout en agriculture, les faits ont de valeur.

» Pendant la distribution des primes qui a suivi le concours, un des noms le plus souvent proclamé, et toujours accueilli par des bravos unanimes qui ratifiaient d'une manière éclatante les appréciations du jury, a été celui de M. de Léobardy, propriétaire au Vignaud, commune de Lajonchère.

» La propriété de cet agriculteur distingué est située dans un des cantons de la Haute-Vienne, dont le sol est le moins riche. Elle se compose de domaines exploités de temps immémorial par métayers ; et lorsque, il y a quelques vingt ans, M. Charles de

Léobardy prit pour lui et les siens la direction de cette culture, avec la résolution de prouver qu'il n'est pas de sol infertile pour qui sait le cultiver, il crut devoir maintenir ce mode d'exploitation.

» A la même époque, et dans le même département, d'autres hommes intelligents se vouaient à l'agriculture : leur premier soin était de transformer leurs domaines en réserve. Beaucoup de ceux qui s'intéressaient au succès de l'entreprise de M. de Léobardy auraient voulu qu'il fît comme eux; mais il jugea plus prudent de voir, avant toutes choses, ce qu'on pouvait obtenir du colonage, et résolut de ne pas se séparer de métayers dont quelques-uns l'avaient vu naître et se succédaient de père en fils au service de sa famille. Il pensa, du reste, qu'il n'était pas plus difficile d'améliorer les hommes que d'améliorer la terre, de transformer un mauvais métayer en un bon cultivateur, que de convertir une lande en terre à froment, un mauvais pâturage en prairie.

» L'événement lui a donné raison.

» Au concours de Limoges, ils sont venus, ses métayers et lui, lutter contre les grands agriculteurs, les grands éleveurs de toute une région; et, dans cette lutte, ils ont remporté tout à la fois gloire et profit.

» Quatorze primes ou mentions (dont six premiers

prix) leur ont été décernées, s'élevant à un total de
2,730 fr. Ils ont reçu, en outre, sept médailles d'or,
une médaille d'argent et trois de bronze. Enfin, il
est arrivé qu'on s'est disputé à l'envi les animaux
exposés par eux. C'était à qui leur en offrirait le
plus, à qui pourrait en avoir; et, à l'heure où je
parle, ces bêtes, nées dans des étables de métayers,
élevées et soignées par des métayers, exposées par
des métayers, figurent au premier rang des étables
les plus aristocratiques de la région.

» Dites cela à vos colons, messieurs, et dites-leur
d'imiter les colons de M. de Léobardy; mais, avant
toutes choses, permettez-moi de vous donner un
conseil. Ce serait d'imiter vous-mêmes le maître
heureux de ces bons métayers.

» Pour arriver au point où il en est aujourd'hui,
il a fallu à cet agriculteur beaucoup de patience, de
tact et d'intelligence : conditions essentielles pour
obtenir des hommes ce qu'on désire d'eux.

» Son premier soin a été de s'attacher à conserver
toujours les mêmes colons, et de convaincre ceux-ci
qu'ils étaient chez lui, non à l'année, mais à de-
meure. Ce n'est pas le colonage qui est mauvais,
c'est la manière dont il fonctionne; et l'un de ses
plus graves abus consiste, je crois, dans la brève
durée des baux qui lient le maître au colon. Comment, en effet, pourrions-nous espérer d'un colon,

qu'il accepte de faire des améliorations à long terme, des travaux dont le produit ne sera appréciable que dans deux ou trois années, alors qu'il peut craindre de quitter le domaine à la Toussaint ou à la Noël prochaines? Faisons, messieurs, autant que nous le pourrons, de longs baux avec nos colons : ce sera un progrès immense pour l'amélioration des domaines.

» Comme tous les propriétaires limousins, celui dont je parle a dû compter avec la routine, avec la défiance du paysan, avec ses habitudes d'insouciance, avec sa pauvreté, toutes choses qui entravent la bonne pratique du colonage. Il s'est attaché à les vaincre, et il y est parvenu.

» Aujourd'hui, leur confiance en leur maître est devenue telle, qu'il peut tenter avec eux toutes les expériences; mais, au début, il en était bien autrement. Il fallait alors ne pas risquer de se tromper, avoir bien vu ce qui avait été obtenu par d'autres à l'aide des moyens nouveaux qu'on voulait tenter, être bien sûr d'avance du succès, et, au moment d'agir, il fallait encore se bien garder de demander au colon de contribuer aux moindres avances; il fallait lui promettre que, si l'expérience échouait, il n'aurait pas à supporter sa part de perte. L'expérience le tentait ainsi sans trop de résistance de sa part; le succès arrivait, le profit avec lui; le colon n'avait garde d'en refuser sa moitié, et, l'année d'après, il était le premier à proposer la pratique qu'il avait vue si bien réussir. »

Le paysan, s'écrie-t-on de tous côtés, est, de nos jours, le plus riche et le plus heureux : il est le plus heureux, puisqu'il est exempt de toutes les exigences qui se multiplient à chaque instant dans la position du bourgeois ; il est le plus riche, car il n'achète presque rien pour sa consommation, et vend les produits bien plus cher qu'autrefois, tandis que le petit bourgeois voit augmenter, presque à chaque instant, ses dépenses par l'élévation du prix des denrées et l'accroissement des dépenses survenu dans l'éducation des enfants.

Nous ne pouvons nous empêcher de reconnaître ce qu'il y a de fondé dans cette observation ; une chose certaine, c'est qu'il y a moins de banqueroutes dans cette condition, pourtant très nombreuse, qu'il n'y en a dans chacune des autres. La position du paysan serait incontestablement la plus favorable et la plus solide, sans quelques abus qui font de grands ravages dans la classe des cultivateurs : il y a trop de foires, et surtout on les fréquente trop sans motif ; les cabarets, et surtout les cafés, tendent trop à se multiplier dans les campagnes ; le paysan aime trop les procès. Tels sont les trois grands abus qui perdent tant de familles dans nos campagnes.

1° Assurément, les foires et les marchés sont utiles et même nécessaires ; puisqu'il y a des bestiaux à vendre et d'autres à acheter, il faut un lieu de réunion où puissent se trouver ensemble ceux qui veulent vendre et ceux qui veulent acheter. Il en est des denrées comme des bestiaux : à la ville, on ne récolte rien ; pourtant il faut du blé, de l'avoine, des pommes de terre, du beurre, du fromage, des fruits, etc. Il est donc nécessaire que les cultivateurs apportent à la ville leur trop plein pour se débarrasser et obtenir l'argent dont ils ont besoin pour payer les impôts, et achètent eux-mêmes pour se nourrir et surtout pour se vêtir des objets qu'il leur est impossible de récolter ou de confectionner.

Les foires sont donc utiles et même nécessaires ; mais il faut avouer que les abus qui en résultent sont presque aussi nombreux que les bons effets. Tel cultivateur, auquel il suffirait d'assister aux foires cinq ou six fois par an, se fait une obligation de ne pas en manquer une seule dans son département, ou au moins dans son arrondissement. Presque toujours on y va donc sans motif; de là plusieurs inconvénients très graves : ce cultivateur perd sa journée; s'il va à deux cents foires, il perd deux cents journées, sans parler des fatigues qui s'ensuivent pour le lendemain, et du temps que l'on perd la veille pour faire les préparatifs. Si ce cultivateur a

des domestiques et des ouvriers à diriger et à surveiller, alors, on le comprend, la perte de son temps
n'est pas le seul préjudice à signaler.

N'oublions pas de dire que le cultivateur ne va
presque jamais à la foire sans dépenser une petite
somme d'argent. Si économe qu'il soit, il ne peut
faire moins que de prendre un repas à la ville ; or,
on sait qu'un repas pris à l'auberge coûte trois fois
plus que celui que l'on prend au foyer domestique ; la
dépense se trouve encore plus forte si l'on se trouve
à l'auberge avec un camarade débauché. On pourrait éviter pourtant tous ces inconvénients en n'allant à la foire que très rarement, c'est-à-dire lorsqu'on ne peut pas faire autrement.

On a raison de dire que les mauvais exemples
sont contagieux : ce ne sont pas seulement les chefs
de maison, les grands cultivateurs qui tiennent à ne
pas manquer les foires, il en est de même aujour-
d'hui des enfants, des domestiques, des ouvriers, etc.
Dans les campagnes, la foire est regardée presque
comme une fête que tous les membres de la famille
doivent célébrer de temps en temps. J'ai trouvé très
souvent des ouvriers allant à la foire pour acheter
un couteau, des clous, etc. Il m'est arrivé quelquefois de leur demander pourquoi ils perdaient une
journée de 1 fr. 50 c. et entreprenaient une course
si fatigante, vu que tous ces objets se trouvaient

dans leur localité. A peine avais-je fait la question, que ces bons ouvriers me répondaient avec une bonne foi étonnante : « Les marchands de l'endroit » nous les feraient payer trois ou quatre sous de » plus. » Voilà donc un bon travailleur qui prive l'agriculture de son bras, se prive lui-même du prix d'une journée, et cela pour économiser trente ou quarante centimes. Ajoutons que si cet homme est assez ami des privations pour ne pas entrer dans une auberge, il ruine sa santé en ne mangeant qu'un peu de pain sec qu'il a conservé dans sa poche pendant cinq ou six heures.

Evidemment, la routine nous entraîne ici dans des abus préjudiciables. Soyons assez intelligents pour comprendre l'absurdité de cette routine et la nécessité d'y renoncer. Alors, ayant plus de temps pour travailler nos champs, nous les cultiverons mieux ; ils produiront davantage, et nous serons plus riches. Notre santé n'y gagnera pas moins que notre bourse, soit que nous allions aux foires pour fréquenter les cabarets, soit que les jours de foire, par suite de notre esprit d'économie, doivent être inscrits au nombre de nos grands jours de privations.

2° Nous venons de prononcer le nom de *cabaret* ; que d'abus encore ici à déplorer dans nos campagnes ! Chaque dimanche et jour de fête, on rencontre des hommes qui ont perdu la raison, c'est-à-dire ce qui

distingue l'homme de la brute. On les voit se que-
reller, s'insulter, faire, en un mot, ce qu'ils ne feraient jamais quand ils sont dans un état normal.
Plusieurs se brouillent avec leurs meilleurs amis, et
poussent même la folie jusqu'au point de dire des
insolences et de donner des coups à leurs femmes et
autres personnes de la maison. Il ne se passe pas un
seul jour sans que les statistiques des tribunaux
n'aient à déplorer quelque délit comme conséquence
d'une ivresse.

L'ivrogne ne s'expose pas seulement à faire du
mal aux autres, il s'expose aussi à s'en faire à lui-
même. Nous pouvons dire des accidents ce que nous
avons dit des délits; ils sont quotidiens. Il est évident
que l'ivrogne altère sa santé et s'expose à mourir
subitement, surtout quand il ne sait plus trouver le
chemin de son village.

Il y a quarante ans, nos bons cultivateurs fré-
quentaient peut-être les cabarets, mais ils ne connaissaient pas l'entrée des cafés. Aujourd'hui, c'est
pour la plupart une habitude d'aller au café quand
ils sortent du cabaret. Le mal est donc mille fois
plus grave qu'autrefois pour la bourse et la santé :
non-seulement on s'enivre plutôt avec des alcools
qu'avec du vin, mais cette dernière ivresse est encore bien plus terrible et bien plus pernicieuse que
la première.

Vraiment, quand je pense que plus de cent mille cafetiers s'enrichissent eux-mêmes, après avoir enrichi le gouvernement par les droits qu'ils lui paient, aux dépens de nos bons cultivateurs, cela me fait mal au cœur. Je me dis en moi-même : « Si ces » centaines de millions dépensés au détriment de » la santé, avaient été employés par les chefs de » maison à boire quelque peu de vin avec toute » la famille, comme l'honneur de ces familles au- » rait été bien mieux sauvegardé ! quelle écono- » mie de temps, quelles forces de plus pour le tra- » vail des champs ! Celui qui a été ivre le dimanche, » ne peut guère travailler le lendemain, tandis qu'un » peu de vin partagé entre tous les membres de la » famille, aurait fortifié le tempérament de tous, et » leur aurait donné plus de vigueur pour supporter » les rudes fatigues. »

Il me semble que l'autorité ferait une bonne œuvre, et rendrait un grand service aux familles et à la société, en s'opposant énergiquement à la multiplication des cafés, et en faisant appliquer plus exactement et plus rigoureusement les mesures déjà portées sur la nécessité de fermer tous les cabarets pendant les offices religieux des dimanches et fêtes réservées (1).

(1) L'article 3 du titre XI de la loi du 16-24 août 1790, confirmé par plusieurs articles de la loi du 18 juillet 1837, charge les au-

On comprend facilement que, lorsqu'il s'agit des cabarets et des cafés, le ministre des finances ne soit pas toujours d'accord avec M. le ministre de l'intérieur. Tel cultivateur qui se plaint à tout instant d'un impôt foncier de dix francs, en paie un autre dix fois plus lourd en fréquentant les cabarets et les cafés ; les bénéfices que l'Etat retire du débit des boissons sont énormes. J'avoue que puisqu'il faut des impôts, il est bien mieux de les placer ici que partout ailleurs.

torités municipales de veiller au bon ordre dans tous les rassemblements, cérémonies et lieux publics.

Par l'interprétation la plus sage et la moins reconnue, on a toujours conclu que les maires pouvaient porter des règlements ordonnant aux cabaretiers de fermer leurs cabarets à des heures indiquées. Ces règlements ont été reconnus obligatoires et sévèrement appliqués par de nombreux arrêts de la Cour de cassation.

La loi du 18 novembre 1814 déclare que, dans les villes dont la population est au-dessous de 5,000 âmes, ainsi que dans les bourgs et villages, il est défendu aux cabaretiers, marchands de vin, débitants de boissons, traiteurs, limonadiers, maîtres de paume et de billard, de tenir leurs maisons ouvertes et d'y donner à boire ou à jouer lesdits jours pendant le temps des offices (les dimanches et jours de fêtes reconnues par l'Etat).

Un arrêt de la Cour de cassation du 23 juin 1838 a reconnu que cette disposition législative n'a point été abrogée par la charte de 1830, et que, dès lors, la fréquentation prolongée des cabarets étant une cause de désordres graves, l'autorité municipale peut, sans outrepasser les limites du pouvoir dont elle est investie par la loi, marquer certains intervalles de

Il y a, dans chaque localité, des personnes notables qui veulent le bien ; c'est à elles à tout tenter pour éclairer le paysan sur le danger et les inconvénients des cafés. Il y aurait bien moins d'abus, si chaque propriétaire s'appliquait à donner de bons conseils à ses fermiers, métayers et domestiques. Nous connaissons quelques bons chrétiens qui sont parvenus, à cet égard, à des résultats merveilleux dans la commune qu'ils habitent.

temps pendant lesquels les cabarets et autres lieux publics soient fermés.

Déjà la chambre des députés avait reconnu, le 18 février 1838, en s'occupant d'une pétition de plusieurs ecclésiastiques qui exposaient tous les abus résultant de la fréquentation des cabarets et demandaient de transformer en loi les anciens règlements sur les cabarets, que les maires ont qualité pour prendre, à cet égard, tous les arrêtés qui leur paraissent convenables, parce que si la liberté religieuse permet à chacun de pratiquer son culte, comme aussi de s'en abstenir, d'autre part l'autorité municipale doit conserver le pouvoir de garantir protection à chacun dans l'exercice de sa religion, et de maintenir la paix publique et le bon ordre. Il est incontestable que les arrêtés municipaux qui ordonnent de tenir les cabarets fermés aux heures des offices religieux, défendent aux habitants de s'y trouver pendant la durée de ces offices, autant dans l'intérêt du bon ordre et de la tranquillité publique, que dans l'intérêt de la religion. Il est facile de comprendre qu'au moment où la plupart des habitants, et surtout la partie la plus sage, la plus morale, la plus éclairée de la population, sont réunis dans le temple, et par conséquent absents de leurs habitations, la police est plus difficile à faire, et que l'autorité a moins de force.

3° Il en est des procès comme des cafés ; si tant de familles se ruinent dans des procès pour partages de familles, c'est qu'elles ne sont pas assez éclairées pour comprendre qu'il vaut mieux laisser quelques centaines de francs de plus à un frère ou à un cousin, que de se condamner à des inquiétudes, à des voyages, à des dépenses énormes pendant des années entières. Les procès entre les membres des familles diminuent considérablement chaque année ; mais cette diminution porte principalement sur les familles bourgeoises, assez intelligentes pour comprendre que les arrangements à l'amiable sont, en définitive, plus honorables et plus avantageux que les procès. C'est elles surtout que nous voyons mettre en pratique l'adage qui dit avec raison : « Un mauvais arrangement est préférable à tout procès, même à celui que l'on aurait gagné. »

Parmi les avocats sans pratique, il en est beaucoup qui se montrent toujours favorables aux désirs des plaideurs, surtout quand ces plaideurs ont de quoi payer les honoraires. « La cause est bonne, répondent-ils au paysan qui vient les consulter ; il faut plaider, nous sommes presque assurés de gagner. » Si la cause est toujours bonne pour l'avocat, il n'en est pas de même pour le plaideur. Combien de familles se sont complètement ruinées par des procès ! Ces familles étaient pourtant très laborieuses et très économes. Je connais passablement de paysans qui se sont ruinés la santé par les inquiétudes qu'ils ont supportées et la fatigue des fréquents voyages qu'ils ont faits au chef-lieu du département à l'occasion de leurs procès ; j'en connais d'autres qui ont dépensé plus de 3,000 fr. pour se disputer un lambeau de bruyère qui ne vaut pas 100 fr. Rien n'est plus mauvais que des entêtements de ce genre. Dieu veuille que les lumières de l'instruction et les devoirs de la charité chrétienne parviennent à faire cesser des abus si déplorables ! Les campagnes ne peuvent qu'y gagner sous bien des rapports. Il est vraiment malheureux, en effet, que bien d'honnêtes familles se trouvent réduites à la misère par les chicanes qu'on leur suscite, ou qu'elles suscitent elles-mêmes sous l'inspiration de mauvais conseils. Les campagnes gagneraient, sous bien des rapports, à ce qu'il y eût moins de procès ; car presque tous les huissiers, avocats et avoués, qui pullulent dans les villes, n'ont abandonné les campagnes que pour embrasser des carrières que la sottise des paysans rend si lucratives. S'il y avait moins de placistes de ce genre, il y aurait plus de gens instruits pour la direction des travaux des champs.

Je comprends qu'il y ait quelquefois discussion entre gens de bonne foi ; mais pourquoi les deux partis ne chercheraient-ils pas à s'éclairer auprès

des personnes les plus respectables de la localité?
Assurément, le maire, le curé se feraient un devoir
de dissiper les nuages qui embrouillent une affaire
aux yeux des contestateurs, et leur décision serait
d'autant plus juste que tous les détails peuvent leur
être connus, et qu'il leur est facile d'interroger les
personnes et de se transporter sur les lieux. Si l'on
craint la partialité du maire ou du curé en faveur
d'une personne, on peut alors recourir au juge de
paix du canton: celui-ci est responsable de ses juge-
ments; par conséquent, il a tout intérêt à ne se prononcer qu'après avoir étudié consciencieusement la
question en litige. Il est rare que celui qui fait appel
du jugement de ce magistrat, ne soit pas condamné
ailleurs comme il l'a été par lui. Pourquoi donc aller
semer la guerre dans des familles, dépenser des sommes énormes, se créer des inquiétudes, laisser la
culture des champs dans l'abandon, faire des voyages pénibles pour plaider une affaire qui peut être
jugée à l'amiable?

Ces abus sont tellement fréquents et tellement
préjudiciables à la classe la plus intéressante de nos
campagnes, que le gouvernement a cherché à y opposer un remède, en étendant les pouvoirs des juges
de paix. Ces magistrats, en effet, prononcent déjà
sur bien des cas sans recours d'appel; rien ne serait
plus utile que d'étendre encore leur pouvoir à d'au-

tres objets de contestation, à condition, bien entendu, que le gouvernement s'attacherait d'une manière spéciale à choisir pour juges de paix les hommes les plus perspicaces et les plus consciencieux, et qu'il ne cesserait d'exercer une grande vigilance sur leur manière d'agir et de se prononcer.

Si nos paysans ont des défauts extrêmement préjudiciables à la prospérité de leur position, nos bourgeois n'en sont pas entièrement exempts. La principale manie de la famille bourgeoise dans nos campagnes, est de se faire auprès de ses concitoyens un mérite et une gloire de faire venir des villes, et surtout de Paris, tout ce qui peut concourir à sa toilette et à son ameublement ; peut-être viendra-t-il un temps où l'on n'osera plus porter les sabots qui ne seront pas faits à Paris! Que résulte-t-il de là? Il en résulte que les tailleurs, cordonniers, ébénistes, modistes, couturières, etc., qui ont dépensé de l'argent pour un apprentissage, se trouvent réduits à manquer de travail dans leur propre pays ; comme ils ne peuvent pas mourir de faim, ces ouvriers sont obligés de se réfugier dans une ville. C'est là une des principales causes de l'émigration, dont toute la responsabilité retombe sur les bourgeois et non sur les malheureux ouvriers, qui sont bien obligés d'aller là où le travail se trouve. On a d'autant plus raison d'être indigné contre ces capricieux bourgeois, qu'ils sont les premiers à se plaindre quand ils ne peuvent trouver un bon ouvrier dans le pays pour exécuter une réparation tant soit peu délicate. Comment! vous donnez tout le travail le mieux payé aux ouvriers des villes, et puis vous exigeriez que les bons ouvriers restassent chez eux, les mains croisées, pour attendre le salaire d'une ou deux journées par mois, vu surtout que si vous consentez à payer fort cher le travail que vous commandez dans les villes, vous tiendriez à faire travailler les ouvriers des campagnes pour un morceau de pain ! En cela vous n'êtes ni justes ni convenables, et, de plus, vous servez très mal les intérêts du pays qui vous nourrit. Que les femmes, dont les principales préoccupations roulent sur les objets de toilette, poussent la vanité jusqu'à faire porter leurs robes et chapeaux de Paris, cela se comprend jusqu'à un certain point ; mais ce qui ne se comprend pas, c'est que des hommes sérieux ajoutent de l'importance à faire venir de la capitale des vêtements, des meubles et jusqu'à des mets de table! Ainsi, les Périgourdins seront bientôt habitués à faire venir de Paris des dindes truffées; de même des Limousins pour la porcelaine, des Creusois pour les tapisseries ; c'est-à-dire que la sottise des gens fera que les producteurs et fabricants seront obligés d'envoyer leurs produits à Paris pour mieux les vendre ensuite à leurs propres compatriotes (1).

Si les clients et consommateurs étaient plus sensés, la plupart des bons ouvriers resteraient dans les campagnes ; les propriétaires et fabricants vendraient sur les lieux, et alors on obtiendrait de meilleurs résultats, surtout à des conditions plus avantageuses. Espérons que les tendances capricieuses dont nous parlons ne dureront qu'un temps ; nous le désirons beaucoup dans l'intérêt des campagnes, des ouvriers et des consommateurs.

———◦◦◦———

CHAPITRE VIII.

Puissante influence que les maires, instituteurs et curés de campagne pourraient exercer contre le mal de l'émigration.

Ceux qui ne peuvent pas étudier le paysan dans ses instincts et ses habitudes ne sauraient s'imaginer combien il est observateur, et combien la force de l'exemple a d'empire sur ses aspirations et ses

(1) Nos bourgeois de province n'oseraient guère se servir d'une allumette chimique qui n'aurait pas été fabriquée à Paris.

déterminations. C'est pour cela que le bourgeois, comme nous l'avons fait observer au chapitre précédent, a fait un très grand mal en donnant l'exemple du mépris de la campagne et des travaux des champs ; c'est pour cela aussi que nous serions heureux de voir ces mêmes bourgeois revenir dans leur pays et s'y faire un devoir de présider aux travaux agricoles ; ce serait le moyen le plus efficace de réparer le mal qu'ils ont fait par leur pernicieux exemple.

Parmi ceux sur lesquels le public des campagnes porte le plus son attention, le maire, l'instituteur et surtout le curé tiennent le premier rang. Rien n'est plus naturel et plus facile à expliquer : ce sont là, en effet, les principaux et pour ainsi dire les seuls représentants de l'autorité dans les campagnes, les seuls appelés à instruire et à diriger les habitants du village. Avant de parler du curé de campagne, disons quelques mots du maire et de l'instituteur.

1° La soif immodérée des richesses et des honneurs entraîne bien des gens dans les villes ; à cette grande cause il n'y a qu'un remède, c'est la religion, et il ne dépend guère des maires et des conseillers municipaux d'appliquer ce remède. Il faut avouer pourtant que leur bon exemple pour les pratiques et vertus chrétiennes exerce un grand empire sur le reste des habitants. Mais nous ne voulons pas entrer ici dans le détail des devoirs religieux, car ce sont plutôt des devoirs d'hommes privés que des devoirs d'hommes publics.

L'essentiel, pour les autorités municipales, c'est de multiplier les travaux et d'accroître le bien-être par les améliorations utiles. Il s'en faut bien qu'une mission si importante pour les populations soit comprise et remplie par tous les maires des communes rurales. Combien de communes en France qui manquent de maison d'école, dont l'église et le presbytère sont en ruine, et qui pourtant ne sentent nullement le besoin de sortir du *statu quo !* Le gouvernement et le département ont beau encourager les améliorations de ce genre par des promesses de subventions considérables, rien n'y fait. On préfère manquer de tout, laisser les ouvriers sans travail et sans pain, que d'imposer la commune de quelques centaines de francs par an. Il y a des maires et des conseillers municipaux qui se font gloire auprès de leurs administrés de voter contre toute espèce d'impôts; assurément, les impôts étant un fardeau pour les populations, il faut bien se garder de les décréter sans motifs; mais il me semble que lorsqu'un habitant ne doit payer que deux ou trois francs par an pour avoir des chemins praticables et des édifices publics convenables, un impôt si minime est plutôt pour lui une faveur qu'une perte. Cela est vrai, surtout quand cet impôt sert à obtenir des subventions considérables, et que les ouvriers de l'endroit, trouvant du travail, laissent dans la localité les bénéfices de consommation qu'ils auraient été obligés de porter ailleurs. Quand il s'agit d'impôts utiles et fructueux, on a tort de remercier les maires et les conseillers qui les repoussent : ces hommes publics ont manqué à leur devoir, vu que leur mission les oblige à rechercher toujours ce qui est plus utile au bien de tous.

L'expérience est là pour attester que les émigrations ont lieu principalement dans les pays arriérés, là où les autorités locales, s'en tenant à la routine du pays, repoussent toute amélioration communale qui aurait pour but de donner du travail aux ouvriers, d'embellir l'endroit, de faciliter les communications et le commerce, d'inspirer aux particuliers l'amour des embellissements et des réparations. Il en est des communes comme des particuliers : pour bien gérer ses affaires, il faut savoir *dépenser un sou pour en attraper vingt*. Je connais une commune qui pourrait obtenir les améliorations les plus utiles et les plus importantes : les dépenses à faire sont de trente mille francs ; le gouvernement devant donner au moins un tiers, il ne reste plus que vingt mille francs, somme à laquelle des souscripteurs intéressés consentent à contribuer pour quinze mille francs ; le conseil municipal, tout en convenant des précieux effets qu'auraient pour la commune les améliorations projetées, refuse un impôt de cinq cents francs par an pendant dix ans. Ainsi, sans parler des grands avantages que la commune retirerait des améliorations, cette commune renonce à un bénéfice de trente mille francs qui resterait dans la localité, pour ne pas consentir au sacrifice que nous venons d'indiquer. Évidemment, ces conseillers comprennent mal et servent mal les intérêts qui leur sont confiés. Pourtant rien n'est plus commun que des conseillers de ce genre dans certains départements arriérés.

Les autorités locales peuvent beaucoup pour ou contre le mal de l'émigration. Les gouvernements ont eu de graves torts à cet endroit; mais il faut convenir que la plupart des autorités locales en ont encore plus. Si ces autorités s'étaient préoccupées de donner aux filles et aux garçons de leur commune une éducation appropriée aux travaux agricoles, c'est-à-dire aux devoirs que l'on est appelé à remplir dans les campagnes; si ces autorités avaient su inspirer par leur exemple l'amour des améliorations, la France compterait assurément des émigrants, car il lui en faut pour la prospérité de son commerce; mais le nombre en serait restreint à de justes limites. Nous verrions à Paris et ailleurs moins de filous et de voleurs, nous verrions surtout moins d'ouvriers à la grève et plus de travailleurs pour les occupations indispensables de l'agriculture.

Ce qui nous manque surtout pour les remèdes contre l'émigration, ce sont l'intelligence et le bon vouloir des autorités locales : l'application de la loi de 1861 sur la culture des communaux nous en donne un exemple frappant. Ainsi, le gouvernement comprend qu'il y a du déficit dans les campagnes et du trop plein dans les grandes villes; il comprend surtout que la prospérité de la France est intimement liée au progrès agricole. Pensant que le moyen le plus efficace de donner l'élan aux améliorations agricoles est de les faire exécuter sur les terrains communaux dont personne ne s'occupe, le gouvernement, pour atteindre ce précieux résultat, ordonne des études, s'impose des sacrifices. Assurément, tout nous fait croire que ces efforts ne seront pas infructueux; mais nous tenons à constater que si l'État trouve de l'insouciance et du mauvais vouoir, c'est surtout de la part de certains conseils municipaux. C'est là un obstacle que le gouvernement a tenu lui-même à déclarer dans son exposé sur la situation de l'empire, fait aux chambres en janvier 1863.

Si tous les maires des campagnes ressemblaient à quelques-uns d'entre eux, nous verrions bien moins d'émigrations. Grâce au zèle intelligent de leurs maires, quelques communes ont totalement changé depuis dix ans : ces communes ont vu construire ou réparer leurs édifices publics ; elles sont traversées en ce moment par des routes qui y ont apporté la vie et le commerce ; l'embellissement de tout ce qui est public, ainsi que l'extension du commerce dans ces communes, ont comme forcé les habitants à faire eux-mêmes des améliorations sur leurs propriétés. Qu'en est-il résulté ? Il en est résulté que ces communes, au lieu de perdre en population, comme tant d'autres, n'ont fait que gagner sous ce rapport. Cet accroissement de population n'a pas peu contribué à augmenter la valeur de la propriété et à faire cultiver des terres qui jusqu'alors étaient restées incultes.

Puisque le choix des maires est si important pour le bien général, il serait à désirer que l'administration prît toutes les précautions possibles pour ne confier les charges de cette dignité qu'à des hommes recommandables à tout égard. Il faut aux communes rurales des maires qui sachent avant tout placer les intérêts publics au-dessus des intérêts privés. Souvent un médecin, un notaire, un négociant n'acceptent la place de maire que pour pouvoir mieux enlever la clientèle de leur confrère ; c'est là un grand malheur : car un tel maire, tenant par-dessus tout à ne pas déplaire à ses clients, se croit obligé de renoncer à toutes les mesures de bien public qui pourraient froisser les intérêts ou les préjugés de l'un d'entre eux. A mon avis, tout homme d'État qui est obligé de ménager une clientèle pour gérer ses affaires, ne devrait être appelé à la dignité de maire, que lorsqu'elle ne peut d'aucune manière être confiée à des hommes indépendants.

2° La mission du maître d'école est par elle-même une mission propre à faire aimer les campagnes. Plus il y a d'instruction dans une commune, plus l'intelligence et l'amour des améliorations s'y font sentir, et plus aussi les habitants ont d'aptitude pour acquérir le bien-être matériel et moral.

Pourtant, il faut le dire, jusqu'ici les instituteurs ont plus contribué à favoriser l'émigration qu'à l'arrêter. Pour attacher des habitants à leur pays, il ne suffit pas de proclamer, de vanter les bienfaits de l'agriculture, ni même d'inculquer aux enfants quelques notions agricoles, il faut avant tout prouver par chacune de ses paroles et chacun de ses actes, que l'on sait apprécier les bienfaits de l'habitation des campagnes, et que l'instruction que l'on a en plus sur les autres ne sert qu'à nous faire aimer davantage tout ce qui touche au progrès agricole. Malheureusement, c'est un fait connu de tous, que la plupart des instituteurs n'embrassent cette carrière que dans le seul but de s'exonérer du service militaire, avec l'intention bien arrêtée d'embrasser une autre profession une fois qu'ils auront rempli leur engagement décennal. Cette conviction ne contribue pas peu à détacher les villageois des travaux agricoles pour leur faire désirer l'habitation des villes.

A mes yeux, un instituteur raisonne très mal quand il dit : « Tel condisciple occupe à Paris ou à » Lyon un poste de trois mille francs, tandis que je » n'ai que sept à huit cents francs ; ce condisciple » est donc trois ou quatre fois plus riche et plus heu- » reux que moi. » Observons d'abord qu'il y a très peu d'instituteurs qui soient réduits au traitement de sept cents francs, vu que la plupart d'entre eux sont chantres à l'église ou secrétaires à la mairie ; ajoutons que l'instituteur jouit d'une maison et d'un jardin gratuitement, et qu'il faudrait à son condisciple de Paris ou de Lyon la moitié de son traitement pour obtenir un pareil avantage. Quand l'instituteur ne peut pas compter sur un excédant de rétribution scolaire, il peut au moins compter sur quelques libéralités de la part des bons propriétaires de la commune ; le condisciple en est réduit, d'une manière absolue, à son traitement de trois mille francs. L'instituteur de campagne, sans se rendre ridicule aux yeux de ses concitoyens, dépense fort peu pour sa mise et son manger ; il n'en est pas de même du condisciple en question. Non-seulement cet employé dépense quatre fois plus que l'instituteur pour son entretien et celui de sa famille; mais ne pouvant pas vivre toujours dans l'isolement, il est tenu à bien des dépenses qui sont inconnues chez nous. Somme totale, l'instituteur de campagne est beaucoup mieux partagé que le fonctionnaire ou tout autre employé qui reçoit un traitement de trois mille francs dans une grande ville. C'est pourquoi, si nous voyons très peu d'instituteurs faire des dettes et se ruiner complètement, il n'en est pas de même des employés de trois mille francs, lorsqu'ils ont, comme l'instituteur, une femme et des enfants.

Si nous tenons ce langage, ce n'est pas que nous repoussions de nouvelles améliorations dans la position des instituteurs; mais nous tiendrions, dans l'intérêt des campagnes, à persuader aux instituteurs qu'ils ne sont pas si mal partagés qu'ils le pensent communément. Si l'instituteur pouvait se reconnaître aussi heureux que l'employé des villes, il parlerait moins souvent des prétendus avantages de l'émigration; il s'attacherait davantage au pays qu'il habite, et se sentirait par cela même plus de zèle et d'amour pour la pénible, mais honorable et importante mission qu'il remplit. Les paysans qui ont les yeux fixés sur lui pousseraient bien moins leurs enfants à quitter la charrue pour aller chercher une place dans quelque ville.

Quoique nous engagions beaucoup les instituteurs à embrasser et à conserver leur position par zèle et amour, nous n'en désirerions pas moins que l'État fît disparaître une lacune regrettable, la seule qui contribue à décourager les instituteurs et à leur inspirer le désir d'embrasser une autre carrière après leur engagement décennal. Nous comprenons très bien que l'instituteur de la plus petite commune ait un traitement de sept cents francs. Puisqu'on tient à placer des instituteurs dans les plus petites communes, afin de faciliter la propagation de l'instruction, il est de rigueur que l'instituteur de la plus petite commune soit abrité contre les besoins les plus légitimes et les plus indispensables de la vie. Mais il est fâcheux que l'instituteur qui compte cent élèves ne soit pas mieux rétribué que celui qui n'en a que quatre ou cinq, pendant la plus grande partie de l'année. On me dira que l'excédant de la rétribution scolaire est à son bénéfice; mais je répondrai que cet excédant est souvent très minime, vu le nombre des enfants admis gratuitement.

Comme il est important, pour le bien des campagnes, que les instituteurs soient moins épris du désir d'abandonner leur position pour aspirer à une autre carrière dans les villes, nous croyons qu'il serait très sage et très utile de créer une hiérarchie dans leur corps, afin de rendre l'avancement possible. S'il en était ainsi, l'instituteur désirerait l'avancement au lieu de désirer une place différente de celle qu'il occupe ; de plus, l'espoir de voir ses mérites récompensés par un avancement, ferait qu'il redoublerait de zèle pour tous les devoirs de sa mission.

Il me semble aussi que dans l'admission aux écoles normales, les départements devraient porter de préférence leur choix sur les jeunes gens qui viennent des campagnes. Il est presque impossible en effet à un jeune homme de ville de se trouver satisfait d'une place d'instituteur dans une commune rurale : le besoin a pu lui faire embrasser cette carrière ; mais tôt ou tard, une pareille position ne lui paraît que méprisable et indigne de ses talents. Il n'en est pas de même de celui qui est né et a vécu à la campagne : celui-ci, ayant pour père et pour frères des agriculteurs obligés de supporter chaque jour les fatigues d'un travail pénible, se regarde naturellement comme bien heureux en comparaison de ce qu'il aurait fait s'il n'était pas instituteur. Non-seulement cet instituteur n'a pas de peine à s'habituer dans une commune rurale, mais connaissant dans tous leurs détails les occupations journalières du paysan, il aime à s'entretenir avec eux de tout ce qui regarde les travaux agricoles ; sa parole devient pour l'agriculteur une consolation, un encouragement, un bon conseil. Cette connaissance, cet amour des travaux agricoles chez l'instituteur valent bien mieux pour l'attachement général aux campagnes que toutes les méthodes qu'il pourrait enseigner aux enfants de son école. Pour ce qui concerne les bonnes habitudes des populations, l'instituteur exerce mille fois plus d'influence par ses propres habitudes et inclinations, que par les conseils qu'il peut donner en classe à des enfants de cinq, six, sept, huit et neuf ans.

3° Voulez-vous trouver les grands remèdes contre l'esprit d'émigration? Cherchez-les presque tous dans la religion : elle seule peut apprendre à l'homme à se contenter de ce qu'il a ; elle seule peut modérer les instincts et les passions ; elle seule peut inspirer l'amour du travail et donner le bonheur aux classes ouvrières de nos campagnes. Dire que la religion seule peut nous faire aimer ce qui est le plus utile en réalité, mais le plus humble en apparence, n'est-ce pas dire par cela même que le curé est le grand apôtre de l'attachement au pays des campagnes, ainsi que du progrès agricole?

- Ceux qui n'ont jamais habité que les villes ne peuvent avoir une idée exacte de l'influence exercée par le curé des campagnes sur ses paroissiens. Quand le pasteur parle du haut de la chaire, il parle comme une père de famille parlerait à ses enfants ; les connaissant tous par leur nom, connaissant aussi leurs besoins, leurs désirs et leurs tendances, il leur adresse des conseils pour toutes les circonstances de la vie. Les détails minutieux et pratiques dans lesquels il entre pourraient étonner, je dirai même froisser les oreilles d'un citadin; mais ils n'en sont que plus frappants et plus efficaces sur le cœur de ses paroissiens.

Quels sont ceux, en général, qui, méprisant la profession de leur père, abandonnent les campagnes pour se réfugier dans une grande ville? A part les ouvriers qui manquent de travail, les autres émigrants ne sont guère que des ambitieux qui rêvent la fortune, des époux qui font mauvais ménage, des débauchés qui ont dissipé tout leur patrimoine, des gens, en un mot, qui n'ont plus le courage de se bien comporter. Si le nombre de ces hommes est déjà si grand dans les campagnes, que ne serait-il pas sans l'influence du sentiment religieux? que ne serait-il pas sans les bons conseils du pasteur des paroisses? Dans les communes rurales du Limousin, les émigrations sont malheureusement trop communes; mais nous pouvons assurer en toute sûreté de conscience qu'elles le seraient deux fois plus si le sentiment religieux n'agissait fortement sur les déterminations de la plupart des familles. Combien de pères et surtout de mères consentiraient au départ de leurs filles, si elles n'avaient appris par leur bon pasteur que ces émigrations offrent de graves dangers pour les intérêts les plus sacrés des jeunes personnes ? Toutes les fois qu'un émigrant ou une émigrante revient au pays avec une belle toilette et quelques pièces d'or, tous ses compatriotes du même âge brûlent du désir de l'imiter. Que fait alors le bon pasteur qui s'intéresse si sincèrement au bonheur des familles ? Il s'empresse de leur faire observer 1° que *tout ce qui luit n'est pas or* ; 2° que la pratique des vertus chrétiennes est préférable, même en ce monde, à la possession de quelques pièces d'argent ; 3° que si un émigrant a réussi, cent autres croupissent dans l'humiliation et la misère, et que par conséquent il ne serait pas logique de s'attacher à ne considérer que la plus petite surface du tableau. Des considérations si justes et si palpables peuvent bien être méprisées par un certain nombre, mais il ne peut en être de même de toutes les familles, et surtout des familles vraiment chrétiennes.

Le curé de campagne qui voudrait sortir de ses attributions pour se mêler de ce qui ne le regarde pas, pourrait rencontrer des obstacles et des inconvénients ; mais il n'en sera jamais de même quand le désir du bien le poussera à inspirer de bons sentiments à ses paroissiens. Sans doute il y a partout des esprits mal intentionnés qui ne voient qu'avec peine le bien s'opérer par l'influence religieuse ; mais ces esprits sont si clair-semés que l'opinion publique les confond et les méprise, quand elle est intimement convaincue que le prêtre n'est animé que des meilleures intentions.

D'où vient que le ministère des prêtres est si souvent stérile dans quelques grandes cités? Cela vient de ce que le prêtre n'étant connu des habitants que par les calomnies de certains journaux, ne rencontre partout que préjugés et préventions à son égard. A la campagne, la calomnie ne peut guère avoir de prise, parce que la vie et les habitudes du prêtre sont étudiées et connues jusque dans leurs moindres détails. Voilà pourquoi nos paroissiens qui lisent de mauvais livres ou de mauvais journaux se disent : « Tous les prêtres ne sont pas comme notre curé ; » s'ils lui ressemblaient, la religion exercerait bien » plus d'empire sur les âmes. » Ne pouvant s'empêcher d'estimer son pasteur, l'impie s'imagine que les autres prêtres, qu'il ne connaît que par la calomnie, ne lui ressemblent en rien sous le rapport des bons sentiments. Cette influence que le curé de campagne exerce naturellement sur chaque famille de sa paroisse, il doit tenir à l'exercer contre le mal de l'émigration : c'est un des moyens les plus sûrs de sauvegarder les mœurs et le bien-être de ceux qu'il appelle ses enfants.

Certains curés, nous a-t-on dit, pénétrés de l'im-

portance de cette tâche, alarmés du mal engendré chaque jour dans leur paroisse par une émigration croissante, se sont déterminés à acquérir
des terrains incultes pour retenir au pays les ouvriers
qui manquaient de travail, et encourager les autres
propriétaires à suivre leur exemple dans l'amour des
améliorations. Cet élan généreux a obtenu, je le
sais, de très bons résultats dans quelques paroisses
qui avaient besoin pour se réformer d'un pareil coup
d'état. Malgré cela, nous sommes loin de conseiller
aux curés des campagnes de recourir à un tel pro-
cédé. Les fidèles ont du prêtre une idée si haute,
qu'ils n'aiment pas à le voir dans les combinaisons
matérielles ; à cet égard, les impies sont encore plus
difficiles et plus susceptibles que les bons chrétiens.

Il arrive donc qu'on interprète les intentions du
curé plus souvent en mauvaise qu'en bonne part, et
la population finit par être moins respectueuse envers son pasteur, que si elle ne l'avait jamais vu
qu'à l'autel et au confessionnal. Nous croyons qu'il
est plus sage de s'en tenir aux exhortations et aux
bons conseils ; c'est le moyen de conserver plus d'indépendance, plus de dignité et plus d'influence pour
la direction des âmes.

Nous avons dit ailleurs que pour enlever tout motif raisonnable à l'émigration, il était nécessaire d'a-

briter le pauvre des campagnes contre la misère et
l'abandon. Sur ce point, le curé est appelé à exercer une mission bienfaisante, car étant reconnu pour
le père des pauvres, c'est à lui que s'adressent de
préférence les malheureux et surtout les pauvres honteux, qui n'osent guère avouer à un autre leurs peines et leur misère ; lui seul du reste est en état d'associer d'une manière efficace la consolation morale
au secours matériel qu'il apporte.

Si le desservant, comme nous l'avons dit dans
notre livre des *Retraites du Clergé*, était assuré,
par une modique pension de retraite, de n'être pas
condamné lui-même aux souffrances et aux humiliations de la misère pendant les jours de ses infirmités, il pourrait, chaque année, sacrifier jusqu'à sa dernière obole pour faire du bien aux pauvres de sa paroisse ; malheureusement il est obligé
de conserver une poire pour la soif quand cela lui
est possible (1). Il doit donc recourir aux âmes charitables de ses paroisses pour trouver les ressources
nécessaires à ses pauvres. C'est à lui de faire connaître les plus nécessiteux, et de désigner aux principaux

---

(1) Conformément au désir exprimé par notre pétition au
sénat, le gouvernement vient de nommer, pour la réalisation
des *Retraites Ecclésiastiques*, une commission composée
d'hommes les plus éminents et les plus dévoués aux intérêts
du clergé paroissial.

de la commune ceux qui ont besoin d'être conduits à l'hospice de la ville voisine. En un mot, le curé de campagne est, par position et par devoir, l'instigateur et le protecteur de tout ce qui tend à soulager la misère. En remplissant fidèlement sa mission à cet égard, il facilite énormément tout ce qui peut combattre l'émigration (1).

Nous avons dit ailleurs que la religion seule pouvait donner la pureté des mœurs et la paix dans les familles. Ne devons-nous pas dire aussi que cette même religion donne aux campagnes la vie, le progrès et le bonheur ? Que seraient les campagnes sans la réunion du dimanche, sans la présence du prêtre qui les convoque tous au même jour ? Nos villageois ne connaîtraient pas de temps déterminé pour le repos ; ils ne penseraient jamais à se recueillir en eux-mêmes pour se repentir des torts qu'ils ont commis envers Dieu et leurs frères ; ce ne seraient plus les hommes bons, honnêtes que nous connaissons,

(1) Autrefois, le curé faisait partie de droit du bureau de bienfaisance. On ne comprend pas comment le gouvernement de juillet a pu lui enlever cette prérogative. Certainement, la plupart des curés n'en sont pas moins appelés par le choix à en faire partie ; mais il me semble que le curé étant le plus grand protecteur de la misère par la nature même de la mission qu'il est appelé à remplir, devrait, en vertu de son titre, faire partie de tout ce qui est destiné à soulager les pauvres.

ce seraient des êtres qui auraient tous les mauvais instincts de l'homme, sans avoir les qualités dévelop-
pées par la civilisation. Dans bien des contrées, le
paysan serait un vrai barbare, s'il n'était pas animé
des sentiments religieux.

Non, sans l'influence bienfaisante du culte religieux, les populations rurales n'auraient aucune des
bonnes qualités qui les distinguent. Dans moins de
dix ans, ces populations seraient devenues grossiè-
res jusqu'à la stupidité, égoïstes jusqu'à la rapine ;
au lieu de garder et de recueillir comme elles le
font tout ce qu'il y a de plus modéré et de plus
doux dans la société, les campagnes seraient de
vrais repaires de brigands, d'où seraient forcés de
s'exiler tous les honnêtes gens. Nous avons donc
mille fois raison de le proclamer : la mission du
prêtre est par elle-même une mission toute propice
au bonheur des campagnes ; le pasteur des paroisses n'userait-il pas des nombreux moyens qui sont
en son pouvoir pour arrêter l'émigration, qu'il serait, par la nature même de sa mission, le centre
vivant de tous les remèdes.

On signale souvent nos familles des campagnes
comme des modèles d'union, de fidélité, de résignation, etc., tandis que les statistiques judiciaires accusent, chaque année, dans les villes un prodigieux
accroissement dans les séparations, les infanticides,

suicides, etc. A quoi tient cette supériorité si marquante et si précieuse au point de vue social, si ce n'est à l'efficacité du ministère religieux dans les paroisses? Les émigrations, nous l'avons dit, sont malheureusement trop nombreuses; mais elles le seraient encore bien plus, si les villageois n'étaient pas habitués à la concorde et à la résignation. Les familles de nos propriétaires, de nos colons sont nombreuses par la réunion de tous les membres qui composent ces familles; mais c'est à la religion et à la religion seule qu'on le doit. Sans la pratique des vertus chrétiennes, le fils et la fille une fois mariés, sentiraient le besoin de se séparer de leurs parents et de chercher par cela même un refuge dans les villes.

Oh! si nous connaissions tout ce qui se passe dans les familles, nous saurions que le prêtre, par ses conseils, son dévouement et ses petits services, a sauvé bien des paroissiens contre la misère et le désespoir! Nous saurions que son esprit de charité a ramené à l'union bien des membres de famille qui auraient quitté le pays pour se séparer de ceux dont ils croyaient avoir à se plaindre!

Du reste, le pasteur des paroisses est, par sa conduite même, le modèle le plus vivant de l'attachement au pays des campagnes. Si quelqu'un méprise son pays en demandant à s'en éloigner par ambition, ce n'est jamais le prêtre. Tous ceux qui connaissent intimement le curé des campagnes, savent qu'il est tout heureux de considérer ses paroissiens comme des enfants dont il lui serait pénible de se séparer ; c'est pourquoi ce bon pasteur considère sa paroisse comme une épouse dont il n'est permis de s'éloigner qu'avec de graves motifs (1).

Que les hommes qui veulent le trouble et le désordre dans l'ordre social voient avec peine la bienfaisante influence que le ministre de l'Église exerce dans les paroisses rurales, je le comprends très bien ; mais n'est-ce pas un motif de plus pour tous les amis de l'ordre, jaloux du progrès de la prospérité publique, de penser et d'agir différemment ? Au lieu de chercher à affaiblir cette influence, efforçons-nous de faciliter son exercice, dans l'intérêt de la moralisation des populations.

La mission du maire, de l'instituteur et du curé peut varier dans son mode d'exercice ; mais il y a un but commun, celui d'accroître la prospérité de nos concitoyens par la pratique des vertus morales. Puisqu'il est reconnu que l'habitation des villes offre des dangers de toute espèce pour les vertus qui font l'homme honnête et vertueux, c'est un devoir des plus essentiels pour les autorités locales de détour-

(1) Notre siècle a fait un grand mal à la religion et à l'État, en enlevant aux desservants l'inamovibilité, qu'ils tenaient de l'Église depuis les premiers siècles du christianisme.

10

ner les populations de cette manie de mépriser le travail des champs, et surtout d'abandonner son pays sans motifs suffisants. Les hommes publics ne sont-ils pas les pères de leurs administrés? et quel bonheur plus grand pour un père, que celui de se faire aimer de ses enfants jusqu'au point de leur ôter tout désir et même tout prétexte de s'en séparer! Soyons bien persuadés qu'en agissant ainsi, nous contribuerons plus que de toute autre manière au vrai bien-être des individus, à la paix des familles, à la sécurité de l'ordre social et à l'influence bienfaisante du sentiment religieux sur les âmes.

TABLE

DES MATIÈRES.

CHAPITRE VI.

CHAPITRE VII.

CHAPITRE VIII.

Périgueux, Dupont et C. Mai 63.

L'HOMME DANS SA TRIPLE VIE

D'ÊTRE INTELLIGENT, SOCIAL ET RELIGIEUX,

in-8°, 4 fr.

Ce n'est qu'après avoir pris les conseils de l'illustre évêque de Tulle, que M. l'abbé Tounissoux s'est déterminé à publier ce travail philosophique et religieux. Mgr l'évêque d'Angoulême a bien apprécié ce livre, en disant *qu'il dénote un vrai savoir.* C'est pourquoi l'auteur a reçu les éloges les plus flatteurs de plusieurs éminents prélats, entre autres de Mgr Darboy, actuellement archevêque de Paris.

« MONSIEUR L'ABBÉ,

» Vous avez eu l'attention de m'envoyer votre ouvrage sur l'*Homme,* en y joignant une lettre à laquelle je ne puis qu'être très sensible. Je vous remercie de l'un et de l'autre, et je me fais un plaisir de vous adresser, avec l'expression de ma gratitude, mes sincères félicitations. Votre livre est d'un esprit sérieux qui met de la conscience et de l'ardeur dans ce qu'il fait. Le choix seul de votre sujet suffirait à vous recommander comme un homme ami de la réflexion et du travail.

» Permettez-moi, monsieur l'abbé, de vous encourager à suivre la voie où vous venez d'entrer; rien ne peut être plus honorable pour le clergé que d'allier ainsi les fortes études aux devoirs de la piété et aux fonctions du ministère paroissial.

» Recevez, monsieur l'abbé, l'assurance de mes sentiments affectueux et dévoués en N.-S.

» GEORGES, *évêque de Nancy.* »

RETRAITES LÉGALES DU CLERGÉ,

in-8°, 2 fr.

Cet ouvrage, qui a été l'objet, au sénat, d'un remarquable rapport de M. le baron Dupin, l'illustre défenseur des sociétés de Saint-Vincent-de-Paul, a été agréé par Son Exc. M. le Ministre des Cultes, ainsi que par Sa Majesté l'Empereur. Ne pouvant mentionner ici les lettres adressées à l'auteur par plusieurs sénateurs et députés, nous nous contenterons de publier celle de Mgr Coquereau :

« Paris, le 14 décembre 1862.

« MONSIEUR L'ABBÉ,

« J'ai lu avec plaisir et avec le plus vif intérêt votre ouvrage intitulé *Retraites légales du Clergé*. Je vous remercie d'avoir bien voulu m'en adresser un exemplaire, et je suis heureux de faire à votre lettre d'envoi la réponse la plus sympathique. Vous défendez avec talent une excellente cause. Cette cause triomphera : nous en avons pour garants l'équité des demandes dont vous vous faites l'écho, le concours que l'épiscopat ne peut manquer de vous prêter, et la constante bienveillance avec laquelle le gouvernement de l'Empereur a toujours pris en main les légitimes intérêts des prêtres.

« L'opinion publique ignore que, dans l'état actuel de notre législation, le vétéran du sacerdoce n'a jamais droit, quelque longs qu'aient été ses services, quelque avancé que soit son âge, à une pension de retraite. On ne sait pas que le vétéran n'est jamais assuré d'avoir du pain à la fin de sa brillante et sublime carrière. Non-seulement on ignore ce fait anormal, mais encore on est généralement persuadé du contraire, et cette illusion est bien naturelle.

« Votre écrit ne se borne pas à montrer ce qui est et ce qui devrait être; il ne se borne pas même à invoquer avec une évidente bonne foi et une grande dignité de langage, des motifs péremptoires en faveur de vos conclusions, il indique encore les moyens d'arriver au but, et ces moyens m'ont paru remarquables par leur convenance et leur simplicité; ils sont *efficaces et pratiques*, deux caractères essentiels dans les matières de cet ordre.

« A mon avis, le clergé vous doit de la reconnaissance pour avoir entrepris et si bien commencé une œuvre aussi importante. Quant à moi, je m'associe de grand cœur à toutes vos espérances; et si je pouvais, en quoi que ce fût, seconder vos efforts, je me mettrais avec empressement à votre disposition.

« Recevez, monsieur l'abbé, avec mes félicitations les plus sincères, l'expression de mes sentiments distingués et dévoués.

« *Le chanoine de l'ordre des évêques au chapitre impérial de Saint-Denis, aumônier en chef de la Marine,*

« ✝ F. COQUEREAU. »

ORDONNANCE DU ROI,

POUR RÉGLER L'EXERCICE

DE

LA CAVALERIE.

Du 1.er Juin 1766.

A PARIS,

DE L'IMPRIMERIE ROYALE.

M. DCCLXVI.

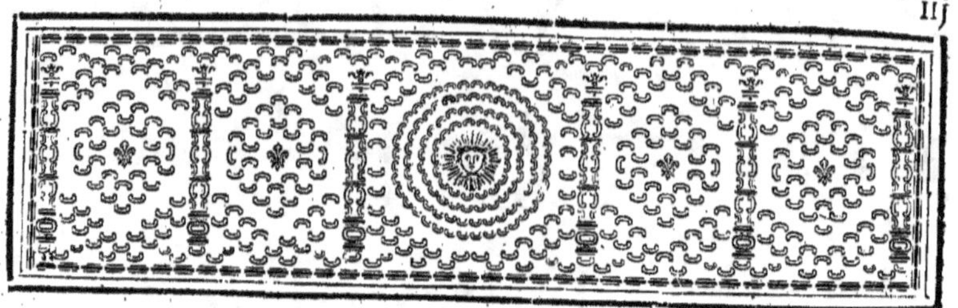

TABLE DES TITRES

Contenus dans cette Ordonnance.

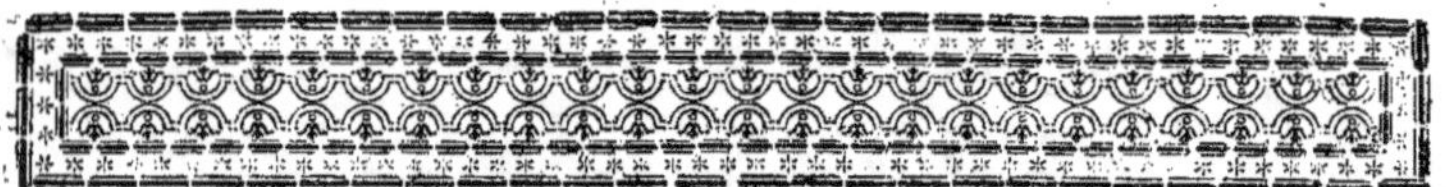

EXPLICATION
DES PLANCHES.

OBSERVATIONS.

LES escadrons qui sont représentés dans les diffé-rentes planches, sont sur le pied de quarante-huit hommes de front, divisés en quatre divisions, non compris les files des Officiers.

On n'a suivi aucune proportion d'échelle pour la planche 2, qui n'a d'autre objet que de démontrer la place que chacun doit occuper dans la formation des escadrons & du régiment, selon son grade : on trouvera dans cette même planche l'explication des figures ou lettres qui désignent les différens grades.

Quant aux autres planches, elles sont assujetties, pour la plupart, à une échelle commune que l'on trouvera à la planche 6 ; celles qui en diffèrent, ont chacune leur échelle particulière.

On trouvera à la planche 7 l'avertissement pour l'in-telligence des différens mouvemens des escadrons, &c.

PLANCHE Ire

Figure 1. . . . . Représentant un Cavalier à cheval, dans la position de l'Équitation.

Figure 2. . . . . Représentant un Cavalier à cheval armé en guerre, dans la position militaire ; le sabre à la main.

Figure 3. . . . . Représentant un Cavalier à cheval, le sabre haut, allant à la charge.

ORDONNANCE

ORDONNANCE
DU ROI,

*Pour régler l'EXERCICE
de la CAVALERIE.*

Du 1.er Juin 1766.

DE PAR LE ROI.

S A MAJESTÉ s'étant fait repréſenter les différentes obſervations qui lui ont été faites ſur l'Inſtruction qu'Elle avoit fait dreſſer, pour régler proviſoirement l'Exercice de ſa Cavalerie : Et voulant décider tout ce qui a rapport à cet Exercice, Elle a ordonné & ordonne ce qui ſuit :

A

TITRE PREMIER.
Obligations des Officiers.

TÓUS les Officiers d'un régiment de Cavalerie, depuis le Meſtre-de-camp juſqu'au Porte-étendard, ſeront tenus de ſavoir exécuter généralement tout ce qui a rapport aux différens maniemens des armes & aux manœuvres, tant à pied qu'à cheval, afin de pouvoir en inſtruire leur troupe.

Il y aura dans chaque place ou quartier où il y aura un régiment de Cavalerie, un lieu deſtiné pour un manège couvert, où les Officiers & les Cavaliers ſeront inſtruits des principes de l'équitation.

Immédiatement après que les Officiers & Élèves détachés aux Écoles générales de Cavalerie, que Sa Majeſté a établies, ſeront de retour à leur Corps, ils feront chargés de cette inſtruction, & ſe conformeront, avec la plus grande exactitude, aux principes de l'Inſtruction jointe à la préſente Ordonnance.

Le Commandant de chaque Corps donnera ſes ordres pour l'arrangement de ce travail; & pour qu'il en réſulte les progrès les plus rapides, il en chargera particulièrement les Officiers & Élèves qui auront le plus profité aux Écoles, & dont on lui aura rendu le meilleur compte.

Attendant Sa Majeſté du zèle deſdits Commandans, qu'ils y apporteront la plus grande attention, & qu'ils ne ſouffriront aucune négligence, ni dans les Cavaliers, ni même dans les Officiers : les Aides-major ou Sous-aides-major qui ne ſeront point employés aux inſtructions d'équitation, ſeront chargés de veiller à la diſcipline des Exercices des différens eſcadrons, & en rendront compte au Major, qui répondra lui-même des Exercices de tout le régiment, au Meſtre-de-camp, & en ſon abſence au Lieutenant-colonel.

Veut en conſéquence Sa Majeſté, que les Officiers généraux, chargés de faire les revues d'inſpection de ſa Cavalerie, faſſent, lors deſdites revues, des examens très-exacts des progrès & du travail de chaque Officier en particulier, ou de ſa négligence à cet égard, & qu'ils en rendent compte au Secrétaire d'État ayant le dé-partement de la guerre.

Dorénavant aucun Sujet propoſé pour être Officier, à l'exception toutefois de ceux qui auroient précédemment ſervi en ladite qualité, ne pourra être reçu à l'emploi auquel il aura été nommé, qu'après avoir fait le ſervice de Cavalier pendant deux mois, celui de Brigadier pendant deux autres mois, & enfin celui de Maréchal-des-logis, auſſi pendant deux mois, ſous la conduite d'un bas Officier : Voulant Sa Majeſté, qu'il ſoit tenu de porter les marques diſtinctives de chacun de ces grades.

L'intention de Sa Majeſté eſt, que ce nouveau Sujet ſoit exercé journellement à l'équitation, & qu'il ſe trouve à tous les Exercices particuliers ; qu'il monte la garde à ſon tour, ſoit à pied ou à cheval, & qu'il rempliſſe toutes les fonctions de chacun des grades de Cavalier, de Brigadier & de Maréchal-des-logis indiſtinctement, à la réſerve des corvées.

Lorſqu'au bout de ces ſix mois, le Commandant & les autres Officiers ſupérieurs du régiment auront jugé ce nouveau Sujet ſuffiſamment inſtruit, ils le feront recevoir à ſon emploi, & en informeront le Secrétaire d'État ayant le département de la guerre.

TITRE II.

DES ARMES DES OFFICIERS,

Fourriers, Maréchaux-des-logis, Brigadiers, Carabiniers, Cavaliers, Timbaliers & Trompettes.

LES Officiers, Fourriers & Maréchaux-des-logis n'auront pour armes offensives que le sabre & une paire de piftolets, dont Sa Majefté fera donner des modèles.

Outre le sabre & les piftolets, les Fourriers auront pour les campemens, une fiche de six pieds de longueur, & garnie d'une banderole de la couleur affectée à chaque Corps. Ils porteront à cheval le talon de cette fiche dans une botte à peu-près femblable à celle deftinée à porter le moufqueton, le bout fupérieur en arrière.

Les Brigadiers, Carabiniers & Cavaliers, feront armés d'un fabre, d'une paire de piftolets & d'un moufqueton.

Les Trompettes feront armés d'une paire de piftolets & d'un fabre, & le Timbalier ne le fera que d'un fabre.

Tous les Officiers, bas Officiers & Cavaliers, porteront le fabre à la ceinture, le fabre tombant vers le milieu de la cuiffe, & de manière que le pommeau ne foit pas plus élevé que les croffes des piftolets, afin de pouvoir agir librement de la main de la bride; mais lorfqu'on prendra les armes à pied, les Officiers, bas Officiers & Cavaliers porteront le fabre à la grenadière, rejetant la garde derrière le dos.

Les ceinturons des Officiers feront conformes au modèle qui leur fera envoyé, fans y pouvoir rien changer.

Quant aux armes défenfives, celles des Officiers fupérieurs, des Capitaines & des deux Aides-major, confifteront dans une cuiraffe & une calotte; mais les autres Officiers, les bas Officiers & les Cavaliers ne

porteront

porteront qu'un plaſtron & une calotte, excepté le régiment des Cuiraſſiers, dont les Officiers & Cavaliers
continueront de porter des cuiraſſes.

Les Officiers ſeront montés ſur des chevaux d'eſcadron ayant tous leurs crins, de la taille de quatre pieds
dix pouces, & de tournure convenable : il ſera permis
au Meſtre-de-camp, au Lieutenant-colonel, au Major
& à tous les Officiers de l'État-major, excepté les Porte-
étendards, d'avoir des chevaux à courte queue; mais le
Meſtre-de-camp, le Lieutenant-colonel & le Major,
auront néanmoins un cheval à tous crins pour les revues
d'honneur: tous ces chevaux ſeront ſignalés ſur le contrôle
des ſignalemens de chaque régiment, après avoir été
reçus par l'Officier général, chargé de l'inſpection du
régiment, à qui ils ſeront préſentés; les Commiſſaires
des guerres ſeront tenus d'en faire mention dans leur
revue, & les Officiers ne pourront s'en défaire qu'avec
la permiſſion du Commandant du Corps.

TITRE II.

TITRE III.
Du Salut des Officiers.

LES Officiers mettront le ſabre à la main, le porteront
& le remettront dans le fourreau de la même manière
que les Cavaliers.

Les Officiers ne ſalueront du ſabre que les perſonnes
à qui les Ordonnances défèrent ces honneurs par leur
naiſſance & leur grade.

Les Officiers n'ôteront jamais leur chapeau à la tête
de leur troupe pour ſaluer qui que ce ſoit, à l'exception
du Saint-Sacrement.

Les Fourriers & Maréchaux-des-logis mettront pareillement le ſabre à la main, le porteront & le remettront
dans le fourreau de la même manière que les Cavaliers;

B

Titre III.

ils ne falueront perfonne de leurs armes , & n'ôteront leur chapeau pour qui que ce foit , à l'exception du Saint-Sacrement.

Quand les Officiers devront faluer du fabre , ils le feront en quatre temps, foit de pied-ferme ou en marchant.

Au premier , lorfque la perfonne qu'on devra faluer fera à quatre pas de diftance , on élèvera le fabre perpendiculairement la pointe en haut, le tranchant à gauche, tenant la garde vis-à-vis & à un pied de diftance de l'épaule droite, le coude un demi-pied plus bas que le poignet.

Au deuxième , on baiffera doucement la lame du fabre, jufqu'à ce que la pointe fe trouve vers l'étrier, & l'on reftera dans cette pofition , jufqu'à ce que la perfonne qu'on faluera foit éloignée de deux pas.

Au troifième , on relèvera le fabre la pointe en haut, le tenant comme au premier temps.

Voyez PLANCHE 1, fig. 2.

Au quatrième , on portera le fabre à l'épaule , comme il fera prefcrit pour les Cavaliers.

Tous les Officiers qui marcheront à la tête d'une troupe, falueront enfemble, réglant leurs mouvemens fur ceux de l'Officier qui fera à la droite ou à la gauche, fuivant le côté où fera placée la perfonne qu'on devra faluer ; mais lorfque cette perfonne paffera devant le front de la troupe, chaque Officier la faluera fucceffi-vement à mefure qu'elle s'approchera de lui & qu'elle en fera à quatre pas.

Voyez PLANCHE 3, fig. 2.

Lorfque les Porte-étendards devront faluer de l'étendard, ils fe porteront au premier rang , & exécuteront ce falut en deux temps :

Au premier , tenant la hampe de la main droite , ils abaifferont la lance fort doucement jufqu'auprès de terre, fans cependant que la cravate la touche.

Au deuxième , ils relèveront doucement la lance perpendiculairement, fans jamais ôter leur chapeau.

7

TITRE IV.

DE LA FORMATION D'UN RÉGIMENT, *foit à pied ou à cheval.*

Voyez PLANCHE 2; *figure 1.*

LORSQUE la Cavalerie montera à cheval pour s'exercer, paroître ou combattre, foit par compagnie, par efcadron ou régiment, ou qu'elle prendra les armes à pied, elle fera toujours formée fur deux rangs.

Chaque compagnie étant formée en bataille fur deux rangs, fera divifée en deux divifions.

La première divifion comprendra le demi-rang de la droite, & la feconde divifion comprendra le demi-rang de la gauche.

Le premier Brigadier fera placé à la droite, & le fecond à la gauche du premier rang de la première divifion, l'un ayant le premier Carabinier à fa gauche, & l'autre le fecond Carabinier à fa droite.

Le troifième Brigadier fera placé à la droite, & le quatrième à la gauche du premier rang de la feconde divifion, l'un ayant le troifième Carabinier à fa gauche, & l'autre le quatrième Carabinier à fa droite.

Le cinquième Brigadier fera placé à la droite, & le fixième à la gauche du fecond rang de la première di-vifion, l'un ayant le cinquième Carabinier à fa gauche, & l'autre le fixième Carabinier à fa droite.

Le feptième Brigadier fera placé à la droite, & le huitième à la gauche du fecond rang de la feconde divifion, l'un ayant le feptième Carabinier à fa gauche, & l'autre le huitième Carabinier à fa droite.

Le premier Maréchal-des-logis fera placé à la droite du premier rang de la première divifion, le fecond Maré-chal-des-logis fera placé à la gauche du premier rang de la seconde divifion, le troifième à la droite du fecond rang de la première divifion, & le quatrième à la gauche du fecond rang de la feconde divifion.

Le refte des files de chaque divifion fera compofé, au premier rang, des Cavaliers les plus élevés, eu égard cependant à leur ancienneté & à leur intelligence ; & au fecond rang, de ceux qui le feront le moins ; ayant encore attention de placer au premier rang, & principalement fur les ailes, les chevaux qui y feront les plus propres.

On fuivra le même ordre pour la formation de toutes les compagnies, fans aucune exception.

Les huit compagnies dont eft compofé aujourd'huï un régiment, formeront quatre efcadrons.

La première & la cinquième compagnie formeront le premier efcadron qui fera placé à la droite.

La feconde & la fixième compagnie formeront le fecond efcadron qui fera placé à la gauche du premier.

La troifième & la feptième compagnie formeront le troifième efcadron qui fera placé à la gauche du fecond.

La quatrième & la huitième compagnie formeront le quatrième efcadron qui fera placé à la gauche du troifième.

Les première, feconde, troifième & quatrième compagnies feront toutes également placées à la droite de leur efcadron, fans aucune inverfion.

Lorfque les compagnies formeront l'efcadron, on diftinguera les quatre divifions dont il fera compofé, par première, feconde, troifième & quatrième divifions, commençant à la droite de l'efcadron, & finiffant par la gauche.

Le Meftre-de-camp, le Lieutenant-colonel & le Major fe placeront à la tête du premier efcadron, le Lieutenant-colonel à la droite & le Major à la gauche du Meftre-de-camp, ayant la croupe de leurs chevaux à deux pas en avant de l'alignement des Officiers de cet efcadron ;

escadron; bien entendu qu'ils pourront se porter par-tout où le bien du service l'exigera.

Lorsque le Mestre-de-camp & le Lieutenant-colonel jugeront à propos de prendre le commandement d'un escadron, ils se placeront chacun à la droite du Capitaine qui sera à la tête de l'escadron dont ils prendront le commandement.

Le Major devant veiller à toutes les manœuvres, & se porter par-tout où le bien du service l'exige, ne prendra jamais le commandement particulier d'un escadron ou d'une troupe.

Le plus ancien des deux Capitaines, attaché à chaque escadron, se placera à la tête de son escadron, ayant la croupe de son cheval à un pas en avant du centre du premier rang, & le moins ancien se placera en serre-file, derrière le centre de l'escadron, ayant la tête de son cheval à deux pas de distance du dernier rang.

Dans le cas où l'un des Commandans d'escadron se trouveroit absent ou blessé, le second Capitaine de l'escadron en prendroit aussitôt le commandement.

Mais lorsque le commandement d'un escadron vaquera par mort, il appartiendra au plus ancien des quatre derniers Capitaines factionnaires, qu'on fera passer à cet escadron avec sa compagnie, à la première occasion où le régiment montera à cheval.

Le Lieutenant de la première compagnie de chaque escadron, se placera à la droite du premier rang de sa compagnie & sur le même alignement, le Sous-lieutenant se placera à la droite du second rang derrière le Lieutenant, & le Fourrier sera placé en serre-file derrière le centre de la compagnie, ayant la tête de son cheval à un pas de distance du dernier rang.

Quant à la seconde compagnie de chaque escadron, elle sera formée de même, avec cette différence que le Lieutenant se placera à la gauche du premier rang de sa compagnie & sur le même alignement, le Sous-lieu-

C

tenant à la gauche du second rang derrière le Lieutenant, & le Fourrier, comme il vient d'être dit, en serre-file derrière le centre de la compagnie.

Le premier Aide-major se placera à la droite du premier escadron, sur l'alignement du premier rang; le second Aide-major à la droite du second escadron, sur le même alignement; le premier Sous-aide-major à la droite du troisième escadron, & le second Sous-aide-major à la droite du quatrième escadron : bien entendu que ces Officiers pourront vaquer où le bien du service l'exigera.

Chacun des Porte-étendards sera placé dans le second rang de la première compagnie de l'escadron, à la troisième file de la gauche de la seconde division, entre le Brigadier & le Carabinier.

Dans le cas où il se trouveroit des Officiers ou bas Officiers absens, ils seroient remplacés par le grade inférieur de la même compagnie ; mais lorsque le Capitaine de serre-file d'un escadron prendra (en l'absence du premier Capitaine) le commandement de l'escadron, il sera remplacé successivement (soit en serre-file, soit dans le commandement) par les plus anciens Lieutenans de l'escadron, & ceux-ci par les Sous-lieutenans.

Lorsque l'un des Porte-étendards sera absent, il sera remplacé par le premier Maréchal-des-logis de la première compagnie de l'escadron où il manquera.

Lorsqu'enfin le Fourrier d'une compagnie se trouvera absent, le premier Maréchal-des-logis de la même compagnie occupera sa place, & ainsi de suite.

Les deux Trompettes de chaque escadron seront placés à la droite de leur escadron, sur l'alignement du premier rang, ou si le Commandant juge à propos de les faire marcher à la tête du régiment, ils se réuniront tous à la droite du premier escadron, où ils se formeront sur

I I

deux rangs, le Timbalier au centre du premier rang, & feront alignés fur le premier efcadron.

Dans les cas de parade & d'affemblée du régiment, les Officiers fe placeront à la tête de leurs compagnie & divifions, tous fur le même alignement, & les Officiers-majors à la droite de leur efcadron, auffi fur le même alignement des Officiers.

Les quatre Cavaliers, dont les Porte-étendards occuperont la place dans les rangs, ferviront d'efcorte aux Timbales fous les ordres du Quartier-maître, & feront placés fur un rang à la droite des Trompettes du premier efcadron, ayant le Quartier-maître à leur tête. Mais toutes les fois qu'il fera queftion de combattre, cette efcorte fe tiendra avec les timbales derrière la première compagnie du premier efcadron, fur l'alignement des Fourriers de ferre-file.

Dans le cas où il fe trouveroit des Cavaliers furnuméraires de quelques compagnies, après que les divifions feront égalifées, le Commandant les enverra joindre la garde des timbales fous les ordres du Quartier-maître.

Lorfqu'un régiment prendra les armes à pied, il fera formé ainfi qu'il vient d'être prefcrit à cheval, avec cette différence qu'il n'y aura ni étendards, ni timbales, ni efcorte des timbales. Le Quartier-maître fe placera à la gauche du quatrième efcadron, fur l'alignement du premier rang, & les Porte-étendards fe placeront en ferre-file chacun derrière leur efcadron, à deux pas du centre du dernier rang; à l'égard des Capitaines, ils fe placeront tous à un pas en avant du centre de leur compagnie.

Si le régiment eft à cheval, la diftance entre les rangs ouverts fera de quatre grands pas, c'eft-à-dire de douze pieds depuis la croupe du cheval de devant jufqu'à la tête de celui qui le fuit, & elle ne fera que d'un pied environ lorfque les rangs devront être ferrés.

TITRE IV.

Voyez PLANCHE 3, *fig. 1 & 2.*

Voyez PLANCHE 4, *fig. 1 & 3.*

Voyez PLANCHE 3, *fig. 1 & 2.*

La diftance ordinaire d'un efcadron à l'autre fera de la moitié du front d'un efcadron, elle ne fera pas plus confidérable d'un régiment à un autre ; mais les efcadrons qui feront en feconde ou troifième ligne, conferveront au moins une diftance égale à leur front.

Si au contraire le régiment eft fous les armes à pied, les efcadrons ne conferveront entr'eux aucun intervalle, fi ce n'eft lorfqu'on répètera les manœuvres qu'on doit exécuter à cheval ; la diftance entre les rangs ouverts ne fera que de quatre pas ordinaires, c'eft-à-dire de huit pieds, & il n'y aura qu'un pied de diftance d'un rang à l'autre lorfqu'ils feront ferrés.

Voyez PLANCHE 2, fig. 2.

Lorfque les efcadrons fe rompront pour marcher en colonne par compagnie & fe rendre fur le terrain de l'exercice, le Capitaine, le Lieutenant & le Sous-lieutenant de chaque compagnie marcheront à la tête de leur compagnie, le Lieutenant à la droite & le Sous-lieutenant à la gauche du Capitaine, & le Fourrier marchera en ferre-file derrière la compagnie.

Voyez PLANCHE 2, fig. 3.

Lorfque les compagnies fe rompront par divifion, le Capitaine & le Lieutenant de chaque compagnie marcheront à la tête de leur compagnie, le Sous-lieutenant marchera à la tête de la feconde divifion, le Fourrier de la première compagnie de chaque efcadron marchera fur le flanc droit de la feconde divifion, & le Fourrier de la feconde compagnie de l'efcadron, ainfi qu'il vient d'être dit, en ferre-file derrière fa compagnie.

Voyez PLANCHE 2, fig. 4.

Lorfqu'enfuite les divifions fe rompront par quatre, par deux, & qu'elles défileront, les Officiers marcheront dans le même ordre à la tête de leur divifion.

Dans l'un & l'autre cas, l'Officier - major attaché à chaque efcadron, marchera fur le flanc de fon efcadron, & n'aura aucune place fixe.

Les timbales avec leur efcorte, refteront à la droite du premier efcadron toutes les fois qu'il ne fera rompu que

par

TITRE IV.

D3

par compagnie; mais s'il eſt rompu par diviſion, &c. ils formeront une diviſion particulière qui marchera à la tête de cet eſcadron: il en ſera de même des Trompettes de chaque eſcadron.

Si le régiment eſt à pied, le Quartier-maître & le Porte-étendards marcheront toujours en ſerre-file derrière leur eſcadron.

Lorſqu'après avoir marché en colonne, par diviſion ou compagnie, on formera les eſcadrons en avant, ou le régiment en bataille, les Officiers continueront de marcher à la tête de leur troupe, juſqu'à ce que le Commandant leur ait fait l'avertiſſement de prendre leurs places de bataille; alors ils ſe placeront ainſi qu'il eſt preſcrit pour la formation des eſcadrons, & ne marcheront à la tête de leur diviſion que lorſqu'elles ſe rompront; ſavoir, lorſqu'on fera des demi-converſions par compagnie, le Capitaine de ſerre-file de chaque eſcadron, ira ſe replacer en ſerre-file derrière l'eſcadron; ſi au contraire on ne fait qu'un quart de converſion par compagnie, il reſtera ſur le flanc de l'eſcadron; mais ſi l'on doit marcher en colonne, il marchera à la tête de ſa compagnie.

Voyez PLANCHE 6, *fig.* 5 & 2.

Lorſqu'on fera des demi-converſions par diviſion, le Capitaine & les Fourriers de ſerre-file de chaque eſcadron, reſteront à la tête de l'eſcadron, & le Commandant d'eſcadron marchera en ſerre-file; ſi au contraire on ne fait qu'un quart de converſion par diviſion, le Capitaine & les Fourriers de ſerre-file reſteront ſur le flanc des diviſions; mais ſi l'on doit marcher en colonne, tous les Officiers & Fourriers marcheront (comme il a été preſcrit ci-devant) à la tête de leur diviſion, & ſe replaceront dans les rangs & en ſerre-file à meſure qu'on reformera les compagnies & les eſcadrons (*Voyez les différentes figures de la* planche 9).

Voyez PLANCHE 6, *fig.* 6 & 3.

D

TITRE V.

Des Sonneries pour servir de signal à la Cavalerie.

LORSQUE toute la Cavalerie & toutes les Troupes d'une garnison, d'un quartier ou d'un camp devront monter à cheval & prendre les armes, tous les Trompettes sonneront le *boute-selle*, auquel signal on sellera, & le Cavalier tiendra son équipage prêt à charger.

S'il n'y a qu'une partie de la Cavalerie d'une garnison, d'un quartier ou d'un camp qui doive monter à cheval ou prendre les armes à pied, on sonnera des *appels* au lieu du *boute-selle*.

Lorsqu'on sonnera le *boute-charge*, on bridera les chevaux, & si l'on doit partir d'un camp, on détendra les tentes & on les chargera.

Lorsqu'on sonnera *à cheval*, toutes les compagnies se rassembleront pour se former ensemble en bataille, soit à la tête du camp, soit au quartier d'assemblée de chaque régiment en garnison ou en quartier.

Lorsqu'on sonnera ensuite *la marche*, on se mettra en mouvement.

En cas d'alerte ou de surprise, où il sera nécessaire de monter à cheval avec la plus grande célérité pour se mettre promptement en état de défense, on sonnera *aux armes* au lieu du *boute-selle*.

Toutes les différentes sonneries étant réglées & jointes à la présente Ordonnance, les Commandans des provinces & des places tiendront la main à ce qu'on ne s'en écarte en aucun point.

TITRE VI.

De l'assemblée d'un régiment à pied.

Lorsqu'on sonnera des *appels*, chaque Brigadier se rendra avec les Cavaliers de sa chambrée, au rendez-vous de sa compagnie, où les Maréchaux-des-logis & le Fourrier se trouveront pour former les divisions sur deux rangs ouverts, les Cavaliers portant le mousqueton au bras, en faire l'appel & examiner les différentes parties de l'armement, de l'équipement & de l'habillement.

Les Officiers se trouveront pareillement au rendez-vous de leur compagnie immédiatement après les *appels* sonnés, & le Commandant de la compagnie, après s'être fait rendre compte par le Fourrier s'il n'y manque personne, passera par-devant & par-derrière les rangs, de même que le Lieutenant & le Sous-lieutenant, pour examiner si les Cavaliers sont bien tenus, & s'il ne leur manque rien de tout point; après quoi ledit Commandant fera les commandemens nécessaires pour faire porter le mousqueton, & dès cet instant les Cavaliers observeront le plus grand silence & seront immobiles sous les armes; ils seront serrés de manière que les coudes se touchent sans se gêner, les deux talons joints, les pieds formant une équerre, les épaules effacées, le corps droit & bien d'à-plomb, le jarret bien tendu, le mousqueton dans la main gauche, les trois derniers doigts sous le talon de la crosse, le premier doigt sur la vis & le pouce en dessus, le poignet arrondi, le coude près du corps, le canon en dehors, la batterie vis-à-vis l'aisselle & à même hauteur, l'arme presque droite & ferme, sans pancher ni à droite ni à gauche, le bras droit collé au corps, sans roideur, & la paume de la main sur la cuisse, les doigts alongés.

Si le Capitaine ou Commandant de la compagnie

juge néceffaire de faire l'infpection des armes, il fera les commandemens ci-après; fi au contraire il ne le juge pas à propos, il conduira fa compagnie au quartier d'affemblée du régiment.

TITRE VII.
DE L'INSPECTION À PIED.

Prenez garde à vous pour l'infpection.

I.

Paffez le moufqueton du côté du fabre.

En trois temps :

Au premier, on faifira de la main droite le moufqueton à la poignée fans le remuer.

Au deuxième, en tournant un peu à droite fur le talon gauche, de manière que le pied gauche forme une perpendiculaire fur l'alignement, on portera le pied droit en équerre derrière le gauche, les talons joints, & on détachera en même temps, avec la main droite, le moufqueton de l'épaule, le faififfant de la main gauche au milieu du canon, au-deffous de l'anneau de la grenadière, la main à hauteur de l'œil, le pouce en dedans, le moufqueton perpendiculaire, la platine en dehors, le coude gauche près du moufqueton, l'avant-bras droit horizontal.

Au troifième, quittant le moufqueton de la main droite, on le baiffera de la main gauche, le bras dans toute fa longueur, de façon que la croffe fe trouve à quatre pouces de terre, & on placera vivement la main droite à un doigt du bout du canon; on dégagera enfuite un peu la baguette avec le pouce & le premier doigt de la main droite, plaçant le pouce alongé le long du gros bout de la baguette, le premier doigt plié & le coude près du corps.

2.

Mettez la baguette dans le canon.

En quatre temps :

Au premier, on tirera la baguette hors des tenons
jufqu'à

17

juſqu'à moitié de ſa longueur, en alongeant le bras droit bruſquement, & renverſant enſuite la main, on empoignera la baguette près du bout du canon.

Au deuxième, on achèvera de la tirer vivement, pour la tenir parallèle du côté droit, & à quatre doigts de diſtance du canon, le gros bout en bas, ſans l'appuyer ſur le ceinturon, la main de quatre doigts plus haute que le bout du canon.

Au troiſième, on portera la baguette de biais au bout du canon, dans lequel on la fera entrer juſqu'à ce que la main touche le bout du mouſqueton.

Au quatrième, on laiſſera tomber la baguette dans le canon, la main ſe replaçant à un doigt du bout du mouſqueton.

Le Capitaine examinera, en paſſant par-devant & par-derrière les rangs, ſi les mouſquetons ſont chargés ou non; après quoi il fera les commandemens ſuivans.

3.

Remettez la baguette en ſon lieu.

En quatre temps :

Au premier, on ſaiſira le bout de la baguette avec le pouce & le premier doigt de la main droite, pour la ſortir du canon juſqu'à moitié de ſa longueur, & renverſant enſuite la main, les ongles en deſſous, on la ſaiſira près du bout du mouſqueton.

Au deuxième, on achèvera de la tirer, pour la tenir parallèle au canon, le petit bout en bas & comme il eſt preſcrit au ſecond temps du commandement précédent.

Au troiſième, on la fera entrer dans les tenons juſqu'à moitié de ſa longueur, & on alongera le bras pour porter le creux de la main à hauteur de l'épaule droite, ſur le gros bout de la baguette.

Au quatrième, on enfoncera la baguette d'un ſeul coup de main, qu'on replacera à un doigt du bout du canon.

4.

Portez le mouſqueton.

En trois temps :

Au premier, on élèvera le mouſqueton de la main gauche, on le ſaiſira de la main droite à la poignée

E

pour le tenir comme au second temps du premier commandement.

Au deuxième, la main gauche quittant le canon, se placera sous la crosse, en faisant *face en tête* & frappant du pied droit pour le replacer à côté du gauche, & on tiendra le mousqueton perpendiculaire vis-à-vis & à un demi-pied de distance de l'épaule gauche, la gachette à hauteur de l'épaule.

Au troisième, on attirera brusquement avec la main gauche le mousqueton contre l'épaule gauche, & on replacera vivement la main droite sur la cuisse.

Lorsqu'on voudra faire l'inspection des sabres, on commandera :

5.

Mousqueton à la grenadière.

EN trois temps :

Au premier, on portera la main droite à la poignée.

Au deuxième, on portera le mousqueton un peu en travers au-dessus de la tête, la platine en dessus, on passera tout de suite la tête & le bras droit entre la grenadière & le mousqueton, qu'on laissera tomber à droite, la main droite appuyée sur la crosse.

Au troisième, on poussera la crosse en arrière, de la main droite, qu'on laissera ensuite pendante, ainsi que la main gauche.

6.

Dégagez le sabre.

EN un temps :

On portera la main droite à la poignée pour dégager la lame d'environ quatre doigts du fourreau, se réglant sur la gauche.

7.

Sabre à la main.

EN un temps :

On tirera vivement le sabre, pour le porter à l'épaule droite, le dos de la lame appuyé contre l'épaule, le poignet à hauteur de la hanche passant le petit doigt derrière la poignée, & la tête un peu tournée à droite.

1. Juin 1766.

19

A mesure que l'Officier qui fera l'inspection s'arrêtera devant chaque Cavalier, le Cavalier présentera le sabre en trois temps :

Au premier, il le portera en avant, le bras demi-tendu, la coquille à hauteur & à un pied de distance de la cravate, le sabre perpendiculaire, le plat de la lame en avant, le tranchant à gauche, & le pouce alongé sur le côté droit de la poignée, repassant le petit doigt sur la poignée.

Au deuxième, il tournera le poignet en dehors pour présenter l'autre côté de la lame, le tranchant à droite.

Au troisième, dès que l'Officier fera passé, il portera son sabre à l'épaule, en retournant le poignet en dedans.

8.

Remettez le sabre.

EN deux temps :

Au premier, détachant le sabre de l'épaule, on l'élèvera perpendiculaire la pointe en haut (repassant toujours le petit doigt sur la poignée toutes les fois qu'on portera le sabre en avant), la coquille à hauteur & à un pied de distance de la cravate, comme il vient d'être prescrit.

Au deuxième, on baissera la lame de manière qu'elle passe en croix le long du bras gauche, la pointe derrière : on la remettra dans le fourreau, & tournant ensuite la tête à droite, on reportera la main à droite.

9.

Portez le mousqueton.

EN trois temps :

Au premier, on portera la main droite sur la crosse.

Au deuxième, on la poussera en avant pour passer tout de suite le bras droit entre le corps & le mousqueton, qu'on saisira par-dessous à la poignée, on le passera en travers par-dessus la tête, & on le portera vis-à-vis l'épaule gauche, la main gauche sous la crosse, comme au deuxième temps du quatrième commandement.

Au troisième, comme au troisième temps du quatrième commandement.

L'infpection des armes étant finie, fi la compagnie doit être exercée au feu, on fera la vifite des porte-cartouches, après quoi le Fourrier diftribuera des cartouches à poudre.

Le Capitaine fera enfuite les commandemens fuivans:

Prenez garde à vous pour charger le moufqueton.

1.

Armes plates.

EN trois temps :

Aux premier & deuxième, comme aux premier & deuxième temps du premier commandement de l'infpection.

Au troifième, on placera la croffe fous le bras droit, le chien vis-à-vis la poitrine, à hauteur du teton droit, le bout du moufqueton plus élevé d'un pied & demi que le baffinet, le coude gauche collé au corps, le pouce de la main gauche fur le canon, & le pouce de la main droite fur la batterie.

2.

Ouvrez le baffinet.

EN un temps :

On ouvrira le baffinet.

3.

Chargez le moufqueton.

Les Cavaliers exécuteront de fuite, & fans autre commandement, le dixième commandement du maniement des armes à pied, jufques & compris le dix-neuvième commandement.

Le Capitaine fera ferrer enfuite les rangs, & après avoir fait porter le moufqueton au bras, il fera compter fa compagnie par deux, commençant en même temps par la droite de chaque rang, après quoi (les Officiers s'étant placés à la tête de leur divifion) il fera les commandemens qu'il croira néceffaires pour faire rompre fa compagnie & la mettre en marche fur un front proportionné au terrain qu'il devra parcourir pour fe rendre au quartier d'affemblée du régiment, où en arrivant il

placera

21

placera fa compagnie dans le rang qu'elle devra tenir dans l'ordre de bataille du régiment, & lui fera les commandemens néceffaires pour fe repofer fur le moufqueton; c'eft alors que le Major & les Officiers-majors, qui auront dû fe rendre d'avance à ce lieu d'affemblée, parcourront le front & la queue du régiment pour en compléter les files & égalifer, autant qu'il fera poffible, toutes les divifions.

Le Meftre-de-camp ou autre Commandant du corps fe trouvera en même temps au rendez-vous du régiment, & s'il juge à propos d'en faire une infpection générale, il fera au régiment les commandemens de l'infpection, tels qu'ils font prefcrits ci-devant; fi au contraire ledit Commandant du corps ne le juge pas à propos, il fera ferrer les rangs s'ils font ouverts, & fera rompre le régiment, pour le mettre en marche & fe rendre fur le terrain deftiné aux exercices, il fera enfuite porter le moufqueton au bras pour foulager les Cavaliers.

Le régiment étant arrivé fur le terrain où il devra fe mettre en bataille pour s'exercer ou pour quelqu'autre caufe que ce foit, le Commandant fera les commandemens néceffaires pour le former en bataille, foit en avant, fur la droite ou fur la gauche.

Si le régiment doit être exercé tout de fuite, le Commandant fe portera feul en avant du front, à trente pas environ du premier rang pour lui faire les commandemens.

Soit que le régiment s'exerce à pied ou à cheval, le Meftre-de-camp, le Lieutenant-colonel, le Major, ou tout autre Officier qui fe trouvera commander le régiment, un efcadron, ou toute autre troupe, lui commandera lui-même le maniement des armes & les manœuvres, fans charger de ce foin les Officiers-majors.

Le Commandant du Corps pourra cependant nommer, quand il le jugera à propos, un Officier pour commander à fa place, afin de s'affurer fi tous les Officiers font en état de commander.

Titre VII.

Voyez
Planche 4.
fig. 1.

F

TITRE VIII.

Du maniement des armes à pied.

OBSERVATIONS GÉNÉRALES.

LA perfection du maniement des armes à pied, confiste en ce que les Cavaliers aient les épaules effacées, les talons ferrés, qu'ils portent bien leur moufqueton, qu'ils faffent carrément face devant eux, qu'ils brufquent tous leurs temps, qu'ils reftent immobiles dans l'intervalle d'un commandement à l'autre ; en ce que les files & les rangs foient exactement dreffés, & que pendant tout le maniement des armes, les files, les rangs & les armes foient toujours alignés avec précifion.

C'eft aux Officiers & bas Officiers à donner l'exemple à leurs Cavaliers, en reftant eux-mêmes immobiles dans le plus grand filence.

Lorfqu'un Cavalier fera tomber par mal-adreffe, fa baguette ou fon chapeau, en quelque temps de l'exercice que ce foit, il ne le ramaffera point, & il attendra que le Commandant ordonne à un Maréchal-des-logis ou Fourrier, de le ramaffer.

On obfervera toujours de mettre deux fecondes entre l'exécution de chaque temps des commandemens qui en auront plufieurs ; & celui qui commandera le maniement des armes ou l'homme-d'aile, dont il fera parlé ci-après, lorfqu'on fera l'exercice à la muette, mettra quatre fecondes de repos entre la fin d'un commandement & le commencement du fuivant.

Quant à l'exécution des mouvemens, on aura attention à ce que les Cavaliers les brufquent tous, & qu'à la fin de chaque temps, il y ait une ceffation totale de mouvement.

23

COMMANDEMENS POUR LE MANIEMENT Titre VIII.
DES ARMES À PIED.

LE Commandant s'étant porté en avant du front du régiment, comme il a été expliqué ci-deſſus, fera cet avertiſſement :

Prenez garde à vous, pour le maniement des armes.

A cet avertiſſement, tous les Officiers, Quartier-maître, Porte-étendards, Fourriers & Maréchaux-des-logis mettront le ſabre à la main, & le porteront à l'é-paule droite.

Les Trompettes ſonneront enſuite trois *demi-appels,* au *premier* deſquels les Porte-étendards & Fourriers de ſerre-file, ainſi que les Maréchaux-des-logis des premier & ſecond rangs feront *demi-tour à droite.*

Au *ſecond demi-appel,* tous les Officiers, Quartier-maître, Porte-étendards, Fourriers & Maréchaux-des-logis partiront tous du pied gauche, ainſi que *l'homme-d'aile de la droite* & celui de la gauche, pour marcher tous devant eux & aller ſe placer ; ſavoir, les deux hommes-d'aile à douze pas du premier rang, l'un dans la direction de la première file de la droite, & l'autre dans la direction de la première file de la gauche ; tous les Officiers, Officiers-majors & Quartier-maître à trente-cinq pas en avant du premier rang & ſur un même alignement entr'eux, les Porte-étendards de ſerre-file, à huit pas en arrière du dernier rang, & les Fourriers de ſerre-file, ainſi que les Maréchaux-des-logis à quatre pas en arrière de ce même rang ſur un même alignement.

Pendant ce temps-là, dès que les Maréchaux-des-logis feront ſortis des rangs, les Cavaliers s'ouvriront un peu de droite & de gauche, par compagnie, pour remplir l'espace que les Maréchaux - des - logis auront quittés.

Le Major se placera à la gauche du Commandant, & le Lieutenant-colonel à sa droite.

Au *troisième demi - appel*, tous ces Officiers & bas Officiers feront face à leur troupe par un *demi-tour à droite*, sans quitter leur place jusqu'à la fin de l'exercice, & les deux hommes-d'aile se feront face par un *à droite* & un *à gauche*.

Le Commandant fera ensuite les commandemens suivans, & si le maniement des armes doit se faire à la muette, il n'annoncera que le premier à la voix, auquel l'homme-d'aile de la droite devra partir brusquement pour commencer le maniement des armes, & le continuer sans attendre d'autre commandement.

Dans les mouvemens où il sera prescrit d'avoir la tête tournée à gauche, on se réglera sur l'homme-d'aile de la gauche.

PREMIER COMMANDEMENT.

A droite.

EN deux temps :

Au premier, on tournera sur les deux talons, en élevant la pointe des pieds autant qu'il est nécessaire pour faciliter ce mouvement.

Au second, on portera le pied droit à côté du gauche, sur le même alignement, en le frappant contre terre.

2.

A gauche.

EN deux temps :

Au premier, on tournera sur les deux talons.

Au second, comme au second temps du commandement précédent.

3.

Demi-tour à droite.

4.

25

4.

Demi-tour à droite.

Ces deux commandemens s'exécuteront chacun en trois temps :

Au premier, on portera le pied droit en arrière, à quatre pouces de distance de son alignement.

Au deuxième, on tournera à droite sur les deux talons, pour faire face du côté opposé, ayant toujours la tête un peu tournée à droite.

Au troisième, frappant du pied droit contre terre, on le placera à côté du gauche.

5.

Haut le mousqueton.

En deux temps :

Au premier, on portera la main droite à la poignée du mousqueton, sans le remuer.

Au deuxième, en tournant le mousqueton, on le portera devant soi, entre les deux yeux, le canon en dedans ; on saisira en même temps le mousqueton de la main gauche, le tenant près de l'extrémité supérieure de la platine, de manière que le petit doigt en touche la partie supérieure, le pouce alongé sur le bois, le canon presque d'à-plomb, le bas de la crosse appuyé contre l'estomac, le coude gauche tombant librement, la main gauche à hauteur des yeux, & le coude droit un peu élevé, le pouce droit alongé sur la poignée.

6.

Apprêtez le mousqueton.

En un temps :

On armera le mousqueton, en mettant le pouce de la main droite sur le chien, & le premier doigt sur la partie supérieure de la fougarde, baissant le coude droit sans que le pouce ni le premier doigt changent de position ; les Cavaliers du premier rang poseront en même temps le pied droit en équerre à six pouces en arrière du gauche, tournant sur le talon gauche & effaçant le corps à droite ; ceux du second rang tourneront sur le talon

G

droit pour porter le pied gauche fur la droite de leur chef-de-file, & leur pied droit en même temps d'équerre à fix pouces derrière le gauche, de manière qu'ils puiffent bien ajufter au milieu des intervalles du premier rang, & tirer fans bleffer perfonne.

7.

En joue.

En un temps :

Les Cavaliers des deux rangs appuieront la croffe à l'épaule droite, plaçant auffitôt le premier doigt de la main droite fur la gachette, le coude droit aifé, le corps un peu incliné en avant, en ployant fur la partie gauche, la tête panchée fur la croffe pour vifer & ajufter devant eux à hauteur de ceinture, le pouce droit fur la poignée du moufqueton.

8.

Feu.

En un temps :

On appuiera le premier doigt fur la gachette, fans baiffer la tête ni faire aucun autre mouvement, & auffitôt après, on retirera vivement le moufqueton, plaçant la croffe fous le bras droit, le chien vis-à-vis la poitrine à hauteur du teton droit, le bout du moufqueton plus élevé d'un pied & demi que le baffinet, le coude gauche collé au corps, le pouce de la main gauche fur le canon, le pouce droit fur le chien, & le premier doigt fur la détente; à l'égard des pieds, les Cavaliers du premier rang rapprocheront fimplement le pied droit près du gauche, ceux du fecond rang reporteront leur pied gauche à gauche, fur la direction de leur chef-de-file, & leur pied droit fe placera en même temps derrière le gauche, les talons joints.

9.

Mettez le chien en fon repos.

En un temps :

On relèvera le chien avec le pouce, jufqu'à ce qu'il s'arrête dans le premier cran, la main droite reftant à la même pofition.

27

10.

Prenez la cartouche.

En un temps :

On portera brusquement la main droite au porte-cartouche pour en tirer la cartouche.

11.

Déchirez la cartouche.

En deux temps :

Au premier, on portera la cartouche à la bouche pour la déchirer avec les dents.

Au deuxième, on la portera près du bassinet.

12.

Amorcez.

En un temps :

On remplira le bassinet de poudre, après quoi on placera les deux derniers doigts de la main droite derrière la batterie, tenant la cartouche droite entre le pouce & le premier doigt.

13.

Fermez le bassinet.

En un temps :

On fermera le bassinet avec les deux derniers doigts, on reportera ensuite la main droite derrière la platine, saisissant la poignée entre les deux derniers doigts & la paume de la main.

14.

Passez le mousqueton du côté du sabre.

En deux temps :

Au premier, on élèvera le mousqueton perpendiculaire vis-à-vis l'œil gauche, coulant la main gauche le long du bois jusqu'à l'anneau de la grenadière, la main à hauteur de l'œil, l'avant-bras droit horizontal, la platine en dehors, observant de tenir la cartouche droite.

Au deuxième, quittant le mousqueton de la main droite, & le baissant de la main gauche jusqu'à quatre pouces de terre, on le saisira avec les deux derniers doigts de la main droite, à un doigt du bout du canon.

15.

Mettez la cartouche dans le canon.

EN un temps :

On mettra la cartouche dans le canon, & on saisira ensuite la baguette avec le pouce & le premier doigt de la main droite, plaçant le pouce alongé le long du gros bout de la baguette, le premier doigt ployé & le coude près du corps.

16.

Tirez la baguette.

EN deux temps :

Comme aux deux premiers temps du deuxième commandement de l'inspection à pied.

17.

Bourrez.

EN trois temps :

Au premier, on portera la baguette de biais au bout du canon, dans lequel on la fera entrer d'un pouce, & coulant ensuite la main le long de la baguette, on alongera le bras de toute sa longueur pour la saisir par le petit bout avec le pouce & le premier doigt.

Au deuxième, on enfoncera la baguette dans le canon, sans la quitter, & la ressortant tout de suite jusqu'à la moitié de sa longueur, on la saisira par le milieu près du bout du canon, la main renversée en dedans, les ongles en avant.

Au troisième, comme au deuxième temps du troisième commandement de l'inspection à pied.

18.

Remettez la baguette en son lieu.

EN deux temps :

Comme aux troisième & quatrième temps du troisième commandement de l'inspection à pied.

19.

1. Juin 1766.

29

19.

Portez le mousqueton.

EN trois temps :

Comme au quatrième commandement de l'inspection à pied.

20.

Présentez le mousqueton.

EN trois temps :

Les deux premiers, comme au cinquième commandement.

Au troisième, plaçant le pied droit à quatre pouces derrière son alignement, sans déranger le pied gauche & sans effacer le corps à droite, on baissera le mousqueton, le tenant perpendiculaire vis-à-vis l'épaule droite, la sougarde en avant, le bras droit étendu de toute sa longueur, & l'avant-bras gauche appuyé au corps, baissant le pouce de la main en dedans sur le canon.

21.

Portez le mousqueton.

EN deux temps :

Au premier, frappant du pied droit pour le replacer à côté du gauche, on relèvera le mousqueton, tournant le canon en dehors, & on placera la main gauche à la crosse pour le tenir perpendiculaire vis-à-vis & à un demi-pied de distance de l'épaule gauche, la gachette à hauteur de l'épaule.

Au deuxième, on attirera brusquement, avec la main gauche, le mousqueton contre l'épaule gauche, & on replacera en même temps la main droite sur le côté.

22.

Reposez-vous sur le mousqueton.

EN quatre temps :

Les deux premiers, comme au cinquième commandement.

H

Au troisième, quittant le mousqueton de la main droite pour le saisir au bout du canon, la main gauche le baissera jusqu'à ce que le bras soit tendu, pour le porter du côté droit, laissant couler la crosse jusqu'à quatre pouces de terre, la sougarde en avant, la main droite appuyée au corps, les deux épaules également avancées, sans baisser ni l'une ni l'autre.

Au quatrième, on appuiera la crosse à terre, à deux pouces de distance, & sans qu'elle dépasse la pointe du pied droit, la sougarde en avant, observant de lever le pied droit en même temps que le mousqueton arrivera à terre, & de le replacer aussitôt sans en frapper, la main gauche se replaçant sur la cuisse.

23.

Portez le mousqueton.

E N trois temps :

Au premier, on élèvera le mousqueton de la main droite, la main gauche le saisissant au-dessus de la platine pour le ramener tout de suite devant soi, la main gauche à hauteur des yeux, & la main droite le saisissant à la poignée.

Au deuxième, on le portera vis-à-vis l'épaule gauche, le canon en dehors & à un demi-pied de distance de l'épaule, la main gauche se plaçant à la crosse.

Au troisième, comme au deuxième temps du vingt-unième commandement.

Quand après le maniement des armes, on voudra faire charger vîte & sans intervalle entre les temps, on fera les commandemens pour charger le mousqueton, ainsi qu'ils sont prescrits ci-devant, après l'inspection à pied.

DU PETIT MANIEMENT DES ARMES.

L E petit maniement des armes se fera toujours à rangs ouverts, & jamais en plus grand nombre que par une compagnie ou un escadron au plus.

Les Cavaliers portant le mousqueton, on fera ouvrir les rangs, & on commandera :

31.

I.

Paſſez la platine ſous le bras gauche.

En quatre temps :

Au premier, on portera la main droite à la poignée.

Au deuxième, on ſaiſira le mouſqueton de la main gauche au-deſſous du porte-baguette d'en bas, le tenant perpendiculaire vis-à-vis l'épaule gauche, la main gauche à hauteur du front, le canon en dehors, le pouce droit le long du revers de la platine.

Au troiſième, on paſſera la platine ſous le bras gauche, le mouſqueton horizontal, la main droite accompagnant la croſſe juſque ſous le bras.

Au quatrième, on reportera vivement la main droite ſur le côté, ſans baiſſer le bout du mouſqueton, ſi ce n'eſt dans le cas où l'on devroit marcher.

2.

Portez le mouſqueton.

En trois temps :

Au premier, on relèvera le mouſqueton de la main gauche, pour le tenir perpendiculaire vis-à-vis l'épaule gauche, la main à hauteur du front, & on le ſaiſira de la main droite à la poignée, le pouce le long de la contre-platine, le canon en dehors.

Au deuxième, on portera la main gauche à la croſſe.

Au troiſième, comme au deuxième temps du vingt-unième commandement.

3.

Portez le mouſqueton au bras.

En trois temps :

Au premier, on portera la main droite à la croſſe, au-deſſous de la poignée.

Au deuxième, la main gauche quittant la croſſe, ſe placera ſur la poitrine, contenant le mouſqueton de l'avant-bras gauche, ſur lequel on laiſſera appuyer le chien.

Au troiſième, on replacera vivement la main droite ſur la cuiſſe.

TITRE VIII.

4.

Portez le mousqueton.

EN trois temps :

Au premier, on portera la main droite à la crosse près de la poignée.

Au deuxième, la main gauche se placera à la crosse, & tiendra le mousqueton dans la position ordinaire.

Au troisième, on replacera vivement la main droite sur la cuisse.

5.

Reposez-vous sur le mousqueton.

EN quatre temps :

Comme au vingt-deuxième commandement du maniement des armes à pied.

6.

Posez le mousqueton à terre.

EN quatre temps :

Au premier, en même temps qu'on tournera le mousqueton vers le corps, on fera *à droite* sur le talon gauche, on placera le pied droit derrière la crosse du mousqueton, & on mettra la main gauche derrière le dos pour saisir la bandoulière.

Au deuxième, laissant couler la main droite jusqu'à l'anneau de la grenadière, on fera un pas de deux pieds en avant du pied gauche, le frappant contre terre & courbant le corps brusquement, le jarret droit bien tendu, on couchera le mousqueton par terre, la platine en dessus, la crosse restant appuyée au pied droit, & l'arme bien perpendiculaire sur l'alignement.

Au troisième, on se relèvera en ramenant le pied gauche à sa place, laissant pendre le bras droit.

Au quatrième, on tournera sur le talon gauche pour faire *face en tête*, observant de replacer le pied droit à côté du gauche, sans déranger la crosse, & la main gauche quittant la bandoulière, tombera pendante sur le côté.

33
7.

Reprenez le mousqueton.

EN quatre temps:

Au premier, on tournera à droite, comme ci-dessus, plaçant la pointe du pied droit derrière la crosse du mousqueton, & la main gauche saisira en même temps la bandoulière derrière le dos.

Au deuxième, on fera un pas de deux pieds en avant du pied gauche, le frappant contre terre, & se courbant pour reprendre le mousqueton à l'anneau de la grenadière.

Au troisième, on se relèvera, tenant le mousqueton à côté de soi, le canon vers le corps, & on ramènera le pied gauche à sa place, la main droite restant à l'anneau de la grenadière.

Au quatrième, on se remettra *face en tête*, on retournera le mousqueton la sougarde en avant, & la main gauche tombera pendante sur le côté.

8.

Portez le mousqueton.

EN trois temps:

Comme au vingt-troisième commandement du maniment des armes à pied.

Le maniement des armes à pied étant fini, le Commandant fera les commandemens nécessaires pour le recommencer, s'il le juge à propos ; s'il veut au contraire exercer le régiment à d'autres manœuvres, il commandera:

Messieurs les Officiers, à vos postes.

A ce commandement, les deux hommes-d'ailes feront l'un *à droite* & l'autre *à gauche*, & les Trompettes sonneront deux *demi-appels*, au premier desquels tous les Officiers, Officiers-majors, Quartier-maître, Porte-étendards, Fourriers, Maréchaux-des-logis & hommes d'ailes partiront tous ensemble du pied gauche pour aller reprendre chacun la place qu'ils occupoient avant le maniement des armes. Pendant ce temps-là les Cavaliers de chaque compagnie se serreront sur le centre de leur compagnie,

I

Titre VIII.

Voyez
Planche 4.
fig. 3.

afin de laisser la place nécessaire pour les files des Maré-chaux-des-logis.

Au second *demi-appel*, tous les Officiers, Officiers-majors, Quartier-maître & les deux hommes-d'ailes feront *face en tête* par un *demi-tour à droite*. Si le régiment doit ensuite manœuvrer, le Commandant fera l'avertissement aux Officiers de prendre leur place de bataille ; cet avertissement sera suivi d'un *demi-appel* auquel les Lieutenans & Sous-lieutenans se placeront sur les ailes de leur escadron, ainsi qu'il a été prescrit ci-devant à la formation.

TITRE IX.

De la marche & des manœuvres à pied.

L A Cavalerie ne devant jamais combattre à pied, que lorsqu'elle se trouve attaquée dans quelque poste ou quartier de cantonnement, avant qu'elle ait eu le temps de monter à cheval auparavant, il seroit inutile de la fatiguer mal-à-propos, en l'exerçant à manœuvrer à pied, il suffira donc de la mettre en état de monter la garde à pied dans les Places, & de lui faire exécuter à pied les manœuvres qu'elle doit exécuter à cheval, afin qu'elle les conçoive mieux.

Pour cet effet, les Maréchaux-des-logis exerceront en détail les Cavaliers de recrue de leur compagnie, tant au maniement des armes qu'à la marche à pied, & lors-qu'ils seront assez instruits, ils ne seront plus sujets alors qu'aux Exercices généraux de la compagnie, de l'escadron ou du régiment.

Les Cavaliers partiront toujours du pied gauche au commandement de *marche*, ils tiendront, en marchant, la tête haute, le corps droit & le jarret tendu, la pointe du pied basse & tournée un peu en dehors, en rasant sans affectation le terrain sur lequel ils marcheront, le corps restant toujours en équilibre successivement sur chaque

35

jambe, sans frapper pesamment contre terre, excepté au commandement *halte,* que le pied qui sera en arrière se portera sur l'alignement de celui qui sera déjà en avant; ils conserveront leurs rangs bien droits, sans entr'ouvrir jamais leurs files ni leurs rangs, & pour y parvenir ils se conformeront à ce qui est prescrit à cet égard dans les Principes généraux pour les manœuvres à cheval; enfin ils porteront leurs armes avec précision, & de manière qu'elles ne chancellent pas, & la main dont ils ne se serviront pas restera collée à la cuisse.

Lorsque le régiment étant en bataille à pied, on voudra lui faire ouvrir les rangs, le Commandant fera les commandemens suivans :

PREMIER COMMANDEMENT.

I.

Prenez garde à vous.

2.

Ouvrez vos rangs en avant.

3.

Marche.

LE premier rang partira seul, marchant le pas ordinaire, & s'arrêtera après avoir fait quatre pas.

Si le régiment doit marcher ensuite, le Commandant dira une seconde fois, *marche,* & les deux rangs s'ébranleront ensemble.

Si c'est en arrière qu'on veut faire ouvrir les rangs, le Commandant fera les commandemens suivans :

DEUXIÈME COMMANDEMENT.

I.

Prenez garde à vous.

2.

Ouvrez vos rangs en arrière.

Titre IX.

Marche.

A ce commandement, le premier rang ne bougera, le second rang partira seul, marchant le pas ordinaire en reculant, & ne s'arrêtera qu'après avoir fait quatre pas.

Pour serrer les rangs en avant, on commandera :

TROISIÈME COMMANDEMENT.

1.

Prenez garde à vous.

2.

Serrez vos rangs en avant.

3.

Marche.

A ce commandement, le premier rang ne bougera, le second rang serrera sur le premier, en faisant quatre pas en avant.

TITRE X.

De l'assemblée d'un régiment à cheval.

LORSQU'ON sonnera le *boute-charge*, les Cavaliers brideront leurs chevaux (& si l'on doit partir ils les chargeront), & chaque Brigadier se rendra avec les Cavaliers de sa chambrée au rendez-vous de la compagnie où se trouveront les Maréchaux-des-logis & le Fourrier pour former les divisions sur deux rangs ouverts, en faire l'appel & examiner s'il ne manque rien aux hommes ni aux chevaux, ainsi qu'aux différentes parties de l'armement, de l'habillement, de l'équipement & de l'harnachement.

Les Officiers se trouveront au rendez-vous de leur compagnie, ainsi qu'il a été prescrit ci-devant à l'égard de l'assemblée à pied ; & le Capitaine, après s'être fait

37

rendre compte par le Fourrier s'il n'y manque perſonne, fera les commandemens néceſſaires pour faire monter les Cavaliers à chèval (s'ils n'y ſont pas déjà) ; après quoi il paſſera par-devant & par-derrière les rangs, de même que le Lieutenant & le Sous-lieutenant, pour examiner ſi les chevaux ſont bien harnachés, les Cavaliers bien tenus, & s'il ne manque rien en tout point ni aux hommes ni aux chevaux.

Si le Capitaine juge néceſſaire de faire l'inſpection des armes, il fera les commandemens preſcrits ci-après pour l'inſpection.

Toutes les fois qu'un régiment ſera en route, ou qu'il partira d'un camp, on ne fera monter les Cavaliers à cheval qu'au moment où l'on ſonnera *à cheval*, & on ne fera point les commandemens de l'inſpection.

Lorſqu'un régiment ſera campé, les Cavaliers s'aſſembleront dans les rues du camp pour y monter à cheval ; la première compagnie de chaque eſcadron ſe formera (ainſi qu'il vient d'être dit) ſur deux rangs, le dos tourné à ſon piquet, & la ſeconde compagnie ſe formera à ſa gauche ſur le même alignement, faiſant face à ſon piquet : ces deux compagnies laiſſeront un petit intervalle entre elles pour le moment d'une première inſpection ſeulement.

Lorſque les eſcadrons ſeront prêts à marcher, le Commandant fera les commandemens néceſſaires pour que chaque eſcadron ſe rompe *à droite* par diviſion, &c. pour ſe former à la tête du camp ; mais lorſque les rues ſeront trop étroites ou trop embarraſſées de fumier, on ſe formera tout de ſuite à la tête du camp.

X

TITRE XI.

DE L'INSPECTION À CHEVAL.

Prenez garde à vous pour l'inspection.

1.

Ajustez vos rênes.

EN deux temps :

Au premier, on les prendra au - dessus & tout près de la main gauche, avec le pouce & le premier doigt de la main droite, le pouce en dedans, on coulera ces deux doigts fort doucement jusqu'au bouton, qu'on élèvera perpendiculairement devant soi, au-dessus de la main gauche, dont on ouvrira un peu les doigts, pour laisser couler les rênes, la main droite s'élevant en même temps plus haute d'un demi-pied que le coude.

Au deuxième, se réglant sur la droite, on abattra vivement les rênes, replaçant la main droite sur la cuisse.

2.

Dégagez le mousqueton.

EN un temps :

Saisissant le mousqueton à quatre doigts au-dessus de la platine, on le tirera à soi pour le faire sortir de la botte, & on coulera la main droite par-dessus la platine, pour le tenir à la poignée, par - devant la courroie du porte - crosse.

3.

Haut le mousqueton.

EN un temps :

On élèvera le mousqueton pour appuyer la crosse sur la cuisse, le bout en haut, & vis-à-vis l'épaule droite.

4.

Passez le mousqueton du côté du sabre.

EN deux temps :

Au premier, on passera la crosse à gauche, entre

39

les rênes & le corps, la platine en avant, étendant le bras droit dans toute sa longueur, & la main gauche le saisira à quatre doigts au - dessus de la platine, le pouce gauche sur le canon.

Au deuxième, plaçant la crosse entre la fonte & l'épaule du cheval, on saisira de la main droite le mousqueton à un doigt du bout du canon ; & on dégagera la baguette, comme il est dit à pied.

5.

Mettez la baguette dans le canon.

En quatre temps :

Au premier, on tirera la baguette hors des tenons jusqu'à moitié de sa longueur, en alongeant le bras droit brusquement, & renversant ensuite la main, on empoignera la baguette près du bout du canon.

Au deuxième, on achèvera de tirer vivement la baguette pour la tenir parallèle du côté droit, & à quatre doigts de distance du canon, le gros bout en bas, sans l'appuyer sur le ceinturon, la main à même hauteur que le bout du canon.

Au troisième, on portera la baguette de biais au bout du canon, dans lequel on la fera entrer jusqu'à ce que la main touche le bout du canon.

Au quatrième, on laissera tomber la baguette dans le canon, la main se replaçant à un doigt du bout du mousqueton.

Le Capitaine parcourra ensuite le front de chaque rang, pour examiner les mousquetons & voir s'ils sont chargés ou non, après quoi il commandera :

6.

Remettez la baguette en son lieu.

En quatre temps :

Au premier, comme au premier temps du troisième commandement de l'inspection à pied.

Au deuxième, comme au deuxième temps du même commandement, à l'exception que le haut du poignet sera à même hauteur que le canon.

Au troisième, on fera entrer la baguette dans les tenons jusqu'à moitié de sa longueur, & on alongera le bras, pour porter le creux de la main sur le gros bout de la baguette.

Au quatrième, on enfoncera la baguette d'un seul coup de main, qu'on replacera à un doigt du bout du canon.

7.

Haut le mousqueton.

En deux temps :

Au premier, on élèvera de la main gauche le mousqueton, & de la droite on le saisira à la poignée, passant la crosse entre les rênes & le corps, pour le tenir horizontalement ou armes plates.

Au deuxième, en élevant de la main droite le mousqueton & le quittant de la main gauche, on portera la crosse sur le plat de la cuisse, le bout en haut & vis-à-vis l'épaule droite.

8.

Remettez le mousqueton en son lieu.

En deux temps :

Au premier, on élèvera de la main droite le mousqueton pour le tenir perpendiculaire vis-à-vis & à un pied de distance de l'épaule droite, la main à hauteur de l'épaule, la fougarde en avant.

Au deuxième, on baissera le bout du mousqueton en déployant le bras de toute sa longueur, on engagera la crosse dans sa courroie & on fera entrer le bout du canon dans sa botte.

9.

Prenez le pistolet.

En un temps :

On portera la main droite par-dessus les rênes sur la crosse du pistolet gauche, on le tirera de la fonte, & on le placera dans la main gauche, le tenant à la poignée & perpendiculaire, la platine en avant.

10.

41

10.

Mettez la baguette dans le canon.

EN un temps :

On tirera la baguette & on la mettra dans le canon.

11.

Prenez le pistolet.

EN un temps :

On portera la main droite sur le pistolet droit, plaçant les doigts entre la crosse & la selle, les ongles en dessous, on le tirera de la fonte en le retournant, & on le placera à côté de l'autre pour le tenir avec la main gauche, en passant les doigts dans la sougarde.

12.

Mettez la baguette dans le canon.

EN un temps :

On tirera la baguette & on la mettra dans le canon, après quoi reprenant le pistolet avec la main droite à la poignée, on les tiendra tous les deux au-dessus du pommeau de la selle, les platines en avant.

Ces mouvemens étant exécutés, le Capitaine parcourra le front de chaque rang, pour examiner si les pistolets sont en état & s'ils sont chargés ou non.

Cet examen fini, le Capitaine commandera :

13.

Remettez les baguettes.

EN deux temps :

Au premier, on replacera les deux pistolets dans la main gauche, comme il vient d'être prescrit à la fin du onzième commandement, & on remettra la baguette du pistolet droit en son lieu.

Au deuxième, on remettra de même la baguette du pistolet gauche en son lieu, & on reprendra le pistolet droit de la main droite.

L

14.

Remettez les piſtolets.

EN deux temps :

Au premier, on remettra le piſtolet droit dans la fonte gauche par-deſſus les rênes.

Au deuxième, on remettra le piſtolet gauche dans la fonte droite, & la main droite ſe placera ſur la cuiſſe.

15.

Dégagez le ſabre.

EN un temps :

On portera la main droite par-deſſus les rênes en regardant à gauche, on paſſera le poignet dans le cordon, & on prendra le ſabre à la poignée pour dégager la lame d'environ quatre doigts du fourreau.

16.

Sabre à la main.

EN un temps :

Voyez
PLANCHE I,
fig. 2.

On tirera vivement le ſabre pour le porter à l'épaule droite, le dos de la lame appuyé contre l'épaule, le poignet un peu plus bas que la main gauche, le petit doigt derrière la poignée, & on retournera la tête à droite.

Ce dernier commandement étant exécuté, le Capitaine parcourra encore une fois le front & la queue de ſa compagnie, & il examinera avec attention toutes les parties de l'habillement & de l'harnachement, entrant à cet égard dans tous les détails preſcrits ci-devant à l'aſſemblée des compagnies, & ne négligeant rien de tout ce qui peut avoir rapport à la tenue & à la conſervation de ſa troupe.

A meſure que le Capitaine s'arrêtera devant chaque Cavalier, ledit Cavalier préſentera le ſabre en trois temps, ainſi qu'il eſt preſcrit pour l'inſpection à pied.

Le Capitaine ayant fait ce dernier examen, commandera :

T ITRE XI.

43

17.

Remettez le sabre.

E N deux temps :

Comme au huitième commandement de l'infpection à pied, obfervant que la main gauche ne quitte point les rênes.

18.

Ajuftez vos rênes.

E N deux temps :

Comme au premier commandement de cette inf-pection.

L'infpection étant finie, fi la compagnie doit être exercée au feu, on fera la vifite des porte-cartouches, après quoi le Fourrier diftribuera des cartouches à poudre.

Le Capitaine fera enfuite les commandemens fuivans :

1. *Degagez le moufqueton.*

2. *Haut le moufqueton.*

Ces deux commandemens s'exécuteront comme les fecond & troifième commandemens de l'infpection à cheval.

3. *Armes plates.*

Comme au fixième commandement du maniement des armes à cheval après avoir fait feu.

4. *Ouvrez le baffinet.*

5. *Chargez vos armes.*

Les Cavaliers chargeront le moufqueton & enfuite les piftolets, fans autre commandement.

Si on ne veut faire charger que les piftolets, on commandera feulement *chargez les piftolets*, ce qui étant exécuté, le Capitaine fera ferrer les rangs, & fera compter fa compagnie par deux, commençant en même temps par la droite de chaque rang; toutes ces difpofitions étant faites, il se mettra à la tête de sa compagnie, ainsi que le Lieutenant & le Sous-lieutenant, pour la conduire au lieu d'assemblée générale du régiment, où devront se trouver les Officiers-majors & le Commandant du corps, lequel fera une inspection générale du régiment, s'il le juge à propos. Si au contraire ledit Commandant du corps ne le juge pas à propos, les Porte-étendards iront se placer sur un seul rang, à vingt pas en avant de la division qui devra former l'escorte des étendards, ayant à leur droite les Trompettes, le Quartier-maître & les quatre Cavaliers destinés à l'escorte des timbales ; alors le Lieutenant ou Sous-lieutenant, Commandant de cette division, lui fera les commandemens nécessaires pour la faire rompre par deux ou par quatre, & mettre cette troupe en marche dans l'ordre suivant :

Voyez PLANCHE 2, *fig. 5.*

Le Quartier-maître.
Les quatre Cavaliers d'escorte des timbales.
La moitié des Trompettes.
Le Timbalier.
L'autre moitié des Trompettes.
Quatre Cavaliers.
Les quatre Porte-étendards.

Le Commandant du détachement suivi de sa troupe, & un Maréchal-des-logis en serre-file.

Le Commandant du régiment fera accompagner ce détachement par un Officier-major, s'il le juge à propos. Cette troupe marchera dans cet ordre & sans sonner, jusqu'à l'endroit où seront les étendards & les timbales ; & dès qu'elle y sera arrivée, le Commandant du détachement la fera former sur un rang, les Porte-étendards & le Timbalier prendront ensuite les étendards & les timbales ; alors le Commandant de la troupe fera les commandemens nécessaires pour faire mettre le sabre à la main (à l'exception des quatre Cavaliers de l'escorte des timbales qui feront l'avant-garde, lesquels auront le mousqueton haut), & il conduira les étendards & les timbales

timbales au régiment dans le même ordre qu'il aura été les chercher, les Trompettes ne ceſſant de ſonner qu'après leur arrivée au régiment.

A l'approche des étendards & à vingt-cinq pas, le Commandant du régiment fera mettre le ſabre à la main ; les étendards paſſeront devant tout le front du régiment & reviendront enſuite par-derrière, ſuivis de leur eſcorte, pour prendre chacun la place qui leur eſt indiquée ci-deſſus à la formation d'un régiment ; la diviſion qui les aura eſcortés ira de même reprendre ſa place, ainſi que les quatre Cavaliers attachés à l'eſcorte des timbales, qui iront ſe replacer avec le Timbalier, à la droite du premier eſcadron, les Trompettes iront en même temps reprendre leur place, auſſi à la droite du premier eſcadron, ou chacun à la droite de leur eſcadron, ſuivant que le Commandant l'ordonnera.

Si les étendards étoient trop éloignés du lieu d'aſſemblée du régiment, le Commandant avant de le faire monter à cheval, feroit aſſembler les Porte-étendards, le Timbalier & les Trompettes, ainſi que la diviſion qui devroit les eſcorter, pour aller chercher les étendards, après quoi il feroit aſſembler le régiment pour les recevoir.

Dans les camps, lorſqu'un régiment devra monter à cheval, les Porte-étendards prendront ſimplement les étendards, & le Timbalier les timbales, & ils iront occuper leur place.

Dès que les Porte-étendards & leur eſcorte auront repris leur place, le Commandant fera ſerrer les rangs s'ils ſont ouverts, & fera rompre le régiment pour le mettre en marche & ſe rendre ſur le terrain deſtiné aux Exercices.

Le régiment étant arrivé ſur le terrain où il devra ſe mettre en bataille pour s'exercer ou pour quelqu'autre cauſe que ce ſoit, le Commandant fera les commandemens néceſſaires pour les former en bataille, ſoit en avant ſur la droite ou ſur la gauche, &c.

M

Voyez
PLANCHE 3,
fig. 2.

Si le régiment doit être vu en parade en bataille, le Commandant fera ouvrir les rangs.

Si au contraire le régiment doit être exercé tout de suite aux manœuvres, le Commandant se portera seul en avant du front pour lui faire les commandemens; mais avant de faire exécuter aucune manœuvre, il avertira les Officiers de se rendre à leur place de bataille : cet avertissement sera suivi d'un *demi-appel*, après lequel les Officiers se placeront sur les flancs des escadrons & en serre-file, ainsi qu'il est prescrit ci-devant.

Voyez
PLANCHE 2,
fig. 1.

TITRE XII.

Du maniement des armes à cheval.

LE maniement des armes à cheval n'étant nécessaire à la Cavalerie que pour apprendre aux Cavaliers à charger leurs armes, sera compris comme Exercice de détail, & ne se fera jamais en plus grand nombre que par une compagnie ou un escadron au plus, jusqu'à ce que les Cavaliers en soient suffisamment instruits; mais toutes les fois qu'un régiment sera assemblé, on n'exécutera d'autres temps ni commandemens que ceux qui seront prescrits ci-après pour aller à la charge.

COMMANDEMENS POUR LE MANIEMENT DES ARMES À CHEVAL.

Prenez garde à vous pour le maniement des armes.

PREMIER COMMANDEMENT.

Ajustez vos rênes.

EN deux temps :

Comme au premier commandement de l'inspection à cheval.

47.

2.

Dégagez le mousqueton.

EN un temps :

Comme au second commandement de l'infpection à cheval.

3.

Haut le mousqueton.

EN un temps :

On élèvera le mousqueton pour porter la crosse sur la cuisse, le bout haut & vis-à-vis l'épaule droite.

4.

Apprêtez le mousqueton.

EN un temps :

On armera le mousqueton avec le pouce, sans le secours de la main gauche, en tirant le chien en arrière, jusqu'à ce qu'on l'ait entendu se loger dans le cran, le premier doigt sur la sougarde.

5.

En joue.

EN un temps :

On portera de la main droite la crosse du mousqueton à l'épaule droite, & pour soutenir le mousqueton, on avancera la main gauche vers la tête du cheval sans alonger ni quitter les rênes, plaçant en même temps le premier doigt de la main droite sur la détente.

6.

Feu.

EN un temps :

On appuiera le premier doigt sur la détente, sans baisser la tête ni faire aucun mouvement, & aussitôt après on laissera tomber le mousqueton horizontalement ou arme plate sur la main gauche, dont on le saisira près de la partie supérieure de la platine, le pouce sur le canon, le pouce droit sur le chien & le premier doigt sur la détente.

7.

Mettez le chien en son repos.

EN un temps :

On relèvera le chien avec le pouce jusqu'à ce qu'il s'arrête dans le premier cran, & la main droite restera à la même position.

8.

Prenez la cartouche.

EN un temps :

On portera brusquement la main au porte-cartouche pour en tirer la cartouche.

9.

Déchirez la cartouche.

EN deux temps :

Au premier, on la portera vivement à la bouche pour la déchirer avec les dents.

Au deuxième, on la portera près du bassinet.

10.

Amorcez.

EN un temps :

On remplira le bassinet de poudre, après quoi on placera les deux derniers doigts de la main droite derrière la batterie, tenant la cartouche droite entre le pouce & le premier doigt.

11.

Fermez le bassinet.

EN un temps :

On fermera le bassinet avec les deux derniers doigts; on reportera ensuite la main droite derrière la platine, saisissant la poignée entre les deux derniers doigts & la paume de la main.

12.

Passez le mousqueton du côté du sabre.

EN deux temps :

Au premier, on fera passer la crosse à gauche entre

les

49

les rênes & le corps, tournant la platine en deſſus, le canon en avant, contenant toujours le mouſqueton de la main gauche, ſans quitter les rênes ni pencher la cartouche.

Au deuxième, plaçant la croſſe entre la fonte & l'épaule du cheval, on ſaiſira, avec les deux derniers doigts de la main droite, le mouſqueton à un doigt du bout du canon.

13.

Mettez la cartouche dans le canon.

EN un temps :

On mettra la cartouche dans le canon, & on ſaiſira enſuite la baguette avec le pouce & le premier doigt de la main droite, plaçant le pouce alongé le long du gros bout de la baguette, le premier doigt ployé, & le coude près du corps.

14.

Tirez la baguette.

EN deux temps :

Comme aux deux premiers temps du cinquième commandement de l'inſpection à cheval.

15.

Bourrez.

EN trois temps :

Au premier, on fera entrer la baguette d'environ ſix pouces dans le canon, & coulant enſuite la main le long de la baguette, on alongera le bras de toute ſa longueur, pour la ſaiſir par le petit bout avec le pouce & le premier doigt.

Au deuxième, on enfoncera la baguette dans le canon ſans la quitter, & la reſſortant tout de ſuite juſqu'à moitié de ſa longueur, on la ſaiſira par le milieu près du boût du canon, la main renverſée, les ongles en deſſous.

Au troiſième, on achèvera de la tirer pour la tenir parallèle au canon & à quatre doigts de diſtance, le petit bout en bas ſans l'appuyer ſur le ceinturon, le haut du poignet à même hauteur que le bout du canon.

N

16.

Remettez la baguette en son lieu.

EN deux temps :

Comme aux troisième & quatrième temps du sixième commandement de l'inspection à cheval.

17.

Haut le mousqueton.

EN deux temps :

Comme au septième commandement de l'inspection à cheval.

18.

Mousqueton à la grenadière.

EN deux temps :

Au premier, on élèvera le mousqueton en travers au-dessus de la tête, la platine en dessus, on passera tout de suite la tête & le bras droit entre la grenadière & le mousqueton, qu'on laissera tomber à droite, la main droite appuyée sur la crosse.

Au deuxième, on poussera de la main droite la crosse en arrière, & cette main se replacera sur la cuisse.

19.

Pistolet à la main.

EN un temps :

On prendra par-dessus les rênes, avec la main droite, le pistolet gauche à la crosse ; on le tirera de la fonte & on le portera sur la main gauche dont on l'empoignera, le bout un peu élevé vers l'oreille gauche du cheval ; le pouce sur le canon ; on placera le pouce de la main droite sur le chien & le premier doigt sur la partie supérieure de la sougarde.

20.

Apprêtez le pistolet.

EN deux temps :

Au premier, on armera le pistolet avec le pouce de la main droite, le tenant toujours de la gauche.

1. Juin 1766.

51

Au deuxième, on l'élèvera le bout en haut, le poignet à la hauteur de l'épaule droite, & à un demi-pied de distance, la fougarde en avant.

TITRE XII.

21.

En joue.

EN un temps :

En alongeant doucement le bras en avant, on passera le premier doigt sur la détente, tenant la fougarde en dessous, mais inclinée un peu à droite, le bout du pistolet directement devant soi plus bas que le poignet.

22.

Feu.

EN deux temps :

On appuiera le premier doigt sur la détente, sans faire aucun mouvement de tête; & aussitôt après, on reportera le pistolet sur la main gauche, dont on le saisira près de la partie supérieure de la platine, le pouce sur le canon; on relèvera le chien avec le pouce de la main droite, pour le mettre en son repos, & on fermera la batterie avec les deux premiers doigts.

Au deuxième, on remettra le pistolet dans la fonte, & on reportera la main droite sur la cuisse.

23.

Pistolet à la main.

24.

Apprêtez le pistolet.

25.

En joue.

26.

Feu.

Comme aux 19ᵉ, 20ᵉ, 21ᵉ & 22ᵉ commandemens précédens; observant lorsqu'on prendra le pistolet droit, de placer les doigts entre la crosse & la selle, les ongles en dessous.

27.

Ajustez vos rênes.

EN deux temps :

Comme au premier commandement.

28.

Dégagez le sabre.

EN un temps :

Comme au quinzième commandement de l'inspection à cheval.

29.

Sabre à la main.

EN un temps :

Comme au seizième commandement de l'inspection à cheval.

30.

Haut le sabre.

EN un temps :

Voyez PLANCHE I, *fig. 3.*

Passant le petit doigt sur la poignée on élèvera le sabre, le bras demi tendu, le poignet perpendiculaire sur l'épaule droite, & un peu plus élevé que la tête, le tranchant de la lame en l'air, la pointe derrière, mais inclinée un peu à gauche, & plus élevée d'un pied environ que le poignet.

31.

Portez le sabre.

EN un temps :

On le portera à l'épaule droite, comme il a été prescrit ci-devant, le petit doigt se replaçant derrière la poignée.

32.

Remettez le sabre.

EN deux temps :

Comme au huitième commandement de l'inspection à pied, observant de ne point se servir de la main gauche, qui doit rester occupée à tenir les rênes.

33.

Haut le mousqueton.

EN trois temps :

Au premier, on portera la main droite sur la crosse.

Au

53

Au deuxième, on la poussera en avant, pour passer tout de suite le bras droit entre le corps & le mousqueton, qu'on saisira par-dessous à la poignée ; on le passera en travers par-dessus la tête, & on le tiendra perpendiculaire vis-à-vis & à un pied de distance de l'épaule droite, la main droite à hauteur de l'épaule, la sougarde en avant.

Au troisième, on appuiera la crosse sur la cuisse, le bout en haut & vis-à-vis l'épaule droite.

34.

Remettez le mousqueton en son lieu.

E N deux temps :

Comme au huitième commandement de l'inspection à cheval.

35.

Ajustez vos rênes.

E N deux temps :

Comme au premier commandement de l'inspection à cheval.

TITRE XIII.

Principes généraux pour les manœuvres.

POUR faire manœuvrer une troupe, il faut être instruit des principes généraux sur lesquels les manœuvres doivent être réglées.

Un rang est formé de plusieurs hommes à côté les uns des autres.

Une file est formée de plusieurs hommes les uns derrière les autres.

Un régiment en bataille est formé de tous ses escadrons à côté les uns des autres.

O

Titre XIII.

Un régiment en colonne est formé de tous ses escadrons, compagnies, divisions, &c. les uns derrière les autres.

Intervalle est l'espace vide qui se trouve entre les escadrons d'un régiment formé en bataille; lorsque les intervalles sont égaux au front des escadrons, on dit alors que le régiment est formé dans un ordre de bataille, tant plein que vide; mais lorsqu'il n'y a aucun intervalle entre les escadrons, l'ordre de bataille est plein ou (ce qui est la même chose) en muraille.

Un régiment formé en bataille par la gauche, est celui dont les premiers escadrons se trouvent placés à la gauche de la ligne & les derniers à la droite.

Distance est l'espace vide qu'il doit y avoir entre chaque troupe d'une colonne.

Colonne renversée est celle dont les dernières troupes de la colonne se trouvent en avoir la tête.

Pour connoître le front d'une troupe & en évaluer la profondeur, il est nécessaire de savoir que chaque cheval monté occupe en épaisseur le tiers de sa longueur; cette épaisseur est un peu moins de trois pieds, mais, pour éviter les fractions, & arriver au même but, par un calcul plus aisé, on la suppose à trois pieds ou à un grand pas; par conséquent une troupe de douze hommes de front occupe douze pas de front, & les deux rangs occupent six pas de profondeur, sur lesquels il se trouve l'espace nécessaire d'un rang à l'autre pour que le second rang puisse marcher sans donner d'atteintes au premier.

Les hommes d'un même rang doivent être alignés, de manière que les bottes soient sur la même ligne, & assez près les uns des autres pour que les bottes se touchent sans se presser.

Chaque Cavalier, pour être bien aligné, ne doit point

voir le rang ni par-devant, ni par-derrière, il ne doit voir
que son voisin de la droite lorsqu'on s'aligne à droite,
ou son voisin de la gauche quand on s'aligne à gauche, il
doit donner un coup d'œil sur les fontes de son voisin,
sans porter le corps en avant pour voir le rang, les fontes
de chacun étant bien alignées, les rangs le seront aussi.

Les Cavaliers du second rang doivent avoir de plus
l'attention d'être sur la direction de leur chef-de-file.

Toute division destinée à manœuvrer, doit avoir plus
ou moins de front, relativement à la quantité de rangs
dont elle est composée, savoir, lorsqu'une troupe n'est
formée que sur un rang, elle peut se mouvoir circulairement par division de quatre hommes, & le feroit
difficilement par divisions de trois.

Lorsqu'une troupe est formée sur deux rangs, les
divisions doivent avoir de même un front plus étendu
que n'est la profondeur des rangs, pour pouvoir se
mouvoir circulairement, quoiqu'à la rigueur il soit possible de le faire sur un front égal à la profondeur (c'est-
à-dire sur six hommes de front); mais il faut avoir
égard à la ligne diagonale qui part du pivot du premier
rang, & qui se termine au Cavalier de l'aile opposée
du second rang, laquelle excède plus ou moins le front
de la troupe, suivant que ce même front est plus petit
ou plus grand.

Lorsqu'enfin une troupe est formée sur trois rangs,
il faut que le front de chaque division excède au moins
d'un tiers la profondeur des rangs (c'est-à-dire qu'une
division ne peut être au-dessous de douze hommes de
front), sans quoi le Cavalier de l'aile du troisième rang,
où se termine la diagonale, seroit toujours retardé dans
le commencement d'une conversion, & pourroit à peine
se déboîter de la division qui seroit voisine; c'est pourquoi
plus les divisions auront de front, moins la diagonale
sera sensible, & plus il y aura de célérité dans les
manœuvres.

La diſtance entre les rangs ouverts à cheval, ſera de quatre grands pas, ou de douze pieds ; & lorſque les rangs ſeront ſerrés, il n'y aura qu'un pied environ de diſtance d'un rang à l'autre : l'on a déjà ci-devant donné des règles là-deſſus.

L'intervalle ordinaire d'un eſcadron à l'autre ne ſera que de la moitié du front d'un eſcadron ; il ne ſera pas plus conſidérable d'un régiment à un autre : plus les intervalles ſeront petits, & moins les flancs des eſcadrons ſeront expoſés ; c'eſt pourquoi on pourra varier ſur cette règle relativement aux circonſtances, & même les former en muraille ſi le cas l'exige.

Les eſcadrons qui ſeront en ſeconde ou troiſième ligne, conſerveront au moins un intervalle égal à leur front, afin que dans les mouvemens rétrogrades, les eſcadrons de la première ligne puiſſent paſſer aiſément de front dans les intervalles de la ſeconde.

Lorſqu'on voudra faire manœuvrer une troupe de Cavalerie, on fera mettre le mouſqueton à la grenadière.

Chaque commandement pour faire mouvoir une troupe, ſera précédé de cet avertiſſement, *prenez garde à vous*, qui ſervira de ſignal aux Cavaliers pour raſſembler leurs chevaux, & prêter la plus grande attention.

Ils ſe mettront en mouvement au mot *marche*, & s'arrêteront au mot *halte*.

Lorſqu'on commandera un quart ou une demi-converſion à une troupe qui ſera de pied-ferme, dès que la troupe ou que chaque diviſion de cette troupe aura achevé ſon mouvement, elle fera *halte* ſans commandement, & ne ſe portera enſuite en avant qu'au mot *marche* ; mais lorſqu'on commandera l'un de ces mouvemens à une troupe qui ſera en marche, la troupe ou chaque diviſion de cette troupe après l'avoir exécuté, continuera de ſe porter en avant, & ne s'arrêtera qu'au mot *halte*.

Soit

57

Soit qu'une troupe marche au pas ou au trot lorſqu'on commandera un quart ou une demi-converſion par diviſion, l'aile qui devra tourner exécutera ſon mouvement du même degré de vîteſſe dont la troupe alloit précédemment, & ſans l'augmenter, afin que chaque diviſion arrive en même temps; mais lorſqu'on voudra accélérer ce mouvement, le Commandant fera l'avertiſſement *au trot* ou *au galop* avant celui de *marche*, alors chaque troupe doublera ſon degré de vîteſſe pour l'exécution du quart ou de la demi-converſion ſeulement.

Lorſqu'on fera le ſeul commandement *marche* à une troupe qui ſera de pied-ferme, ſoit en bataille ou en colonne, toute la ligne ou chaque troupe d'une colonne s'ébranlera en même temps pour marcher au pas ſeulement.

Le principe à ſuivre pour rompre un régiment & pour le faire marcher ſur un plus grand ou ſur un plus petit front, doit être relatif aux circonſtances.

Lorſqu'on a pour objet de marcher à l'ennemi, il faut s'éloigner le moins qu'il eſt poſſible de l'ordre de bataille; en conſéquence on ſe rompra par le plus grand front que le terrain permettra de marcher, & s'il ſe trouvoit des défilés (ou un terrain plus reſſerré) à paſſer, chaque troupe après l'avoir paſſé ſe reformeroit telle qu'elle étoit avant de le paſſer, ou même ſur un plus grand front ſi le terrain le permettoit, afin que (la colonne ayant moins d'étendue) les dernières troupes ſoient plus à portée d'arriver promptement en bataille ſi le cas l'exigeoit.

Lorſqu'on n'aura d'autre objet en rompant un régiment que celui de le mettre en route, on préférera de le rompre par un petit front, pour marcher avec plus d'aiſance & moins de ſujettion.

Quant à la manière de ſe rompre, on doit préférer celle qui conduit par la voie la plus courte ou avec le

P

Titre XIII.

Voyez Planche 14, *fig. 1.*

moins de chemin à l'objet qu'on se propose ; en conséquence, lorsqu'on voudra former un régiment en colonne par escadron &c, on le rompra carrément, c'est-à-dire que tous les escadrons, excepté le premier de la colonne, se porteront par un *à droite* ou par un *à gauche* sur le terrain qu'occupoit celui qui en aura la tête.

Voyez Planche 8, *fig. 1.*

Lorsqu'on n'aura d'autre objet que celui de gagner du terrain en avant, on préférera de se rompre diagonalement, c'est-à-dire que tous les escadrons se porteront par le chemin le plus court, sur la direction de celui qui aura la tête de la colonne, autant que le terrain le permettra.

On distinguera la manière dont on devra se rompre par les commandemens suivans. Lorsqu'on commandera *en avant par escadron, &c. formez le régiment en colonne,* on se rompra carrément, & lorsqu'on commandera *en avant par escadron, &c. rompez le régiment,* on se rompra diagonalement.

Toutes les fois qu'on marchera en colonne, les files des ailes de chaque division seront toujours alignées par la droite ou par la gauche, sur celle de la première division de la tête de la colonne, vers le côté par lequel on se sera rompu ou qu'on aura tourné en dernier lieu en marchant ; ces mêmes files, qui n'auront d'autre attention que de bien marcher à leur direction & à leurs distances, serviront chacune de guide à leur rang pour être aligné soit par la droite ou par la gauche, selon le côté où l'on aura tourné.

Lorsqu'on s'alignera, soit à droite ou à gauche, les Cavaliers éviteront de porter machinalement la main du côté où ils regarderont, & la tiendront assurée devant eux, contenant leurs chevaux bien droits dans les jambes, sans s'ouvrir ni se serrer sur leur guide.

Lorsque pour une revue on marchera en colonne, soit par escadron, compagnie, division, &c. les Cavaliers

1. Juin 1766.

59

auront pour ce moment la tête tournée du côté de la
personne devant laquelle on passera.

Quand on marchera en colonne, les Officiers & bas
Officiers seront tenus de marcher dans le plus grand
ordre, & d'avoir l'œil à ce que les Cavaliers de leur division ne se négligent point, qu'ils observent le plus grand
silence, & qu'ils marchent serrés dans les rangs comme
ils doivent l'être; le guide de chaque troupe aura attention
de ne pas laisser plus de distance du premier rang de sa
troupe au premier rang de celle qui la précédera, qu'il
n'en faut à cette troupe pour se remettre en bataille, la
première troupe de chaque escadron observant en outre
la distance prescrite d'un escadron à l'autre, l'Officier-
major attaché à chaque escadron, veillera avec soin à
l'observation de ce principe, & à ce que le second rang
de chaque division soit toujours serré sur le premier, sans
cependant que les chevaux se blessent.

Lorsqu'une troupe défilera ou qu'elle marchera par
deux, trois ou quatre, on n'observera point de distances
entre les rangs ni entre les divisions, compagnies &
escadrons.

Toutes les fois qu'une troupe seule marchera en avant,
les Cavaliers s'aligneront à droite sur la file droite, qui
servira de guide à toute la troupe, cette file observant
de marcher bien droit devant elle, d'avoir souvent l'œil sur
le Commandant, & de laisser toujours un pas de distance
de ce Commandant au premier rang de la troupe; la
file de la droite du second rang servira pareillement
de guide à ce rang, & n'aura d'autre attention que de
marcher à son chef-de-file & à sa distance.

Lorsqu'un régiment étant en colonne devra se former
en bataille en avant, l'objet devant être d'y arriver le
plus promptement possible, chaque troupe de la colonne
se dirigera toujours par le chemin le plus court sur le
terrain qu'elle devra occuper en bataille, & jamais par
les manœuvres carrées, à moins qu'elles n'y soient
forcées par la nature du terrain.

Voyez
PLANCHE II,
fig. 1.

Titre XIII.

Voyez
Planche 13,
fig. 1,
&
Planche 18,
fig. 1.

On obfervera pour former une colonne en bataille, en tel fens que ce foit, de porter la première troupe fur le terrain où l'on voudra placer la droite ou (fi l'on marche par la gauche ou par le centre) fur le terrain où l'on voudra placer la gauche ou le centre, en gardant l'alignement qu'on devra occuper en bataille, alors chaque troupe s'alignera en arrivant fur la première troupe qui fe fera formée, foit par la droite, par la gauche ou fur le centre; mais lorfqu'enfuite cette ligne devra marcher en avant, les efcadrons de la droite fe règleront fur la gauche, & ceux de la gauche fe règleront fur la droite, afin de s'aligner tous entr'eux fur le centre.

Lorfque les quatre efcadrons d'un régiment marcheront de front en bataille, la file de la gauche du fecond efcadron, & la file de la droite du troifième efcadron feront chargées d'obferver, de concert enfemble, la diftance prefcrite entre ces deux efcadrons, en foutenant ferme fur leur rang, fi la diftance fe rétréciffoit, ou en abandonnant leur rang fi elle s'élargiffoit. La file de la gauche du premier efcadron fera feule chargée d'obferver la diftance de fon efcadron au fecond, & la file de la droite du quatrième efcadron fera de même chargée d'obferver feule la diftance qu'il doit y avoir de fon efcadron au troifième, en fe conformant à ce qui vient d'être prefcrit pour chacune des deux files du centre. Les Cavaliers de chaque efcadron devant s'aligner fur leur guide, auront attention, lorfque les files feront trop ouvertes, de les refferrer du côté de leur guide; & lorfqu'elles feront trop ferrées, de les ouvrir du côté oppofé. Les Commandans de chaque efcadron veilleront à l'obfervation de ce principe, de même que les Officiers-majors qui fe tiendront quelquefois derrière les intervalles & parcourront la queue de leur efcadron, pour donner aux Cavaliers les inftructions néceffaires, mais en obfervant de parler à voix baffe.

Si la ligne étoit compofée de plus de quatre efcadrons, on fe conformeroit pour obferver l'intervalle du
·centre

61

centre de la ligne, aux mêmes principes qui font prefcrits ci-deffus pour obferver l'intervalle des fecond & troifième efcadrons, & pour ceux des ailes, à ce qui eft prefcrit pour les premier & quatrième efcadrons.

Pour tous les pas obliques, les Cavaliers s'aligneront obliquement fur la file du côté où l'on fe portera, c'eft-à-dire que fi l'on fe porte vers la droite, on s'alignera à droite, & la file de la droite fera un peu plus avancée que la file de la gauche.

Lorfqu'on voudra faire ouvrir les files à une troupe, & les refferrer enfuite, les Cavaliers s'aligneront de la manière fuivante.

Lorfqu'on ouvrira les files fur la droite, la file de la gauche ne bougera, & tous les Cavaliers fe règleront fur elle en fe portant du côté oppofé, pour s'y aligner & s'arrêter à mefure que leur voifin qui fera vers la gauche fera *halte*, & qu'ils en feront à un pas de diftance, le même point d'alignement fervira pour refferrer les files fur la gauche.

Lorfqu'on ouvrira les files fur la gauche, on fe conformera au même principe par les moyens contraires.

Lorfqu'enfin on ouvrira les files vers les ailes, & qu'on les refferrera enfuite fur le centre, les Cavaliers fe règleront fur le centre.

Dans les quarts de converfion qui fe feront par plufieurs troupes enfemble, les Cavaliers s'ébranleront tous en même temps au mot *marche*, ils fe règleront fur les deux ailes, favoir, dès qu'ils fe feront mis en mouvement, ils regarderont l'aile qui tournera pour proportionner fur cette aile leur mouvement de progreffion, relativement au pivot fur lequel ils auront fouvent l'œil pour s'y aligner & ne point s'en féparer.

Si la converfion fe fait *à droite*, ils porteront imperceptiblement la main *à droite*, & de manière que chaque Cavalier dirige les épaules de fon cheval fur la ligne circulaire qu'il aura à parcourir fans ferrer ni s'éloigner de fon voifin de la droite; ils fermeront la jambe droite

Q

Titre XIII.

& foutiendront les hanches de la jambe gauche, felon le befoin.

Dans les demi-converfions qui fe font un peu légèrement, il arrive très-fréquemment que l'aile qui tourne s'ouvre & fe fépare de la partie qui foutient ; c'eft pourquoi il faut que les Cavaliers de cette aile aient attention de fe refferrer (environ au quart du mouvement) fur le côté qui foutient, mais avec beaucoup de modération & en gagnant toujours du terrain en avant, pour éviter le défordre qu'occafionne les mouvemens trop vifs & trop à coups.

L'Officier, bas Officier ou Cavalier qui foutiendra, fera fon mouvement le plus carrément qu'il fera poffible ; & fi la troupe devoit continuer de marcher après un quart ou une demi-converfion, il auroit attention, pour n'être point en retard, de fe porter en avant dès que le mouvement feroit environ aux trois quarts fait.

Voyez PLANCHE 5, fig. 1.

Les Cavaliers du fecond rang ayant plus d'efpace à parcourir que ceux du premier, à mefure qu'ils fe trouvent plus près du pivot, exécuteront leur mouvement plus légèrement : ils commenceront par déterminer l'épaule de leurs chevaux *à gauche*, en y portant la main & en fermant la jambe droite, pour chaffer plus ou moins les hanches felon qu'ils feront plus ou moins près du pivot ; ils les entretiendront en avant de la jambe gauche & felon le befoin, ayant attention de diriger toujours les épaules fur la ligne circulaire que chacun d'eux aura à parcourir pour arriver fur fon chef-de-file.

Voyez PLANCHE 5, fig. 1.

Les Cavaliers, du côté de l'aile qui tournera, obferveront de mettre beaucoup de vivacité dans leur mouvement, afin que ceux du côté du pivot puiffent agir librement & ne foient point retardés ; pour cet effet, dès que le Cavalier qui fe trouvera à l'aile ne fera plus gêné par le pivot de la troupe qui feroit voifine, il dépaffera un peu fon chef-de-file du premier rang jufqu'au moment où le mouvement fera prêt d'être achevé.

63

Pour tous les quarts-de-converfion qui devront fe faire fucceffivement par chaque troupe en colonne, on évitera de les faire carrément (par l'inconvénient démontré à la *planche 5, fig. 2*), & l'on aura attention que le pivot décrive toujours un quart-de-cercle d'environ cinq pas pour le front d'une divifion, & pas davantage pour un plus grand front (puifqu'alors les diftances entre chaque troupe font plus grandes); en conféquence, lorfque la première troupe d'une colonne aura fait fon mouvement, la feconde troupe commencera le fien trois pas environ avant que fon premier rang foit à la hauteur de la file qui aura foutenue, de la troupe qui la précèdera ; c'eft à quoi les Officiers, Officiers-majors & bas Officiers auront la plus grande attention : par ce principe, le pivot n'ayant rien qui le gêne pour gagner toujours un peu de terrain en avant, c'eft-à-dire vers le côté où il devra tourner, ne fera point dans le cas de fe jeter du côté oppofé à celui où l'on tournera, & ne retardera point la troupe qui le fuivra, laquelle obfervera la même règle.

Les Cavaliers de l'aile qui tournera augmenteront toujours leur degré de vîteffe pour ce quart de converfion, & fe règleront principalement fur le Cavalier du pivot, qui n'aura d'autre attention pendant ce mouvement, que de regarder fon chef-de-file de la troupe qui le précèdera, pour fe maintenir fur fa direction & marcher à fa diftance fans fe régler en aucune façon fur le Cavalier de l'aile.

Dès que le Commandant de la divifion qui devra tourner à fon tour, aura la tête de fon cheval à la hauteur de la file qui aura foutenue, de la troupe qui le précèdera, il commandera *marche*, alors toute la divifion tournera du même côté que la troupe qui la précèdera aura tournée, ce qui étant exécuté, cette divifion fe portera en avant fans autre commandement.

Lorfqu'on marchera en colonne par deux, trois ou quatre, chaque rang qui devra tourner fe conformera au

TITRE XIII.

Voyez
PLANCHE 5,
fig. 3.

Voyez
PLANCHE 9,
fig. 3.

même principe, & fans que jamais le pivot s'arrête.

Lorfqu'on fera le commandement de rompre un régiment en avant ou en arrière par efcadron, compagnie, &c. la droite ouvrira toujours la marche, fans qu'il foit befoin de l'en prévenir ; mais lorfqu'on voudra que ce foit la gauche qui marche la première, ou l'un des efcadrons du centre, on en fera mention dans le commandement.

Lorfqu'on voudra diriger une colonne vers la droite ou vers la gauche, on commandera, *tête de la colonne à droite* (ou *à gauche*) ; alors la première troupe de la colonne fera *à droite* (ou *à gauche*), & fera fuivie fucceffivement par toutes les autres.

Lorfqu'un régiment étant en colonne, on lui fera le commandement de fe mettre en bataille, il fe formera toujours dans fon ordre naturel, c'eft-à-dire que le premier efcadron fe placera à la droite de la ligne, foit que le régiment marche en colonne renverfée ou non, à moins d'un commandement contraire.

Dans les manœuvres où il fera néceffaire de faire des demi-quarts de converfion à droite (*ou* à gauche) par efcadron, compagnie ou divifion, foit pour fe rompre ou pour fe mettre en bataille, le Commandant de chaque troupe commandera *doucement la droite, marche la gauche* (fi le mouvement doit fe faire à droite), & lorfqu'il jugera que le *demi à droite* fera fait, il commandera *en avant*.

Dans les mouvemens que les efcadrons exécuteront au galop pour fe mettre en bataille en avant, le Commandant de chaque efcadron obfervera de ralentir fon efcadron au trot, trois ou quatre pas avant qu'il arrive fur fon alignement, afin de ne point le dépaffer ni s'arrêter en défordre; on obfervera la même règle pour un régiment ou toute autre troupe qui marcheroit en bataille au galop, à moins que les circonftances n'exigent d'arrêter fur le champ.

TITRE XIV.

TITRE XIV.
Des Signaux.

LORSQUE le nombre d'escadrons ou de troupes, sera trop considérable pour que la voix puisse se faire entendre à tous, soit en bataille ou en colonne, on emploiera les signaux ci-après, & on aura soin d'exercer la Cavalerie à en faire usage, afin qu'elle connoisse les mouvemens qu'ils indiquent.

Un *appel* sera destiné à prévenir qu'on va faire quelque mouvement, & à ce signal, chaque Commandant d'escadron dira : *prenez garde à vous.*

Lorsqu'il sera suivi immédiatement par *la marche*, on marchera en avant, le Commandant disant : *marche.*

Lorsqu'après le premier *appel*, on sonnera deux *tons bas*, cela indiquera que le mouvement devra se faire par division, & le Commandant dira *par division ;* si on ne sonne qu'un *ton bas*, le mouvement devra se faire par compagnie, & le Commandant dira *par compagnie ;* si on ne sonne point de *tons bas*, le mouvement devra se faire par escadron.

Les *demi-appels* indiqueront ensuite l'espèce du mouvement.

Un *demi-appel* signifiera un *quart de conversion à droite.*

Deux *demi-appels* un *quart de conversion à gauche.*

Trois *demi-appels* une *demi-conversion à droite.*

Quatre *demi-appels* une *demi-conversion à gauche.*

Alors le Commandant dira : *à droite* ou *à gauche, demi-tour à droite* ou *demi-tour à gauche*, & il ne dira : *marche,* que lorsqu'ensuite on sonnera *la marche*, & alors on se mettra en mouvement pour exécuter ensemble la manœuvre indiquée.

R

Titre XIV.

Voyez
Planche 20,
fig. I.

Le régiment étant en colonne, on le remettra en bataille par les mouvemens contraires ; mais lorsqu'on voudra le mettre en bataille en avant, après avoir sonné un *appel*, les Trompettes sonneront le *ralliement* & ensuite *la marche*, auquel signal le régiment se formera en bataille en avant.

Lorsqu'on sonnera *la charge*, les Cavaliers mettront leur chevaux au galop, le sabre haut.

Lorsqu'après un *appel*, on sonnera *la retraite* & ensuite *la marche*, la premiere compagnie de chaque escadron se portera en avant, & la seconde se retirera, ainsi qu'il est prescrit à la dix-huitième manœuvre.

Lorsqu'on voudra faire disperser les Cavaliers en fourrageurs, on fera sonner *le boute-charge* ; lorsqu'ensuite on sonnera *le ralliement*, ils se rallieront à leur étendard.

Quand les troupes de la queue d'une colonne ne pourront pas en suivre la tête, ou qu'elles seront obligées de s'arrêter, elles feront sonner un *appel*, qui sera répété d'escadron en escadron jusqu'à la tête qui fera *halte*.

Dès que la colonne aura rejoint, ou qu'elle n'aura plus de raison de s'arrêter, elle fera sonner un *couplet de la marche*, qui sera répété par un Trompette de la tête de chaque escadron, après quoi la tête de la colonne se remettra en marche ; il sera cependant détaché un Officier-major, pour avertir celui qui commandera la colonne, du sujet pour lequel on se sera arrêté.

Lorsque le Commandant supérieur d'un camp ou d'un cantonnement jugera nécessaire d'employer des signaux de canon ou autres, il fera donner par écrit aux Commandans de chaque escadron les mouvemens qu'ils auront à faire, afin qu'il n'y ait aucune méprise à cet égard.

On ne fera usage des signaux que le moins possible ; & pour y suppléer, après que le Commandant aura fait un commandement, il sera répété par le Commandant de chaque escadron le plus promptement possible, soit en bataille ou en colonne ; & dans ce dernier cas, les

67

divifions exécuteront toujours les mêmes mouvemens de
celles qui les précèderont.

L'intention de Sa Majefté eft, qu'on commence par
expliquer fort clairement toutes les manœuvres aux Cavaliers; qu'on les leur faffe d'abord exécuter au pas &
lentement, jufqu'à ce qu'ils les conçoivent bien; qu'enfuite on les leur faffe exécuter au trot & plus légèrement,
à mefure que la troupe fera plus inftruite; & qu'enfin
on augmente cette légèreté, jufqu'à ce que toutes les
manœuvres s'exécutent avec la plus grande célérité.

TITRE XV.
Des manœuvres.

PREMIÈRE MANŒUVRE.

UN RÉGIMENT ÉTANT FORMÉ EN BATAILLE
SUR SON QUARTIER D'ASSEMBLÉE, LE ROMPRE PAR QUATRE
OU PAR DEUX, POUR LE METTRE EN MARCHE
ET SE RENDRE SUR LE TERRAIN OÙ IL DEVRA S'EXERCER.

ON commandera au premier efcadron:

1.

Prenez garde à vous.

2.

Marchez, deux (ou quatre.)

3.

Marche.

Si l'on a commandé de marcher par deux, les deux
Cavaliers de la droite du premier rang de la première divifion, marcheront en avant ou vers la droite, fuivant
le côté où l'on devra fe porter; les autres Cavaliers du
premier rang de cette divifion fe rompront fucceffivement par deux, pour fe porter fur la direction des
premiers & prendre rang dans la colonne, à mefure
qu'ils y arriveront. Le fecond rang de la même divifion
fe rompra dans le même ordre que le premier, partant

Titre XV.

Voyez le passage du défilé, Planche 19, *fig. 3.*

du terrain qu'il occupera, ce qui fera répété par toutes les divifions de cet efcadron & des fuivans.

Si l'on a commandé de marcher par quatre, la même manœuvre fe fera de quatre en quatre ; dans l'un & l'autre cas, s'il reftoit des Cavaliers impairs du premier rang de chaque divifion, ils feroient complétés par les Cavaliers de la droite du fecond rang de la même divifion.

Lorfque le front des divifions fera compofé de fix, de neuf ou de quinze hommes, on pourra marcher par trois au lieu de quatre, fe conformant d'ailleurs aux régimens qui auroient la tête d'une colonne.

DEUXIÈME MANŒUVRE.

UN RÉGIMENT MARCHANT EN COLONNE
PAR DEUX (ou PAR QUATRE),
LE FORMER TOUT DE SUITE EN BATAILLE,
SOIT EN AVANT ou SUR LA DROITE ou SUR LA GAUCHE.

ON commandera à la tête de la colonne :

1.

Prenez garde à vous.

2.

En avant, ou fur la droite ou fur la gauche, } *formez le régiment en bataille.*

3.

Marche.

Voyez Planche 19, *fig. 3.*

Si on a commandé de fe mettre en bataille en avant, les Cavaliers qui auront la tête de la colonne, après s'être portés quatre pas en avant, feront *halte,* les Cavaliers qui devront compofer le premier rang de la première divifion fe porteront diagonalement à gauche, pour fe former fucceffivement à la gauche des premiers, le fecond rang fe formera enfuite ; & toutes les divifions de cet efcadron & des fuivans fe formeront fucceffivement & dans le même ordre à la gauche les unes des autres, obfervant les intervalles prefcrits entre chaque efcadron.

Les

69

Les escadrons de la queue de la colonne observeront dans ce mouvement de se porter diagonalement sur le terrain qu'ils devront occuper, mais insensiblement & en suivant toujours la direction de l'escadron qui les précédera, les Cavaliers ne devant quitter la colonne ni se déranger de leur chef-de-file qu'au moment où ils devront se former.

Si au lieu de former le régiment en bataille en avant, il a été ordonné de le former sur la droite, les Cavaliers qui auront la tête de la colonne feront *à droite*, se porteront dix pas en avant & feront *halte*, ceux qui les suivront continueront de marcher, & iront se former successivement par un *à droite* à la gauche des premiers, le second rang se formera ensuite; & toutes les divisions de cet escadron & des suivans se formeront successivement & dans le même ordre à la gauche les unes des autres.

Si au contraire il a été ordonné de former le régiment en bataille sur la gauche, les Cavaliers de la tête de la colonne qui devront composer le premier rang de la première division, feront *à gauche*, serreront aussitôt leur file sur la droite en se portant cinq pas en avant & feront *halte*; les Cavaliers qui devront composer le second rang de cette division, continueront de marcher en avant pour se former par le même mouvement sur la direction de leur chef-de-file; & toutes les divisions de cet escadron & des suivans se formeront successivement dans le même ordre à la gauche les unes des autres, observant de même les intervalles entre les escadrons.

TROISIÈME MANŒUVRE.

DES À DROITE ET À GAUCHE,
DEMI-TOURS À DROITE ET DEMI-TOURS À GAUCHE.

PREMIER COMMANDEMENT.

I.

Prenez garde à vous.

2.

escadron,
compagnie, } *à droite* (ou *à gauche*.)
division,

S

Voyez
PLANCHE 6,
fig. 1, 2 & 3.

3.

Marche.

Si c'eft *à droite*, la droite de chaque efcadron, compagnie ou divifion foutiendra, & la gauche marchera jufqu'à ce qu'elle ait fini fon *quart de converfion*.

Si c'eft au contraire *à gauche*, la gauche foutiendra & la droite marchera.

On fe conformera pour ce mouvement & le fuivant, aux principes établis ci-devant au *Titre XIII.*

DEUXIÈME COMMANDEMENT.

I.

Prenez garde à vous.

2.

efcadron,
compagnie,
divifion,
} *demi-tour à droite*
ou
demi-tour à gauche.

3.

Marche.

Voyez
PLANCHE 6,
fig. 4, 5 & 6.

Si c'eft *à droite*, la droite de chaque efcadron, compagnie ou divifion foutiendra, & la gauche marchera jufqu'à ce qu'elle ait fini fa *demi-converfion*, & qu'elle fe trouvera alignée avec les autres efcadrons, faifant face du côté oppofé.

Si au contraire, la demi-converfion doit fe faire *à gauche*, la droite marchera, & la gauche foutiendra.

Lorfqu'on voudra fe remettre en bataille fur le même terrain, on fera un fecond *demi-tour à droite* (ou un fecond *demi-tour à gauche*).

QUATRIÈME MANŒUVRE.

DES À DROITE OU À GAUCHE,
SUR LE CENTRE.

I.

Prenez garde à vous.

71

2.

compagnie,   } *à droite sur le centre*

division,   }   ou

        } *à gauche sur le centre.*

3.

Marche.

LES deux Cavaliers du centre du premier rang de chaque division par laquelle il aura été ordonné de tourner, serviront de pivot.

Si le mouvement se fait *à droite*, le demi-rang de la droite fera son *quart de conversion* en reculant très-doucement, & le demi-rang de la gauche fera le sien en avançant, règlant son mouvement de progression sur celui du demi-rang qui reculera ; les Cavaliers de ce demi-rang fermeront la jambe droite, en soutenant la main à droite plus ou moins, suivant qu'ils seront plus ou moins éloignés du pivot : ceux du second rang observeront la même règle.

Si le mouvement se fait *à gauche*, le demi-rang de la gauche reculera, & le demi-rang de la droite avancera ; les Cavaliers qui devront reculer, se conformeront au principe qui vient d'être indiqué, mais en employant les moyens contraires.

On n'exécutera les manœuvres sur le centre que lorsqu'on y sera forcé par la nature du terrain.

CINQUIÈME MANŒUVRE.

ROMPRE UN RÉGIMENT EN AVANT,
EN ARRIÈRE, À DROITE ou À GAUCHE,
ET DÉDOUBLER ENSUITE PAR COMPAGNIE, DIVISION, &c.

PREMIER COMMANDEMENT.

I.

Prenez garde à vous.

2.

En avant, par deux escadrons, rompez le régiment.

Voyez
PLANCHE 7,
fig. 1 & 2.

3.

Marche.

Voyez
PLANCHE 7,
fig. 3.

LE premier & le second escadron se porteront en avant, tandis que le troisième & le quatrième feront chacun un *demi à droite*, pour se porter ensuite en avant; & dès qu'ils seront arrivés, l'un à la hauteur du premier escadron, & l'autre à la hauteur du second, ils feront chacun un *demi à gauche*, pour former une seconde ligne, qui suivra la première.

DEUXIÈME COMMANDEMENT.

1.

Prenez garde à vous.

2.

En avant, dédoublez par escadron.

3.

Marche.

Voyez
PLANCHE 7,
fig. 4.

LE premier & le troisième escadron continueront de marcher en avant, tandis que le second & le quatrième escadron feront chacun un *demi à droite*, pour se porter ensuite en avant; & dès qu'ils arriveront, l'un à la hauteur du premier escadron, & l'autre à la hauteur du troisième, ils feront chacun un *demi à gauche*, pour prendre leur rang dans la colonne.

Lorsque les circonstances n'exigeront pas de rompre le régiment par deux escadrons de front, on préférera de le rompre simplement par escadron, compagnie ou division; pour cet effet on commandera:

TROISIÈME COMMANDEMENT.

1.

Prenez garde à vous.

2.

En avant, par $\left\{\begin{array}{l}\textit{escadron,}\\\textit{compagnie,}\\\textit{division,}\end{array}\right\}$ *rompez le régiment.*

73

3.

Marche.

Voyez
PLANCHE 8,
fig. 1.

TITRE XV.

Si c'eſt par eſcadron, le premier eſcadron du régiment ſe portera en avant, tandis que les autres feront chacun un *demi à droite*, pour ſe porter (eu égard au terrain d'où ils ſeront partis) diagonalement en avant vers la droite, & marcher enſuite ſur la direction du premier eſcadron, en faiſant ſucceſſivement un *demi à gauche*, à meſure qu'ils prendront leur rang dans la colonne.

Si c'eſt par compagnie ou diviſion, on obſervera la même règle.

Si au lieu de marcher directement en avant de la droite, on vouloit marcher en avant du centre, la première troupe d'une ligne quelconque, ſe dirigeroit en partant, ſur le terrain qui lui ſeroit indiqué, & ſeroit ſuivie ſucceſſivement par toutes les autres.

Si au lieu de rompre le régiment en avant, on veut le rompre en arrière, on commandera:

QUATRIÈME COMMANDEMENT.

1.

Prenez garde à vous.

2.

En arrière, par { eſcadron, compagnie, diviſion, } *rompez le régiment.*

3.

Marche.

Voyez
PLANCHE 8,
fig. 2.

Si c'eſt par eſcadron, le premier eſcadron fera *demi-tour à droite* pour faire face en arrière, & marchera enſuite directement devant lui; les autres eſcadrons feront en même temps chacun un *à droite & demi* par eſcadron, pour ſe porter ſur la direction du premier eſcadron, & prendre ſucceſſivement leur rang dans la colonne, en faiſant un *demi à droite* à meſure qu'ils y arriveront.

Si c'eſt par compagnie ou diviſion, on obſervera la même règle.

T

Voyez
PLANCHE 6,
fig. 1, 2 & 3.

Si au contraire, on veut rompre le régiment à droite ou à gauche, on fera les commandemens indiqués à la troisième manœuvre.

Si au lieu de rompre le régiment tout à la fois pour marcher vers la droite ou vers la gauche, on veut seulement le rompre en détail par la droite, pour marcher ensuite vers la gauche, on commandera :

CINQUIÈME COMMANDEMENT.

1.

Prenez garde à vous, pour vous rompre par la droite & marcher à gauche, par { *escadron, compagnie, division.* }

2.

Marche.

Voyez
PLANCHE 8,
fig. 3.

A ce commandement, l'escadron, la compagnie ou la division de la droite, par laquelle on rompra le régiment, partira seule pour marcher en avant jusqu'à la distance d'environ dix pas, & fera ensuite un *quart de conversion à gauche* pour passer devant le front du régiment.

Si cette manœuvre s'exécute par escadron, le second escadron se mettra en mouvement (dès que le premier rang du premier escadron arrivera à la hauteur de sa file gauche) pour marcher en avant, faire comme lui un *quart de conversion à gauche*, mais presque au même pas que l'escadron qui le précèdera, & prendre rang dans la colonne : les autres escadrons exécuteront successivement la même manœuvre.

Si cette manœuvre s'exécute par compagnie, la seconde compagnie du premier escadron se mettra en mouvement dès que le premier rang de celle qui la précèdera sera à la hauteur de la cinquième file de sa gauche, pour se porter en avant & faire comme elle un *quart de conversion à gauche* ; mais la première compagnie du second escadron ne se mettra en mouvement que lorsque celle qui la précèdera sera à hauteur de la cinquième file de la gauche de la seconde compagnie de cet escadron, afin d'observer, outre sa distance, l'intervalle qu'il doit y avoir entre les escadrons, & ainsi des autres.

75.

Lorsqu'on exécutera cette manœuvre par division, la seconde division du premier escadron se mettra en mouvement, dès que le premier rang de celle qui la précèdera sera à hauteur de la seconde file de sa droite, & ainsi des autres divisions de cet escadron : mais la première division du second escadron ne partira que lorsque le premier rang de celle qui la précèdera sera à la hauteur de la seconde file de la droite de la troisième division de cet escadron, ou, ce qui est la même chose, vers le centre de l'escadron, afin d'observer, outre sa distance, l'intervalle d'un escadron à l'autre, ainsi qu'il vient d'être prescrit ; les divisions des autres escadrons se conformeront (relativement à la place qu'elles occuperont) à l'une ou à l'autre règle.

On exécutera les mouvemens contraires lorsqu'on voudra se rompre par la gauche pour marcher vers la droite.

Le régiment étant en colonne par escadron, on commandera :

SIXIÈME COMMANDEMENT.

I.

Prenez garde à vous.

2.

En avant, par compagnie, rompez les escadrons.

3.

Marche.

LA première compagnie de chaque escadron continuera de *marcher en avant*, & dès que son second rang aura dépassé le premier rang de la seconde compagnie, celle-ci appuiera à droite en marchant, pour se porter par le pas oblique sur la direction de la première, ce sera le contraire lorsque les escadrons marcheront en colonne renversée.

Voyez PLANCHE 9, *fig. 1.*

SEPTIÈME COMMANDEMENT.

I.

Prenez garde à vous.

2.

En avant, par division, rompez les compagnies.

Voyez
PLANCHE 9,
fig. 2.

3.

Marche.

CHAQUE compagnie se rompra par division, en suivant la même règle qui vient d'être prescrite pour rompre les escadrons par compagnie.

Le régiment étant en colonne par division, on commandera à la première division de la colonne :

HUITIÈME COMMANDEMENT.

I.

Prenez garde à vous.

2.

Marchez , quatre.

3.

Marche.

Voyez
PLANCHE 9,
fig. 3.

LES quatre Cavaliers de la droite du premier rang marcheront en avant, les autres Cavaliers du premier rang de cette division se rompront successivement en avant par quatre, pour se porter obliquement sur la direction des premiers, & prendre rang dans la colonne à mesure qu'ils y arriveront; le second rang de la même division se rompra sur le terrain qu'il occupera dans le même ordre que le premier, & toutes les divisions suivantes exécuteront la même manœuvre à mesure qu'elles arriveront sur le terrain où la première se sera rompue.

Le régiment étant en colonne par quatre, on commandera au premier rang de la première division de la colonne :

NEUVIÈME COMMANDEMENT.

Marchez, deux.

Voyez
PLANCHE 9,
fig. 3.

LES deux Cavaliers de la droite du premier rang se porteront en avant, & seront suivis des deux de la gauche; le second rang & successivement tous ceux qui composeront la colonne, se rompront dans le même ordre partant du terrain qu'ils occuperont.

Lorsqu'ensuite

Lorſqu'enſuite on voudra défiler, on commandera à la tête de la colonne :

DIXIÈME COMMANDEMENT.

Défilez.

LE Cavalier de la droite du premier rang ſe portera en avant, & ſera ſuivi de celui de la gauche ; les autres rangs ſe rompront ſucceſſivement dans le même ordre partant du terrain qu'ils occuperont.

Voyez PLANCHE 9, *fig. 3.*

SIXIÈME MANŒUVRE.

DOUBLER LES RANGS EN AVANT,
ET SE FORMER SUCCESSIVEMENT
PAR DIVISION, COMPAGNIE, ESCADRON,
ET LE RÉGIMENT EN BATAILLE, DE TOUTES LES MANIÈRES.

LORSQU'APRÈS avoir défilé par un, on voudra marcher par deux, par quatre, & former enſuite les diviſions ; pendant tout le temps que les rangs doubleront, le premier rang de la colonne, après s'être porté quatre pas en avant, fera *halte*, afin de donner la facilité aux derniers Cavaliers ou aux dernières troupes de la colonne, d'arriver à leurs diſtances.

PREMIER COMMANDEMENT.

Marchez, deux,

LE ſecond Cavalier de chaque diviſion doublera à la gauche du premier, le quatrième doublera à la gauche du troiſième, ainſi de ſuite, & dès que le doublement ſera fait, le premier rang de la colonne ayant fait *halte*, tous les autres rangs ſe ſerreront au trot ſur lui juſqu'à ce qu'ils ſoient arrivés près les uns des autres, après quoi on marchera.

Voyez PLANCHE 9, *fig. 4.*

DEUXIÈME COMMANDEMENT.

Marchez, quatre.

LES deux Cavaliers du ſecond rang de chaque diviſion doubleront à la gauche du premier rang, les deux Cavaliers du quatrième rang doubleront à la gauche du troiſième rang, ainſi de ſuite ; & dès que le doublement

Voyez PLANCHE 9, *fig. 5.*

V

fera fait, on obſervera ce qui vient d'être preſcrit pour ſerrer les rangs & marcher enſuite.

TROISIÈME COMMANDEMENT.

I.

Prenez garde à vous.

2.

En avant, ſur deux rangs, formez les diviſions.

3.

Marche.

Voyez PLANCHE 9, *fig. 6.*

LES Cavaliers qui auront la tête de chaque diviſion, continueront de marcher le même pas (excepté ceux du premier rang de la colonne, qui après s'être portés quatre pas en avant, feront *halte)*. Tous ceux qui devront compoſer le premier rang ſe porteront obliquement à gauche, pour ſe former ſucceſſivement à la gauche les uns des autres; le ſecond rang ſe formera dans le même ordre, en ſe ſerrant ſur le premier; après quoi toutes les diviſions de la queue de la colonne ſe porteront légèrement à leur diſtance (la première diviſion de chaque eſcadron obſervant en outre la diſtance preſcrite entre les eſcadrons), ce qui étant exécuté, la colonne ſe mettra en marche.

Dans une marche de nuit, les diviſions de la queue de la colonne continueront à défiler ou à marcher deux ou quatre, juſqu'à ce qu'elles auront joint la diviſion qui les précèdera, & qu'elles ſeront arrivées ſur le terrain où elles devront ſe former.

QUATRIÈME COMMANDEMENT.

I.

Prenez garde à vous.

2.

En avant, formez les compagnies.

3.

Marche.

Voyez PLANCHE 9, *fig. 7.*

LA première diviſion de chaque compagnie ralentira un peu ſon pas, & la ſeconde diviſion appuiera à gauche

TITRE XV.

79

en marchant pour se former par le pas oblique à la gauche de la première division.

CINQUIÈME COMMANDEMENT.

I.

Prenez garde à vous.

2.

En avant, formez les escadrons..

3.

Marche.

LES deux compagnies de chaque escadron exécuteront la même manœuvre que celle qui vient d'être prescrite pour les deux divisions de chaque compagnie.

Voyez PLANCHE 9, *fig. 8.*

Lorsque les circonstances exigeront de doubler par deux escadrons, les premier & troisième escadrons ralentiront leur pas ; les second & quatrième escadrons feront chacun un *demi à gauche* pour marcher (eu égard au terrain d'où ils seront partis) diagonalement vers la gauche & se former par un *demi à droite*, l'un à la gauche du premier escadron, & l'autre à la gauche du troisième, observant entre eux l'intervalle prescrit.

Voyez PLANCHE 10, *fig. 1.*

Lorsqu'ensuite on voudra former le régiment en bataille *en avant ;* les premier & second escadrons feront *halte ;* les troisième & quatrième escadrons qui formeront la seconde ligne feront chacun un *demi à gauche*, pour ensuite se porter en avant & se former chacun par un *demi à droite* à la gauche des deux premiers & sur le même alignement.

Voyez PLANCHE 10, *fig. 2.*

Le régiment étant en colonne par escadron, on préférera pour plus de célérité de le former tout de suite en bataille, sans qu'il soit nécessaire auparavant de le faire doubler par deux escadrons, & on commandera :

SIXIÈME COMMANDEMENT.

I.

Prenez garde à vous.

2.

En avant, formez le régiment en bataille.

3.
Marche.

LE premier escadron du régiment se portera à huit pas en avant & fera *halte*, le second, le troisième & le quatrième escadron feront chacun un *demi à gauche* pour se porter diagonalement vers la gauche (le second escadron marchant au grand pas, le troisième au trot & le quatrième au grand trot), & se former successivement en bataille à la gauche les uns des autres.

Le Commandant du troisième escadron observera dans ce mouvement, que la file de la droite de son escadron dépasse d'environ trois pas (ou soit à peu près sur la direction) de la file de la gauche du second escadron qui le précédera jusqu'au moment que le second escadron sera arrivé sur le terrain où il devra se mettre en bataille, alors le troisième escadron continuera sa direction pour laisser entre lui & le second escadron l'intervalle nécessaire.

Le Commandant du quatrième escadron observera la même règle par rapport à ce troisième escadron.

Le régiment étant en colonne, par division ou par compagnie, on pourra le former tout de suite en bataille, sans qu'il soit toujours nécessaire de former auparavant les compagnies & escadrons.

Si au lieu d'arriver par la droite du terrain où l'on auroit à se mettre en bataille en avant, on y arrive par la gauche, on dirigera d'avance (s'il n'y a point d'obstacle) la tête de la colonne sur le point où on voudra placer la droite, & lorsqu'elle y sera arrivée, on se mettra en bataille en se conformant à ce qui est prescrit au neuvième commandement ci-après; mais lorsqu'une colonne quelconque arrivera sur l'alignement, & par le centre du terrain où elle aura à se mettre en bataille en avant, on dirigera la tête de la colonne à droite pour faire longer les premières divisions jusque sur le terrain où on voudra les porter, & lorsqu'elles y seront arrivées, elles se mettront en bataille par un *à gauche*, tandis que les divisions qui n'auront point encore changé leur direction, se formeront en avant sur l'alignement des premières, ainsi qu'il est prescrit ci-dessus.

Lorsqu'on marchera en colnne renversée, on suivra les mêmes principes par des mouvemens contraires.

Si

81

Si au lieu de former le régiment en bataille en avant, on veut le former fur la droite, fans rien changer à fon ordre naturel, on commandera :

<u>T</u>ITRE XV.

SEPTIÈME COMMANDEMENT.

1.

Prenez garde à vous.

2.

Sur la droite, formez le régiment en bataille.

3.

Marche.

S I le régiment eft en colonne par efcadron, le premier efcadron fera un *quart de converfion à droite*, marchera douze pas en avant, & fera *halte*; le fecond efcadron marchant toujours directement devant lui, fera de même un *quart de converfion à droite* dès que fon premier rang aura dépaffé la file de la gauche du premier efcadron de la moitié du front d'un efcadron, & il fe portera enfuite fur l'alignement du premier efcadron où il fera *halte*, les deux autres efcadrons exécuteront fucceffivement la même manœuvre, fe réglant fur celui qui les précèdera.

Voyez
PLANCHE LI,
fig. 2.

Si le régiment eft en colonne par compagnie, la première compagnie exécutera la même manœuvre prefcrite ci - deffus pour le premier efcadron, celle qui fuivra marchant directement devant elle, exécutera le même mouvement dès que fon premier rang fera à la hauteur de la file de la gauche de la première compagnie; mais la troifième compagnie de la colonne n'exécutera fon mouvement qu'après avoir dépaffé d'un demi efcadron la file de la gauche de la compagnie qui viendra de fe former: toutes les compagnies fuivantes obferveront (relativement à la place qu'elles devront occuper) l'une ou l'autre règle.

Si le régiment eft en colonne par divifion, on fe conformera aux mêmes principes, pour garder l'intervalle prefcrit entre les efcadrons.

Lorfqu'on marchera en colonne renverfée, on fe formera fur la gauche par les mêmes règles qui viennent d'être indiquées pour fe former fur la droite.

X

Si au lieu de former le régiment fucceffivement en
bataille fur la droite, on veut le former par un *à droite*
ou par un *à gauche* par efcadron, on commandera :

HUITIÈME COMMANDEMENT.

1.

Prenez garde à vous.

2.

Efcadrons, à droite en bataille,

ou
efcadron,
compagnie,
divifion, } *à gauche, en bataille.*

3.

Marche.

Voyez
PLANCHE 11,
fig. 3.

CHAQUE efcadron fera un *quart de converfion à droite,*
ou fi c'eft à gauche, chaque efcadron, compagnie ou
divifion étant en colonne, fera un *quart de converfion à*
gauche.

Lorfqu'on voudra former le régiment obliquement
en bataille par rapport à la direction qu'il aura étant en
colonne, on commandera :

NEUVIÈME COMMANDEMENT.

1.

Prenez garde à vous,

2.

efcadron,
compagnie,
divifion, } *demi à droite, obliquement, en bataille*
ou
demi à gauche, obliquement, en bataille.

3.

Marche.

Voyez
PLANCHE 12,
fig. 1.

SI c'eft à droite, le premier efcadron de la colonne

83

Fera un *demi à droite*, après lequel il fera *halte*, les autres escadrons feront en même temps chacun un *demi à droite* plus ou moins pour se porter ensuite en avant & se former successivement à la droite les uns des autres sur l'alignement du premier escadron.

Si c'est au contraire à gauche, on exécutera la même manœuvre par des mouvemens contraires.

Lorsqu'on sera en colonne par compagnie ou division, chaque compagnie ou division exécutera ce qui vient d'être prescrit pour chaque escadron.

Lorsqu'un régiment étant en colonne, on voudra le former en bataille, en arrière, on fera les commandemens suivans.

DIXIÈME COMMANDEMENT.

I.

Prenez garde à vous.

2.

En arrière, formez le régiment en bataille.

3.

Marche.

LE quatrième escadron, s'il se trouve avoir la queue de la colonne, fera *demi - tour à gauche*, se portera huit pas en avant & fera *halte*, les autres escadrons feront en même temps chacun un *à gauche & demi* pour venir diagonalement se former successivement à la droite les uns des autres, se conformant d'ailleurs à ce qui est prescrit ci - devant pour former un régiment en bataille en avant.

Dans le cas où le régiment marcheroit en colonne renversée, & que le premier escadron auroit la queue de la colonne, on exécuteroit cette manœuvre par des mouvemens contraires, puisqu'alors les escadrons qui auroient la tête de la colonne devroient se porter vers leur droite pour former le régiment dans son ordre naturel.

Si l'on est en colonne par compagnie ou division, chaque compagnie ou division exécutera ce qui vient d'être prescrit pour chaque escadron.

Lorsqu'on aura à se mettre en bataille sur un terrain plus reculé que celui qu'on occupera en colonne, on

TITRE XV.

Voyez PLANCHE 12, fig. 2. & PLANCHE 13, fig. 1.

Voyez PLANCHE 13, fig. 2.

fera faire une *demi-converſion* à chaque troupe de la colonne, pour la porter juſque ſur le terrain qu'on voudra
occuper, & ſe mettre enſuite en bataille en avant.

SEPTIÈME MANŒUVRE.

UN RÉGIMENT ÉTANT EN BATAILLE,
LE FORMER SUR UNE ou SUR PLUSIEURS COLONNES.

PREMIER COMMANDEMENT.

1.

Prenez garde à vous.

2.

En avant, par $\left\{ \begin{array}{l} \textit{eſcadron,} \\ \textit{compagnie,} \\ \textit{diviſion,} \end{array} \right\}$ *formez le régiment en colonne.*

3.

Marche.

Voyez
PLANCHE 14;
fig. 1.

Si c'eſt par eſcadron, le premier eſcadron du
régiment ſe portera en avant, tandis que les autres
feront chacun un *quart de converſion à droite,* & à meſure
qu'ils arriveront à la hauteur du premier eſcadron ils
feront ſucceſſivement *à gauche* pour marcher ſur ſa
direction.

Lorſqu'on voudra former le régiment ſur deux colonnes, on commandera :

DEUXIÈME COMMANDEMENT.

1.

Prenez garde à vous.

2.

En avant, par $\left\{ \begin{array}{l} \textit{compagnie,} \\ \textit{diviſion,} \end{array} \right\}$ *formez le régiment ſur deux colonnes.*

3.

Marche.

Voyez
PLANCHE 14,
fig. 2.

Si c'eſt par compagnie, la première compagnie de
chacun

85

chacun des premier & troisième escadrons se porteront en avant, tandis que les autres feront chacune un *quart de conversion à droite*, & à mesure qu'elles arriveront à la hauteur de la compagnie qui aura la tête de leur colonne, elles feront successivement *à gauche* pour marcher sur la même direction.

Si au contraire on veut former le régiment sur quatre colonnes, on commandera:

TROISIÈME COMMANDEMENT.

1.

Prenez garde à vous.

2.

En avant, par division, formez chaque escadron en colonne.

3.

Marche.

La première division de chaque escadron se portera en avant, & les autres divisions feront chacune *à droite*, & à mesure qu'elles arriveront à hauteur de la première, elles feront *à gauche* pour marcher sur sa direction.

Voyez PLANCHE 14, *fig.* 3

Au lieu de cette manœuvre, on pourra faire *à gauche* par escadron, & ensuite *à droite* par division.

Lorsqu'ensuite on voudra se remettre en bataille, on se conformera aux principes qui sont établis dans les différens commandemens de la septième manœuvre.

Voyez PLANCHE 14, *fig.* 4.

HUITIÈME MANŒUVRE.

UN RÉGIMENT ÉTANT EN COLONNE
PAR ESCADRON, COMPAGNIE, DIVISION,
PORTER DIAGONALEMENT LA COLONNE SUR LA DROITE
ou *SUR LA GAUCHE.*

PREMIER COMMANDEMENT.

1.

Prenez garde à vous.

2.

Portez la colonne sur la droite (ou sur la gauche.)

Y

TITRE XV.

3.

Marche.

Si c'est sur la droite, & que l'on soit en colonne par escadron, chaque escadron fera un *demi à droite*, & se portera ensuite directement devant lui ; le Commandant du second escadron observera dans ce mouvement que la file gauche de son escadron dépasse d'environ trois pas la direction de la file droite du premier escadron : les Commandans des autres escadrons auront la même attention par rapport à l'escadron qui les précèdera, marchant tous à même hauteur ; mais si l'on étoit en colonne par un moindre front, & que chaque troupe n'observât de distance que celle qui lui seroit nécessaire pour se mettre en bataille, alors il faudroit que la file gauche de chaque troupe se trouvât à peu près vis-à-vis le tiers de rang de la troupe qui la précéderoit, ainsi qu'on l'aperçoit à la seconde compagnie de chaque escadron *(planche 15, fig. 2)*.

Lorsque la colonne sera arrivée dans cet ordre sur le terrain où on aura voulu la porter, on commandera :

DEUXIÈME COMMANDEMENT.

1.

Prenez garde à vous.

2.

Formez la colonne.

3.

Marche.

CHAQUE escadron fera alors un *demi à gauche* pour reformer la colonne, qui continuera de marcher directement en avant.

NEUVIÈME MANŒUVRE.

UN RÉGIMENT ÉTANT EN BATAILLE, CHANGER SA POSITION OU SON FRONT.

LORSQU'ON voudra changer la position d'un régiment en bataille, & le porter diagonalement vers la droite ou vers la gauche, on commandera :

87

PREMIER COMMANDEMENT.

1.

Prenez garde à vous.

2.

escadron, compagnie, } *demi à droite* ou *demi à gauche.*

3.

Marche.

SI on a commandé un *demi à droite*, après que chaque escadron (*ou* compagnie) l'aura exécuté, toute la ligne marchera diagonalement en avant en ordre de bataille brisé jusque sur le terrain où on voudra la porter, après quoi on commandera :

Voyez PLANCHE 15, *fig.* 3.

DEUXIÈME COMMANDEMENT.

1.

Prenez garde à vous.

2.

En bataille.

3.

Marche.

CHAQUE escadron se remettra en bataille, faisant *face en tête* par *un demi à gauche.*

Voyez PLANCHE 15, *fig.* 3.

Lorsqu'on voudra changer le front d'un régiment en bataille, & lui faire faire *face* à l'un des flancs, au lieu de faire faire le *quart de conversion* à tout le régiment ensemble, on se conformera à la manœuvre suivante, qui remplira le même objet avec plus de célérité & moins de difficulté.

TROISIÈME COMMANDEMENT.

1.

Prenez garde à vous.

2.

Escadrons, { *fur la droite* ou *fur la gauche,* } *changez le front du régiment.*

3.
Marche.

Voyez P LANCHE 16, *fig. 1.*

S I c'eſt ſur la droite, le premier eſcadron fera *à droite,* ce qui étant exécuté, il fera *halte,* les autres eſcadrons feront en même temps chacun un *demi-quart de converſion à droite,* pour ſe porter (indépendamment les uns des autres) diagonalement vers la droite, & ſe former ſucceſſi-vement à la gauche les uns des autres & ſur l'alignement du premier eſcadron, obſervant les intervalles preſcrits.

Lorſqu'on voudra faire face vers la gauche, on ſe conformera aux mêmes principes par des mouvemens contraires.

Si au lieu de faire *face* à l'un des flancs, on ne veut ſeulement qu'avancer un peu la droite ou la gauche, ou bien la reculer, on ſe conformera à ce qui ſuit.

Lorſqu'on voudra avancer la droite, on fera faire à l'eſcadron de la gauche un *demi à gauche* plus ou moins, ſelon le degré où l'on voudra porter la droite, après quoi on commandera:

Q UATRIÈME C OMMANDEMENT.
I.
Prenez garde à vous.
2.
Eſcadron, obſervez l'alignement de la gauche.
3.
Marche.

Voyez P LANCHE 16, *fig. 2.*

L ES autres eſcadrons ſe porteront en avant (indépen-damment les uns des autres) ſur l'alignement de l'eſca-dron de la gauche, où ils feront *halte* à meſure qu'ils y arriveront.

Si au lieu d'avancer la droite, on veut avancer la gauche,

1.º juin 1768.

89

gauche, on se conformera aux mêmes principes par des mouvemens contraires.

Lorsqu'on voudra reculer la droite, on commencera par mettre le régiment en colonne par un *à gauche par escadron*, après quoi on commandera: *escadron, demi à gauche en bataille*, l'escadron qui aura la tête de la colonne fera un *demi à gauche* plus ou moins selon le degré où l'on voudra porter la droite, & les autres escadrons se porteront en même temps sur son alignement, après quoi chaque escadron fera *face en tête* par une demi-conversion.

On exécutera la même manœuvre par des mouvemens contraires lorsqu'on voudra reculer la gauche.

Voyez PLANCHE 16, *fig. 3.*

Lorsqu'une ligne, composée de plusieurs régimens, sera dans le cas de changer son front & de faire un mouvement sur son centre; si c'est à droite, on fera faire *demi - tour à gauche* par compagnie ou division aux escadrons de l'aile droite, après quoi les deux escadrons du centre feront ensemble un *à droite* ou un *demi à droite* sur le centre; ceux des ailes feront en même temps chacun un *demi à droite* pour se porter en avant (indépendamment les uns des autres) sur l'alignement des escadrons du centre, où ils feront un second *demi à droite* à mesure qu'ils y arriveront; les escadrons de l'aile droite feront ensuite *face en tête* par un second *demi - tour à gauche*, par compagnie ou division.

On observera, si la ligne étoit formée en muraille, de faire cette demi - conversion *à droite* au lieu de la faire à gauche.

DIXIÈME MANŒUVRE.

FORMER LES ESCADRONS DE DEUX SUR TROIS RANGS, ET LES REMETTRE SUR DEUX.

POUR exécuter cette manœuvre, on divisera le front de chaque escadron en six parties, qui se nommeront *sections*, pour ce cas-là seulement; au moyen de quoi le front des escadrons étant supposé de quarante-huit hommes, chaque section se trouvera être de huit hommes de front; on marquera la section de l'aile droite & celle

Z

de l'aile gauche de chaque escadron seulement, après quoi on commandera :

PREMIER COMMANDEMENT.

I.

Prenez garde à vous.

2.

En avant, sur trois rangs, formez les escadrons.

3.

Marche.

LE centre de chaque escadron, c'est-à-dire les quatre sections du centre, se porteront six pas en avant & feront *halte ;* mais le Capitaine & les Fourriers de serre-file ne bougeront ; dès que le second rang arrivera sur le terrain qu'occupoit le premier, le second rang de la section de la droite, qui n'aura pas bougée, appuiera à gauche jusque vers le centre de l'escadron pour faire partie du troisième rang ; le premier rang de cette même section exécutera ensuite la même manœuvre pour former la droite du troisième rang ; la section de la gauche de chaque escadron exécutera en même temps & par des mouvemens contraires, la même manœuvre que celle de la droite pour former l'aile gauche du troisième rang. Les Lieutenans qui se trouveront aux ailes de chaque escadron, se porteront en avant en même temps que le centre de l'escadron pour se placer sur les ailes du premier rang ; les Sous-lieutenans remplaceront les Lieutenans pour se trouver sur les ailes du troisième rang, le Capitaine & les Fourriers de serre-file se serreront ensuite sur le troisième rang.

Lorsqu'ensuite on voudra remettre les escadrons sur deux rangs, on fera les commandemens suivans.

DEUXIÈME COMMANDEMENT.

I.

Prenez garde à vous.

2.

En avant, sur deux rangs, formez les escadrons.

91.

3.
Marche.

LES deux premiers rangs de chaque escadron se porteront trois pas en avant & feront *halte* ; la section de la droite, qui se trouvera former l'aile droite du troisième rang, appuiera *à droite* pour se replacer sur deux rangs à la droite de l'escadron ; la section de la gauche exécutera en même temps, & par des mouvemens contraires, la même manœuvre par la gauche pour se replacer à la gauche de l'escadron ; pendant ce temps, les Lieutenans qui se trouveront aux ailes se porteront *à droite* & *à gauche* pour reprendre (ainsi que les Sous-lieutenans) la place qu'ils occupoient aux ailes de ces mêmes sections ; le Capitaine & les Fourriers de serre-file se serreront en même temps sur le second rang.

Cette manœuvre dérangeant l'ordre ordinaire des divisions (à moins de la rendre plus compliquée), ne sera employée que dans les cas qui seront absolument indispensables.

ONZIÈME MANŒUVRE.

LE RÉGIMENT MARCHANT DE FRONT EN BATAILLE, SERRER LES ESCADRONS SUR LE CENTRE DU RÉGIMENT, POUR MARCHER EN MURAILLE ET LES OUVRIR SUR LES AILES, POUR QU'ILS OBSERVENT LEURS INTERVALLES.

PREMIER COMMANDEMENT.

I.

Prenez garde à vous, pour marcher en muraille.

2.

Par escadron, appuyez sur le centre du régiment.

3.
Marche.

LES deux escadrons de la droite appuieront à gauche en marchant, & les deux escadrons de la gauche appuieront à droite jusqu'à ce qu'ils se soient joints vers le centre du régiment, pour marcher ensuite en avant sans aucun intervalle entr'eux.

Voyez PLANCHE 17, *fig.* 2. 1.er & 2.me MOUVEMENS.

Voyez PLANCHE 17, *fig.* 3.

Lorsqu'on voudra qu'ils obſervent leurs intervalles, on commandera :

DEUXIÈME COMMANDEMENT.

I.

Prenez garde à vous, pour obſerver vos intervalles.

2.

Par eſcadron, appuyez ſur les ailes du régiment.

3.

Marche.

Voyez
PLANCHE 17,
fig. 4.

LES deux eſcadrons de la droite appuieront à droite, & les deux eſcadrons de la gauche appuieront à gauche juſqu'à ce qu'ils aient entr'eux l'intervalle preſcrit.

Pour parvenir à exécuter cette manœuvre avec préciſion, & n'être pas dans le cas de revenir ſur ſes pas pour avoir embraſſé trop de terrain, la file de la gauche du ſecond eſcadron (autrement dit *le guide*), & la file de la droite du troiſième eſcadron qui ſe trouveront au centre du régiment, auront attention, dès qu'ils jugeront qu'ils ſeront aſſez éloignés l'un de l'autre, de ne plus appuyer vers les ailes du régiment, mais de ſe porter alors directement en avant ſans avoir égard aux Cavaliers qui pourroient s'éloigner d'eux.

La file de la gauche du premier eſcadron, & la file de la droite du quatrième eſcadron auront ſeules la même attention, l'une par rapport au deuxième, & l'autre par rapport au troiſième eſcadron ; chacune de ces files étant le guide de ſon eſcadron, ſervira de point d'alignement aux Cavaliers qui obſerveront ce qui a été preſcrit à cet égard dans le chapitre des Principes généraux pour les manœuvres, *Titre XIII.*

DOUZIÈME MANŒUVRE.

DE LA CHARGE CONTRE LA CAVALERIE

UN eſcadron chargera l'ennemi avec ſuccès lorſqu'il attaquera le flanc de l'eſcadron qui lui ſera oppoſé, ou qu'il y ſuppléera par la plus grande rapidité.

On

93

On fera toujours mettre aux Cavaliers le mousqueton à la grenadière pour charger l'ennemi, & on commandera :

TITRE XV.

I.

Prenez garde à vous pour charger.

2.

Sabre à la main.

3.

Marche.

4.

Au trot.

Au premier commandement, les Cavaliers rassembleront leurs chevaux.

Au deuxième, ils mettront le sabre à la main.

Au troisième, ils ébranleront leurs chevaux au pas.

Au quatrième, ils les mettront au trot.

Lorsqu'ensuite la troupe ne sera plus qu'à cent pas (environ) des ennemis, le Commandant dira :

5.

Haut le sabre, au galop.

A ce dernier commandement, les Trompettes sonneront *la charge*, & les Cavaliers portant leur sabre haut, mettront leurs chevaux au galop, observant de rester toujours serrés & bien alignés pour arriver en ordre sur l'ennemi ; lorsqu'ils en seront à portée, ils s'élèveront sur leurs étriers pour les charger à coups de sabre.

Voyez
PLANCHE I,
fig. 3.

Si l'on vient à repousser l'ennemi, le Commandant détachera, s'il le juge nécessaire, la division de la droite ou de la gauche de chaque escadron, pour les poursuivre & les empêcher de se rallier.

La charge finie, le Commandant fera faire *halte* pour reformer les escadrons, & fera sonner aussitôt le ralliement pour faire rentrer les divisions qui seroient à la poursuite des ennemis, les Commandans des Corps ne devant

A a

jamais perdre de vue qu'un des avantages le plus effentiel dans un jour de bataille, eft de fe rallier le plus promptement poffible, pour être toujours en état de faire face à l'ennemi ou de combattre les nouvelles lignes qui pourroient fe préfenter.

TREIZIÈME MANŒUVRE.

DE LA CHARGE
CONTRE UNE LIGNE D'INFANTERIE.

QUAND un corps de Cavalerie fera chargé d'attaquer une ligne d'Infanterie, il fera difpofé fur autant de colonnes que fa force le lui permettra, obfervant que les angles étant plus avantageux à charger que le front, on doit y diriger fon attaque autant qu'il fera poffible.

La première difpofition étant faite, la première, la feconde, la troifième & même la quatrième troupe de chaque colonne fe ferrant l'une fur l'autre, & formant une maffe, s'ébranleront au trot, & fe mettront au galop lorfqu'elles feront à trois cents pas, pour s'abandonner fur l'ennemi au commandement *haut le fabre*, cette tête de colonne étant deftinée à percer la ligne d'Infanterie.

Quant aux autres troupes de chaque colonne, elles laifferont cent pas de diftance entr'elles & celles de la tête de leur colonne, deftinées, comme il vient d'être dit, à percer la ligne des ennemis.

Après que cette tête de chaque colonne aura traverfé la ligne des ennemis, elle fera *halte* à environ cent pas pour fe reformer, tandis que les autres troupes qui la fuivront à cent pas, comme il vient d'être prefcrit, tourneront à droite & à gauche en pénétrant dans cette ligne ennemie, pour la prendre en flanc & achever de la détruire, après quoi elles fe rallieront promptement pour fe mettre en état d'attaquer de la même manière la feconde ligne d'Infanterie s'il y en avoit une.

95

QUATORZIÈME MANŒUVRE.

DU RALLIEMENT.

POUR apprendre aux Cavaliers à se rallier, & à se reformer promptement, toutes les fois que les circonstances peuvent l'exiger à la guerre, on les enverra quelquefois *au fourrage*, en observant de ne faire jamais cette manœuvre immédiatement après que les escadrons auront marché en allant à la charge.

Lorsqu'on jugera à propos de faire faire cette manœuvre, on fera sonner le *boute-charge*, auquel signal tous les Cavaliers se disperseront en fourrageurs; mais le Commandant, l'Officier - major, le Porte - étendard, avec le Brigadier & le Carabinier de son escorte, ainsi que les deux Trompettes de chaque escadron, qui ne s'abandonneront pas avec le reste de la troupe, iront se placer à la droite, à la gauche ou en arrière du terrain d'où sera parti l'escadron, afin d'accoutumer les Cavaliers à rechercher leur étendard & à s'y rallier.

Lorsqu'on voudra ensuite rallier le régiment, on ordonnera aux Trompettes de sonner le *ralliement*; à ce signal, les Cavaliers se rallieront promptement à leur étendard, en reprenant le plus diligemment qu'il sera possible leur rang, par division & par compagnie.

QUINZIÈME MANŒUVRE.

SIMULACRE DE LA CHARGE.

POUR accoutumer les chevaux au bruit des armes, on fera mettre une compagnie ou un escadron vis-à-vis de l'autre à environ cent pas, on fera sortir ensuite plusieurs Cavaliers de chacune de ces troupes, pour s'avancer les uns vis-à-vis des autres; ils tireront leur mousqueton, le passeront à la grenadière, mettront ensuite le sabre à la main, le croiseront avec leur ennemi, en gagnant la croupe & se tournant réciproquement, & après s'être éloignés de quelques pas, ils laisseront pendre leur fabre au poignet par le cordon, tireront un ou les deux piſtolets & reprendront leur fabre ; ils marcheront enſuite deux pas en avant & reviendront prendre leur place dans la troupe, en paſſant par derrière.

Lorſque les Cavaliers auront été ainſi exercés en détail, on fera mettre ces deux troupes chacune ſur un rang à files ouvertes, pour marcher en totalité ou en partie vis-à-vis l'une de l'autre, l'une de ces troupes ayant le piſtolet apprêté pour faire *feu* au commandement qui en ſera fait ; ces deux troupes paſſeront dans les intervalles l'une de l'autre, & iront ſe reformer à cinquante pas, ſe faiſant *face* par un *demi-tour à droite* par Cavalier. On répètera une ſeconde fois la même manœuvre, & alors la troupe qui n'aura point fait *feu*, tirera à ſon tour ; ce qui étant exécuté, ces deux troupes reviendront une troiſième fois à la charge, *le ſabre haut*, chaque Cavalier croiſant le ſabre en arrivant ſur le Cavalier (de la troupe oppoſée) qui ſera vis-à-vis ſa droite, & ſe tourneront réciproquement, pour enſuite revenir ſe former par un *demi-tour à droite* par Cavalier ſur le terrain d'où ils ſeront partis.

Lorſqu'on voudra charger à files ſerrées, on fera marcher en ordre de bataille un eſcadron (*ou* une compagnie) vis-à-vis de l'autre, pour ſe charger, *le ſabre haut*, les Trompettes ſonnant *la charge* ; dès qu'ils ſeront arrivés à la portée du ſabre, les Cavaliers des premiers rangs s'élèveront ſur leurs étriers & feront cliqueter leur ſabre pendant une minute environ & à pluſieurs repriſes, pour accoutumer les chevaux à ce bruit ; après quoi l'une des deux troupes fera ſa retraite (ce qui s'exécutera en faiſant faire *demi-tour à droite* par Cavalier au ſecond rang, & enſuite au premier), & ira ſe rallier à cent cinquante pas environ, où s'étant remiſe en ordre, elle reviendra à la charge, & ſera victorieuſe à ſon tour.

La troupe cenſée victorieuſe ſuivra quelques pas celle qui ſe retirera, après quoi elle fera *halte*.

On

97

On fera auffi marcher une troupe vis-à-vis de l'autre, le piftolet apprêté, pour faire *feu*, ces deux troupes obfervant de fe porter quelques pas en avant après que l'une des deux aura fait feu, & de ne fe retirer l'une ou l'autre qu'après que les chevaux feront appaifés.

On recommandera aux Cavaliers de tirer en l'air, crainte d'accidens.

Cette charge finie, on fera remettre les efcadrons en bataille, comme ils étoient auparavant.

SEIZIÈME MANŒUVRE.
DU PASSAGE D'UN DÉFILÉ
EN PRÉSENCE DE L'ENNEMI.

LORSQU'UN régiment (*ou* une troupe) fe trouvera dans le cas de paffer un défilé, le Commandant le fera former en bataille vis-à-vis du défilé, fans aucun intervalle entre les efcadrons; & comme ce défilé peut être de plufieurs efpèces, une gorge de montagnes efcarpée de toutes parts, un chemin dans un bois, &c. le Commandant fera paffer fon avant-garde, pour être inftruit de ce qui pourroit fe trouver de l'autre côté du défilé: après quoi, il fera les commandemens néceffaires, pour rompre le régiment par la droite *ou* par la gauche; mais fi le défilé fe trouve vers le centre, il fera paffer l'efcadron qui en fera le plus à portée, & alternativement ceux de droite & de gauche.

Voyez
PLANCHE 18,
fig. 1,
&
PLANCHE 19,
fig. 1 & 3.

Lorfqu'une ligne compofée de plufieurs régimens devra paffer un défilé, le régiment qui en fera le plus à portée paffera de même le premier, & alternativement ceux de droite & de gauche, pour fe reformer dans le même ordre au-delà du défilé.

Si le défilé ne pouvoit contenir une divifion de front, on feroit marcher par quatre (*voyez planche 19, fig 3*), de même que s'il étoit plus large, on pafferoit par compagnie.

B b

Titre XV.

Les rangs seront toujours très-serrés en paſſant un défilé, ils le paſſeront leſtement (s'il eſt d'une petite étendue), & s'avanceront au trot pour former tout de ſuite le régiment en bataille.

Dès que la dernière diviſion de la colonne entrera dans le défilé, l'arrière garde ſe diſpoſera à le paſſer.

DIX-SEPTIÈME MANŒUVRE.

DU PASSAGE D'UN DÉFILÉ EN ARRIÈRE.

QUANT au paſſage du défilé en arrière, on y arrive en bataille ou en colonne; ſi l'on y arrive en bataille, on continuera de marcher juſqu'à cinquante pas environ du défilé que l'on tâchera de mettre derrière le centre, obſervant de faire ſerrer les eſcadrons en muraille; & après avoir fait *halte*, on fera *face en tête* par un *demi-tour à droite* par eſcadron, compagnie, &c.

La troupe qui faiſoit l'avant-garde, ſera deſtinée à faire l'arrière-garde, & celle qui faiſoit l'arrière-garde, ſera deſtinée à faire l'avant-garde, & ſeront placées l'une en avant, & l'autre en arrière du régiment.

Voyez PLANCHE 18, fig. 2.

Le Commandant fera enſuite les commandemens néceſſaires pour repaſſer le défilé par les eſcadrons des ailes, qui ſe rompront alternativement de droite & de gauche, ou (ſi la ligne étoit compoſée de pluſieurs régimens) par les régimens des ailes, & celui qui ſe trouvera vis-à-vis le défilé paſſera le dernier.

Voyez PLANCHE 19, fig. 2.

Dans le cas où le défilé ſe trouveroit derrière l'aile droite, on ſe romproit en arrière par la gauche, & l'aile droite paſſeroit le défilé la dernière; ſi au contraire le défilé ſe trouvoit derrière l'aile gauche, on ſe romproit en arrière par la droite, & l'aile gauche paſſeroit le défilé la dernière.

Voyez PLANCHE 18, fig. 2.

Si les circonſtances exigeoient de former le régiment en bataille, faiſant *face* au défilé après l'avoir repaſſé par

99

les ailes, le premier escadron, en arrivant sur l'alignement
où l'on devroit se former, longeroit vers la gauche &
feroit ensuite *face* au défilé par un *à gauche* par division.

Le quatrième escadron en feroit de même par la droite,
le second exécuteroit la même manœuvre que le premier
escadron, & le troisième se formeroit en avant sur le
terrain qu'il devroit occuper, pour ensuite faire *face en tête*
par un *demi-tour à droite* par division.

DIX-HUITIÈME MANŒUVRE.
RETRAITE.

ON fera marcher environ vingt-cinq pas en avant la
compagnie de la droite de chaque escadron, pour en   *Voyez*
former une première ligne qui se serrera sur son centre   PLANCHE 20,
en marchant, pour observer un ordre de bataille tant   *fig. 1.*
plein que vide ; après quoi la compagnie de la gauche
fera *demi - tour à droite* par division ou par Cavalier, le
Capitaine de serre-file de chaque escadron s'étant placé
à la tête de sa compagnie, marchera au petit trot jusqu'à
cent pas environ derrière la première ligne (composée, comme il vient d'être dit, de la compagnie de
la droite de chaque escadron), où il se remettra *face
en tête* par un second *demi-tour à droite,* se plaçant vis-
à-vis les intervalles de la première ligne.

Dès que la seconde ligne se sera reformée, la première ligne fera les mêmes mouvemens par division,
&c. & marchera au petit trot pour passer dans les intervalles de la seconde ligne, la première compagnie (qui
se trouvera alors à la gauche), observant de passer en
dehors des intervalles de la seconde ligne.

Lorsque la première ligne sera prête d'arriver dans
les intervalles de la seconde, celle-ci se portera doucement sept ou huit pas en avant, & fera *halte* jusqu'à
ce que la première ligne se sera reformée à cent pas
environ derrière elle, alors elle fera *demi - tour à droite,*

Titre XV.

Voyez
Planche 20,
fig. 2.

pour se retirer dans le même ordre derrière la première ligne.

Lorsque plusieurs régimens formés sur deux lignes, seront obligés de faire des mouvemens retrogrades, les escadrons de la première ligne feront *demi-tour à droite* par division *ou* par Cavalier, pour se retirer à cent pas environ derrière la seconde ligne, & se placer ainsi qu'il vient d'être prescrit, vis-à-vis les intervalles de la seconde ligne ; la seconde ligne se retirera ensuite derrière la première, & successivement autant de fois que les circonstances l'exigeront.

On détachera, s'il est nécessaire, une division de chaque escadron, qui se portera en avant pour contenir les ennemis, faire avec eux le coup de pistolet, & favoriser la retraite.

On se servira par préférence du *demi-tour à droite* par Cavalier pour les mouvemens retrogrades, & principalement dans le cas où une troupe, auroit chargé & se seroit mis dans l'espèce de désordre inévitable à la suite d'une charge ; en conséquence, on exercera les Cavaliers à cette manœuvre, qui s'exécutera à rangs serrés, & de la manière suivante.

DIX-NEUVIÈME MANŒUVRE.

DU DEMI-TOUR À DROITE PAR CAVALIER.

LES Cavaliers de chaque compagnie devant être comptés par deux, ainsi qu'il a été prescrit ci-devant à l'assemblée des compagnies ; il sera établi qu'on ne les fera jamais se recompter une seconde fois pendant tout le temps qu'ils resteront à cheval, quand même il s'en seroit absenté depuis ; en conséquence, ceux qui se feront comptés un ou deux, exécuteront toujours ce qui sera prescrit pour les nombres impairs ou pairs, en supposant même qu'il s'en trouveroit quelqu'un du même nombre à côté l'un de l'autre.

1. Prenez

101

1.

Prenez garde à vous, pour doubler vos files.

2.

Par Cavalier, demi-tour à droite.

3.

Marche.

AU deuxième commandement, les Cavaliers impairs du premier rang de chaque compagnie, se porteront en avant de la longueur d'un cheval, & tous les Cavaliers pairs du second rang, reculeront de la longueur d'un cheval ; le Lieutenant de la droite de chaque escadron ne changera point de place, mais le Sous-lieutenant reculera de la longueur d'un cheval ; ce sera le contraire pour les Officiers de la gauche de chaque escadron.

Voyez PLANCHE 20 ; *fig. 3.* 1.er MOUVEMENT.

Aussitôt que les files seront doublées, on fera le troisième commandement *marche,* auquel chaque Cavalier fera *demi-tour à droite* sans trop précipiter ce mouvement ; & faisant *face* alors en arrière, ceux qui se trouveront au second rang, rentreront dans les intervalles du premier ; ceux du troisième rang (sans attendre que ceux du quatrième les aient rejoint) se serreront aussitôt sur le premier, & ceux du quatrième rang rentreront dans leurs intervalles pour reformer le second rang.

Voyez PLANCHE 20 ; *fig. 3.* 2.me MOUVEMENT.

La même règle s'observera pour revenir sur ses pas ; les mêmes Cavaliers qui auront doublé leur file en avant, les doubleront en arrière, puisqu'ils se trouveront alors au second rang ; & ceux qui les auront doublées en arrière, les doubleront en avant.

Lorsqu'on voudra faire faire le *demi-tour à droite* par Cavalier à une troupe qui sera en mouvement, on lui fera faire *halte* avant de le lui faire exécuter, & dès qu'il le sera, la troupe continuera de marcher ; mais si la troupe étoit de pied-ferme, elle ne se porteroit ensuite en avant qu'au commandement *marche.*

VINGTIÉME MANŒUVRE.
BORDER LA HAIE.

Voyez
PLANCHE 21,
fig. 1.
1.er
MOUVEMENT.

POUR border la haie par compagnie, sans rien déranger à la formation des divisions, on fera mettre le régiment en colonne par un *à gauche par compagnie*, après quoi on commandera:

PREMIER COMMANDEMENT.

1.

Prenez garde à vous.

2.

Sur un rang, formez les divisions.

3.

Marche.

Voyez
PLANCHE 21,
fig. 1.
2.me & 3.me
MOUVEMENS.

LE second rang de la première division & le premier rang de la seconde ne bougeront ; le premier rang de la première division appuiera à droite, & le second rang de la seconde division appuiera à gauche ; le second rang de chaque division se portera ensuite en avant pour se former à la gauche du premier & sur le même alignement.

Lorsqu'ensuite on voudra remettre les divisions sur deux rangs, on commandera:

DEUXIÈME COMMANDEMENT.

1.

Prenez garde à vous.

2.

Sur deux rangs, formez les divisions.

3.
Marche.

Voyez
PLANCHE 21,
fig. 2.
1.er & 2.me
MOUVEMENS.

LE second rang de chacune des première & seconde divisions reculera ; le premier rang de la première division

103

appuiera enfuite à gauche, & le fecond rang de la feconde divifion appuiera à droite.

Lorfqu'on fera border la haie pour une revue d'Infpecteur ou de Commiffaire, on exécutera cette manœuvre par compagnie fans rien déranger à l'ordre d'ancienneté des Cavaliers, & on fera les commandemens ci-après:

TROISIÈME COMMANDEMENT.

1.

Prenez garde à vous.

2.

Par compagnie, bordez la haie.

3.

Marche.

LE premier rang de toute la compagnie ne bougera; le fecond rang appuiera à gauche pour fe former à la gauche du premier & fur le même alignement.

Voyez
PLANCHE 21,
fig 3.
2.me & 3.me
MOUVEMENS.

Lorfqu'enfuite on voudra fe remettre fur deux rangs, on commandera:

QUATRIÈME COMMANDEMENT.

1.

Prenez garde à vous.

2.

Sur deux rangs, formez les compagnies.

3.

Marche.

LE demi-rang de la droite ne bougera; le demi-rang de la gauche reculera & appuiera enfuite à droite, pour former le fecond rang.

On fera enfuite les commandemens néceffaires, pour remettre le régiment en bataille, comme il étoit avant de l'avoir mis en colonne.

Au lieu de cette manœuvre on pourra fe fervir de la fuivante, pour border la haie par compagnie.

Voyez
PLANCHE 21;
fig. 4.
1.er & 2.me
MOUVEMENS.
Voyez le 3.me
MOUVEMENT
de la fig. 2 & 4.

TITRE XV.

Voyez
PLANCHE 21;
fig. 5 & 6.

Le régiment étant en bataille , on fera marcher en avant le premier rang de chaque escadron , pour laisser entre lui & le second rang une distance du front d'une compagnie ; on commandera ensuite : *par demi-rang d'escadron à gauche, marche* ; ce qui étant exécuté , chaque compagnie se trouvera sur un rang. Lorsqu'ensuite on voudra se remettre sur deux rangs , on commandera : *par demi-rang de compagnie à droite , marche ;* & on fera serrer ensuite le second rang de chaque escadron sur le premier.

VINGT-UNIÈME MANŒUVRE.

METTRE PIED À TERRE,
ET REMONTER À CHEVAL.

PREMIER COMMANDEMENT.

I.

Prenez garde à vous.

2.

Préparez-vous , pour mettre pied à terre.

3.

Pied à terre.

4.

Reprenez vos rangs.

Au deuxième commandement , les Cavaliers doubleront leurs files en avant & en arrière , ainsi qu'il est prescrit au deuxième commandement du *demi-tour à droite* par Cavalier *(voyez le premier mouvement de la planche 20, fig. 3) ;* après quoi ils prendront une poignée de crins, & dégageront le pied droit de l'étrier.

Au troisième commandement , tous les Cavaliers mettront pied à terre , se réglant sur la droite ; ils rabattront ensuite les rênes , pour les soutenir de la main gauche ; ils accrocheront leurs étriers à la crosse des pistolets , & raccourciront leurs rênes pour les tenir à pleine main de la main gauche , le pouce fermé dessus à environ un pied du bouton , la main appuyée sur le creux de l'estomac , la rêne du hors-montoir passant sur le bras, & celle du montoir, dessous, faisant face à leurs chevaux,

qu'ils

105

qu'ils contiendront de la main droite par les rênes, à six pouces au-dessous des branches du mors.

Au quatrième commandement, ils quitteront les rênes de la main droite, feront tous *demi-tour à droite*, tournant le dos à leurs chevaux ; les Cavaliers du premier rang qui n'auront pas bougé & qui se trouveront au second, s'avanceront pour entrer dans les intervalles du premier rang, & ceux du quatrième rang entreront dans les intervalles du second, observant d'avoir les talons joints.

Dans le cas où l'on voudroit faire mettre pied à terre, le régiment étant à rangs ouverts, on commanderoit : *par un Cavalier d'intervalle en arrière, marche* ; alors les nombres pairs de chaque rang reculeroient de la longueur d'un cheval, pour mettre ensuite pied à terre.

Lorsqu'on voudra faire remonter à cheval, on fera les commandemens suivans :

DEUXIÈME COMMANDEMENT.

1.

Prenez garde à vous.

2.

Préparez-vous pour monter à cheval.

3.

A cheval.

4.

Reprenez vos rangs.

Au deuxième commandement, tous les Cavaliers feront *demi-tour à gauche*, contenant le sabre de la main gauche ; les nombres pairs reculeront leurs chevaux de la longueur d'un cheval ; ils passeront les rênes sur le cou, rabattront l'étrier gauche ; ils prendront une poignée de crins de la main gauche, jetant ensuite le bout des rênes en avant, & mettront le pied gauche à l'étrier.

Au troisième commandement, ils monteront tous à cheval, ainsi qu'il est prescrit dans l'Instruction de l'équitation ci-jointe.

Au quatrième commandement, les Cavaliers qui auront reculé, rentreront dans leur rang, le second rang se ſerrant ſur le premier, ainſi qu'il eſt dit ci-devant après le *demi-tour à droite par Cavalier.*

Toutes les fois qu'on exercera un régiment en entier ou ſeulement un eſcadron, & qu'étant pied à terre, on voudra faire monter à cheval, les Trompettes en donneront le ſignal; après que le Commandant aura fait cet avertiſſement, *prenez garde à vous pour monter à cheval,* les Trompettes ſonneront le premier couplet de la *ſonnerie à cheval,* pendant lequel les Cavaliers s'apprêteront & mettront le pied à l'étrier, dès qu'il ſera achevé, ils monteront tous à cheval; les Trompettes ſonneront enſuite le dernier couplet de cette même ſonnerie, après lequel les Cavaliers rentreront dans leur rang de la même manière qu'il vient d'être dit.

Lorſqu'une troupe étant à cheval, on voudra la faire reculer, on commandera :

I.

Prenez garde à vous.

2.

En arrière.

3.

Marche.

A ce dernier commandement, toute la troupe reculera, mais très-doucement pour conſerver ſon enſemble, & ne s'arrêtera qu'au mot *halte.*

Telles ſont les manœuvres à cheval auxquelles veut Sa Majeſté que ſa Cavalerie ſoit exercée ; mais Elle défend en même temps, que toutes les fois qu'un régiment s'exercera en entier, on s'amuſe au maniement des armes ou manœuvres particulières qui ſont d'un trop grand détail, & qui doivent être réſervées pour les exercices particuliers d'une compagnie ou d'un eſcadron. Il eſt bien plus eſſentiel d'apprendre à la Cavalerie à marcher bien en ligne, en conſervant exactement ſon ordre & ſes intervalles; à charger avec la plus grande impulſion, à faire des *quarts de converſion* avec la plus grande célérité, & enfin à ſe rallier très-promptement toutes les fois qu'il ſera néceſſaire.

TITRE XVI.

Renvoi d'un Régiment après l'Exercice ou les Manœuvres.

LORSQU'APRÈS la fin des Exercices à pied ou des Manœuvres à cheval, le Commandant jugera à propos de renvoyer le régiment, il avertira les Officiers de reprendre leur place de parade; cet avertissement sera suivi d'un *demi-appel*, après lequel les Officiers se replaceront à la tête de leurs compagnie & division, le Commandant ramènera ensuite le régiment à son quartier d'assemblée, dans le même ordre qu'il en sera parti pour se rendre sur le terrain des exercices; mais avec cette différence que le régiment n'aura pas le sabre à la main, s'il est à cheval, ou que s'il est à pied il portera le mousqueton au bras, & que les Trompettes ne sonneront que lorsque le régiment sera prêt d'arriver audit quartier d'assemblée, auquel signal le régiment mettra le sabre à la main, ou portera le mousqueton, s'il est à pied.

Dès que le régiment sera formé sur le terrain de son quartier d'assemblée, s'il est à cheval, le Commandant ordonnera aux Porte-étendards, au Timbalier, aux Trompettes & à l'escorte des timbales, de se rassembler à la tête de la même division qui les aura amenés, & on reconduira les étendards & les timbales à leur logement, dans le même ordre qu'ils en seront partis.

Au départ des étendards, & après qu'ils seront éloignés à une certaine distance, le Commandant fera les commandemens nécessaires pour remettre le sabre, & donnera ses ordres pour que chaque Capitaine ramène sa compagnie à son quartier d'assemblée particulier, où il la formera, le dos tourné au quartier ou aux écuries; après quoi il fera les commandemens prescrits ci-devant pour mettre pied à terre; mais au lieu de faire le quatrième commandement, pour reprendre les rangs, il commandera: *face en tête;* à ce commandement, les Cavaliers feront *demi-tour à droite* en se portant à la droite de leurs chevaux; ce qui étant exécuté, il commandera: *par Cavalier, demi-tour à droite;* alors les quatre rangs feront *demi-tour à droite* par cheval; & les Cavaliers du dernier rang, devenu le premier, rentreront au quartier & aux écuries, le second, le troisième & le quatrième rang le suivront successivement, mais si les Cavaliers font à pied, le Capitaine leur commandera: *demi-tour à droite & haut le mousqueton,* comme au cinquième commandement du maniement des armes à pied, & ensuite, *marche:* alors tous les Cavaliers partiront du pied gauche, & après avoir marché deux pas alignés, ils s'en retourneront chacun chez eux.

TITRE XVII.
Des jours d'Exercice.

IMMÉDIATEMENT après que les Officiers & les Élèves détachés aux écoles générales d'équitation, que Sa Majesté a établies, seront de retour à leur corps, & qu'on aura formé dans chaque régiment une école particulière, les premières classes de cette école seront exercées trois fois par semaine, & la dernière le sera tous les jours.

Lorsque les premières classes seront arrivées au point de perfection nécessaire pour bien manœuvrer, elles ne seront plus sujettes alors qu'aux exercices généraux de la compagnie, de l'escadron ou du régiment.

Lorsqu'enfin tous les Officiers, bas Officiers & Cavaliers seront assez instruits de tout ce qui concerne les exercices, & qu'ils seront parvenus au degré de perfection nécessaire pour entrer dans l'escadron, alors chaque régiment sera exercé en totalité deux fois par semaine

pendant

pendant les mois de Juin, Juillet, Août & Septembre, **Titre XVII.**
& une fois par femaine pendant les mois de Mai &
d'Octobre; le refte de l'année on recommencera les exercices d'équitation en détail dans les manèges couverts,
les Cavaliers des premières claffes y feront exercés une
fois par femaine, & ceux de la dernière deux fois.

Outre ces exercices d'Équitation pendant l'hiver, les
Cavaliers feront encore exercés à l'efpadon, tant à pied
que fur le cheval de bois, deux fois par femaine, jufqu'à
ce que le Commandant les jugera affez inftruits.

L'objet des manœuvres à pied n'étant néceffaire à la
Cavalerie que pour la mettre en état de monter la garde
dans les places, chaque régiment ne fera exercé à pied,
foit en totalité par efcadron ou compagnie, qu'une fois
tous les quinze jours, depuis le 1.er Juin jufqu'au dernier
Septembre: défendant d'ailleurs Sa Majefté aux Meftres-
de-camp ou Commandans defdits régimens, de les faire
paroître ou exercer à pied devant qui que ce foit.

Les Commandans des corps fe conformeront exactement à ce qui eft réglé ci-deffus pour les exercices,
& ne pourront, fous aucun prétexte, en exiger davantage,
ni tenir leur régiment plus de trois heures à cheval, ou
plus de deux heures à pied, y compris le moment du
départ & celui du retour.

Lorfque le temps ne permettra pas de manœuvrer le
nombre de fois prefcrit ci-deffus par femaine, on y fup-
pléera en faifant travailler dans les manèges couverts les
Cavaliers & les chevaux qui en auront le plus de befoin,
obfervant de laiffer un jour d'intervalle entre chaque jour
d'exercice général ou particulier.

Le Timbalier & les Trompettes d'un régiment s'exerceront enfemble deux fois par femaine pendant l'hiver,
& pendant l'été, ils ne s'exerceront que les jours que le
régiment montera à cheval; un Porte-étendard fera
chargé de veiller à cette école.

E e

Lorsqu'un régiment sera divisé & en quartier, les Trompettes resteront à leur escadron pour les exercices de leur compagnie, depuis le 1.er Mai jusqu'au 1.er Octobre, & se rassembleront à l'État-major, si le Commandant le juge à propos, pour s'exercer pendant le reste de l'année.

TITRE XVIII.

Composition & formation des Troupes destinées à aller en détachement, ou à être portées en garde ordinaire.

LES troupes destinées à aller en détachement ou à être portées en garde ordinaire, devant être plus ou moins fortes, selon les diverses circonstances, seront composées, soit de cinquante Maîtres, soit de vingt-quatre ou de trente-deux Maîtres, prises également de toutes les compagnies; savoir, d'un Brigadier, un Carabinier & quatre Cavaliers par compagnie, pour les troupes de cinquante Maîtres; & de trois ou quatre Cavaliers par compagnie (dont un Brigadier de chacune des quatre premières & un Carabinier de chacune des quatre dernières alternativement) pour les troupes de vingt-quatre ou de trente-deux Maîtres.

On commandera pour les troupes de cinquante Maîtres un Capitaine, un Lieutenant, un Sous-lieutenant, quatre Maréchaux-de-logis, un Trompette & un Maréchal; & pour les troupes de vingt-quatre ou de trente-deux Maîtres, un Lieutenant ou Sous-lieutenant avec deux Maréchaux-de-logis & un Trompette.

Chaque troupe, pour se former en bataille, suivra son ancienneté par compagnie.

Voyez PLANCHE 2, *fig. 6.*

Dans un détachement de cinquante Maîtres, les Cavaliers de la première compagnie formeront le premier

rang du premier quart-de-rang, & ceux de la cinquième formeront le second rang.

Les Cavaliers de la seconde & sixième compagnie
formeront le second quart-de-rang dans le même ordre,
ceux de la troisième & septième compagnie formeront
le troisième quart-de-rang, & ceux de la quatrième &
huitième compagnie formeront de même le quatrième
quart-de-rang.

Les deux premiers quarts-de-rang formeront la première division, & les deux derniers quarts-de-rang
formeront la seconde division.

Les Brigadiers & Carabiniers seront placés sur les
ailes de chaque division & dans le même ordre qu'il a
été expliqué ci-devant à la formation d'une compagnie.

Le premier Maréchal-de-logis sera placé en serre-
file derrière le centre de la première division ; le second
Maréchal-des-logis, aussi en serre-file derrière le centre
de la seconde division ; le troisième Maréchal-des-logis
sera placé à la droite du premier rang de la troupe, &
le quatrième à la gauche de ce même rang.

Le Capitaine se placera à un pas en avant du centre
du premier rang de la troupe ; le Lieutenant se placera
à la droite du Capitaine vis-à-vis le centre de la première
division, & le Sous-lieutenant à la gauche vis-à-vis
le centre de la seconde division, tous sur le même alignement.

Dans un détachement de vingt-quatre ou de trente-
deux Maîtres, les Cavaliers de la première compagnie
formeront de même le premier rang du premier quart-
de-rang, & ceux de la cinquième formeront le second
rang ; le Brigadier à la droite du premier rang, & le
Carabinier à la droite du second.

Voyez
Planche 2,
fig. 7.

Les Cavaliers de la seconde & sixième compagnie
formeront de même le second quart-de-rang, avec cette

différence que le Brigadier fera placé à la gauche du premier rang, & le Carabinier à la gauche du fecond.

Les Cavaliers de la troifième & feptième compagnie formeront le troifième quart-de-rang dans le même ordre que le premier, & ceux de la quatrième & huitième compagnie formeront le quatrième quart-de-rang dans le même ordre que le fecond.

Les deux premiers quarts-de-rang formeront le demi-rang de la droite, & les deux derniers quarts-de-rang formeront le demi-rang de la gauche.

Le premier Maréchal-des-logis fera placé en ferre-file derrière le centre de la troupe, & le fecond Maréchal-des-logis fera placé à la gauche du premier rang.

Le Lieutenant ou Sous-lieutenant commandant cette troupe fe placera vis-à-vis le centre, à un pas en avant du premier rang.

TITRE XIX.

Des Manœuvres pour une troupe deftinée à aller en détachement, ou à être portée en garde ordinaire.

PREMIÈRE MANŒUVRE.

DÉFILER ou MARCHER PAR DEUX ou PAR TROIS.

DANS une troupe de cinquante Maîtres, comme dans une troupe de vingt-quatre ou trente-deux Maîtres, chaque quart-de-rang étant cenfé former une troupe, lorfqu'on fera défiler, le premier rang défilera de fuite & fera fuivi du fecond.

A l'égard des *à droite*, des *à gauche*, des *demi-tours à droite*, *demi-tours à gauche*, &c. on fe conformera à

ce

ce qui a été prescrit ci-dessus pour les manœuvres d'un régiment.

DEUXIÈME MANŒUVRE.
DÉTACHER UNE AVANT-GARDE.

LORSQU'IL sera question de détacher une avant-garde d'une troupe de cinquante Maîtres, le Lieutenant marchera en avant avec le premier quart-de-rang ; dans un détachement de vingt-quatre ou de trente-deux Maîtres, le premier Maréchal-des-logis marchera en avant avec le premier quart-de-rang.

Ces avant-gardes porteront, pendant le jour, le mousqueton haut ; elles se tiendront toujours à cent pas au plus de la troupe, & pousseront devant elle & sur les flancs les Cavaliers nécessaires pour éclairer la marche.

Ces avant-gardes seront plus fortes pendant la nuit, elles seront suivies de près par la troupe, & alors elles marcheront toujours le sabre à la main, afin que si elles rencontroient d'ennemi, elles puissent le charger subitement & sans lui donner le temps de se reconnoître.

Ces avant-gardes rejoindront leur troupe, lorsqu'elles en auront reçu l'ordre du Commandant.

TROISIÈME MANŒUVRE.
DÉTACHER UNE ARRIÈRE-GARDE.

LE Sous-lieutenant d'une troupe de cinquante Maîtres, demeurera cent pas au plus derrière la troupe avec le quatrième quart-de-rang.

Le second Maréchal-des-logis d'une troupe de vingt-quatre ou de trente-deux Maîtres, demeurera pareillement cent pas au plus derrière cette troupe avec le quatrième quart-de-rang.

Ces arrière-gardes se feront suivre à trente pas, derrière elles, par un nombre de Cavaliers néceſſaire, pour être informées de ce qui viendroit derrière elles.

QUATRIÈME MANŒUVRE.

PLACER UN PETIT CORPS-DE-GARDE.

LE Commandant de la troupe ira placer lui-même le petit corps-de-garde, compoſé d'un quart-de-rang, ſoit d'une troupe de cinquante Maîtres ou d'une troupe de vingt-quatre ou de trente-deux Maîtres, & poſera les védettes qui devront entourer, non-ſeulement ce corps-de-garde, mais encore la troupe, & il les diſpoſera de manière qu'elles puiſſent tout découvrir ſans être vues; quant à la troupe, il l'établira dans quelque fond, ou dans quelque endroit couvert, ayant attention qu'elle n'ait pas près d'elle, ſur les derrières, ni ravins, ni défilés, & qu'elle ne ſoit pas trop près d'un bois ou de quelqu'autre obſtacle qui pourroit favoriſer l'approche de l'ennemi, ſans en être inſtruit.

Ce petit corps-de-garde ſera relevé toutes les deux heures alternativement, par un quart-de-rang, ſoit d'une troupe de cinquante, ou de vingt-quatre, ou de trente-deux Maîtres.

Dans une troupe de cinquante Maîtres, il ne marchera point d'Officier avec le ſecond & le troiſième quart-de-rang, qui feront commandés par le premier & le ſecond Maréchal-des-logis; de même que dans une troupe de vingt-quatre ou de trente-deux Maîtres, il ne marchera point de Maréchal-des-logis avec le ſecond & le troiſième quart-de-rang qui feront commandés par le Brigadier qui en fera partie.

115

CINQUIÈME MANŒUVRE. TITRE XIX.
SE RETIRER.

LORSQU'UNE troupe de cinquante Maîtres sera obligée de se retirer, le Capitaine ordonnera au Sous-lieutenant de faire faire une *demi-conversion à gauche* à la seconde division, & en même temps le Capitaine fera marcher la première division quelques pas en avant, pour soutenir l'autre pendant qu'elle fera son mouvement, & qu'elle se portera au petit trot à cent pas en arrière, où elle se remettra, *face en tête*, par une seconde *demi-conversion à gauche*; après quoi, la première division faisant les mêmes mouvemens par la droite, se repliera au trot pour aller joindre la première. Le Commandant de la troupe pourra ensuite ordonner au Lieutenant de faire faire *demi-tour à droite* à la première division, pendant qu'il marchera lui-même quelques pas en avant avec la seconde division qui se repliera ensuite par la gauche, ces deux divisions faisant face alternativement.

Si la troupe n'est que de vingt-quatre ou trente-deux Maîtres, elle fera la même manœuvre par demi-rang.

Si l'on se retiroit avec un nombre un peu considérable de troupes de cinquante Maîtres, on les mettroit sur deux lignes, & on suivroit ce qui est prescrit ci-devant pour les mouvemens rétrogrades. *Voyez* PLANCHE 20, *fig.* 2.

L'objet d'une garde ordinaire étant d'avertir & point de combattre, le Commandant doit s'occuper de bien éclairer en avant de lui; & lorsque l'ennemi arrive sur lui, de calculer le terrain qu'il a à parcourir pour en être chargé, & celui qu'il a à traverser pour se replier sur le camp, ou le poste destiné à le soutenir, afin d'assurer sa retraite; si par quelques circonstances imprévues, l'ennemi l'entouroit, il n'auroit d'autre parti à prendre, que de passer sur le corps des troupes qui l'auroient coupé.

TITRE XX.

Des Revues d'honneur, Revues d'inspection & de Commiffaire des guerres.

LORSQU'UNE compagnie, un efcadron ou un régiment devra paffer une revue d'honneur, il fera formé en bataille, ainfi qu'il a été expliqué ci-devant, & les rangs feront ouverts : fi on fe rompt enfuite pour défiler & faluer en marchant, les Officiers marcheront dans l'ordre prefcrit ci-devant pour un régiment en colonne.

Mais pour les revues d'infpection, comme pour celles des Commiffaires des guerres, les compagnies feront en haie, & les Cavaliers difpofés par ancienneté, fans en tranfpofer aucun.

Le Fourrier & les quatre Maréchaux-des-logis feront placés à la droite de leur compagnie, ayant le Trompette à leur droite; les huit Brigadiers feront placés à la gauche des Maréchaux-des-logis, les huit Carabiniers à la gauche des Brigadiers, & tous les Cavaliers rangés de même par ancienneté, à la gauche des Carabiniers.

On fera les livrets des revues dans ce même ordre, fans rien changer d'ailleurs au rang que les compagnies doivent tenir dans l'efcadron, ni à celui que les efcadrons doivent tenir dans le régiment.

Les étendards & les timbales refteront pour ces revues, aux compagnies où ils font attachés, mais les Porte-étendards ne feront compris que dans l'État-major du régiment; quant à l'efcorte ordinaire des timbales, les Cavaliers rentreront à leur compagnie, ainfi que les Trompettes pour le moment de la revue.

Voyez PLANCHE 21, fig. 3 & 5.

Lorfque pour ces revues on voudra former les compagnies en haie, on fe conformera à ce qui eft prefcrit

à la

117

à la *vingtième manœuvre, pour border la haie par compagnie,* & lorsque l'Inspecteur ou le Commissaire arriveront à une compagnie, pour la passer en revue, les Officiers de ladite compagnie se porteront six pas en avant & feront ensuite face à leur troupe.

Pour les revues d'inspection, le régiment restera en bataille le sabre à la main, & les compagnies ne se formeront en haie que lorsque l'Officier général chargé de l'inspection, en donnera l'ordre ; mais pour les revues des Commissaires des guerres, les compagnies seront disposées en haie, avant l'arrivée du Commissaire, & le Commandant du corps ne fera point mettre le sabre à la main.

TITRE XXI.

De la promenade des chevaux.

SOIT en garnison ou en quartier, lorsque le Commandant du corps, d'un escadron ou d'une compagnie jugera nécessaire de faire promener les chevaux, dans le temps où la rigueur de la saison ou que le mauvais temps ne permettront pas d'escadronner ; les Cavaliers seront en sarraux, en bonnets & n'auront point de sabres ; les chevaux n'auront qu'une couverture & un bridon d'écurie ; il y aura un Officier ou Porte-étendard, & deux Maréchaux-des-logis à chaque compagnie : le premier de ces Maréchaux-des-logis marchera à la tête de la compagnie, le second Maréchal-des-logis à la queue ; l'Officier n'aura point de place fixe, il se portera tantôt à la tête, tantôt à la queue & sur les flancs, pour voir si les Cavaliers ne tracassent point leurs chevaux, s'ils marchent bien dans leur rang, & s'ils ont attention de ne point donner d'atteintes.

Cette promenade faite pendant une heure, on ramènera la compagnie dans son quartier.

Gg

L'INTENTION de Sa Majesté est que toutes ses troupes de Cavalerie, tant françoise qu'étrangère, se conforment avec la plus grande exactitude à tout ce qui est prescrit par la présente ordonnance : Défendant aux Officiers généraux, aux Commandans des places & aux Commandans des corps, de souffrir qu'il y soit rien changé, augmenté, ni retranché en quelque manière & sous quelque prétexte que ce soit ; & aux Majors & autres Officiers qui commanderont les exercices, de faire exécuter d'autres temps ni mouvemens que ceux qui y sont prescrits.

MANDANT Sa Majesté au sieur Marquis de Béthune, Colonel général de sa Cavalerie ; & au sieur Marquis de Castries, Mestre-de-camp général de ladite Cavalerie, de tenir la main à l'exécution de la présente ordonnance.

MANDE & ordonne Sa Majesté aux Officiers généraux ayant commandement sur ses troupes, aux Gouverneurs & Lieutenans généraux en ses provinces, aux Inspecteurs généraux de sa Cavalerie, aux Gouverneurs & Commandans de ses villes & places, & à tous autres ses Officiers qu'il appartiendra, de tenir la main à l'exécution de la présente ordonnance. FAIT à Versailles le premier juin mil sept cent soixante-six. *Signé* LOUIS. *Et plus bas,* LE DUC DE CHOISEUL.

ARMAND, MARQUIS DE BÉTHUNE,

Chevalier des Ordres du Roi, Lieutenant général de ses armées, Colonel général de la Cavalerie de France.

VU l'Ordonnance du Roi du 1.er juin 1766, signée Louis, & plus bas, le Duc de Choiseul, par laquelle Sa Majesté règle l'Exercice de la Cavalerie; ladite Ordonnance à nous adressée avec ordre de tenir la main à son exécution.

Nous, en vertu du pouvoir que le Roi nous a donné, à cause de notre charge de Colonel général de la Cavalerie:

Mandons à Monsieur le Marquis de Castries, Mestre-de-camp-général, de tenir la main à ce que ladite Ordonnance soit ponctuellement exécutée.

Ordonnons à tous Brigadiers, Mestres-de-camp, Lieutenans-colonels, Majors, Capitaines, & autres Officiers de Cavalerie, de s'y conformer & de la faire exécuter selon son contenu, chacun en ce qui le concerne: Et seront ladite Ordonnance & la présente, afin qu'aucun n'en prétende cause d'ignorance, publiées à la tête des régimens de Cavalerie, par les Commissaires des guerres qui en ont la police: En témoin de quoi nous avons fait expédier notre présente ordonnance, que nous avons

fignée de notre main, & fait contre-figner par le Secrétaire général de la Cavalerie. A Paris, ce deuxième
juin mil fept cent foixante-fix. *Signé* Le Marquis
DE BÉTHUNE. *Et plus bas,* Par Monfeigneur,
le Colonel général. *Signé* GRAVELLE.

INSTRUCTION

INSTRUCTION que le Roi a fait dreſſer, pour régler les principes d'équitation, néceſſaires à obſerver par ſes régimens de Cavalerie.

IL y aura, pour chaque régiment, deux chevaux de bois, ou plus s'il en eſt beſoin, pour donner les premiers principes aux commençans ; & on ne les fera monter à cheval, que lorſqu'ils feront bien confirmés dans ces premières leçons.

DE L'ÉQUIPEMENT DU CHEVAL.

Comment il faut ſeller un cheval.

IL faut relever les ſangles & la croupière ſur le ſiège, prendre la ſelle de la main gauche à l'arcade de l'arçon de devant, & de la main droite ſur le trouſſe-quin on la poſe doucement ſur le corps du cheval ſans le ſur-prendre ; & après avoir paſſé la croupière, on élève la ſelle pour la porter en avant, & on ſangle le cheval par degré, de manière que la ſangle de derrière ſoit moins ſerrée que celle de devant.

Comment il faut que la ſelle ſoit placée.

IL faut, pour que la ſelle ne ſoit ni trop en avant, ni trop en arrière, que le devant du quartier tombe d'à-plomb ſur le coude du cheval.

Attentions qu'il faut avoir pour que la ſelle ne bleſſe point le cheval.

IL faut qu'on puiſſe paſſer aiſément trois doigts entre l'arcade de la ſelle & le garrot :

Que la croupière ſoit aiſée & non tendue, ce qui

H h

inquiéteroit le cheval & pourroit le faire ruer; qu'il n'y ait point de crins entre le culeron & la queue du cheval :

Qu'il n'y ait aucun contre-sanglon ni porte-étriers, entre la selle & le corps du cheval :

Que le poitrail soit au-dessus du mouvement de l'épaule, & qu'il ne soit pas trop serré :

Que le cheval ne soit ni trop ni trop peu sanglé, & que les boucles des étrivières soient cachées par les quartiers de la selle.

Comment il faut brider un cheval.

IL faut prendre avec la main droite tous les crins du toupet, en plaçant le coude droit sur l'encolure du cheval; on élève ensuite la têtière que l'on tient de la main gauche, pour la saisir par le milieu du dessus de tête avec le pouce & le premier doigt de la main droite, sans abandonner le toupet, laissant pendre le mors au-dessous de la bouche du cheval : la main gauche ayant quitté la têtière, va guider le mors, en le soutenant sous l'angle du canon avec le pouce, plaçant en même temps les autres doigts par-derrière la branche droite, dans la bouche du cheval au-dessus des crochets pour la lui faire ouvrir; alors la main droite élevant la têtière, fait entrer le mors qui est guidé par le pouce gauche : la main gauche empoignant ensuite le toupet entre le dessus de la tête & le frontal de la bride, donne la liberté à la main droite d'y passer les oreilles, commençant toujours par celle du hors-montoir, & dégageant bien tous les crins du toupet; on passe auparavant le bridon au cheval, comme il vient d'être prescrit pour la bride.

On boucle ensuite la muserolle, puis la sous-gorge, & l'on met la gourmette en la prenant par le dernier maillon avec le pouce & le second doigt de la main droite, présentant le plus gros côté en dedans; on

123

l'accroche en poussant avec le premier doigt le second maillon dans le crochet, que l'on contient de la main gauche par-derrière l'œil du mors avec les deux premiers doigts; on soutient pendant ce temps les rênes sur le bras gauche, ou on les passe auparavant sur le cou du cheval pour agir plus librement.

Attentions qu'il faut avoir pour que le mors soit bien placé & le cheval bien bridé.

Il faut que le mors porte au-dessus des crochets sans les toucher; plus il est bas, plus le cheval y est sensible; le point le plus convenable est à un travers de doigt environ au-dessus des crochets d'en haut, mais pas plus élevé, parce qu'il feroit froncer les lèvres.

Que la gourmette soit sur son plat, & qu'elle soit placée entre la bride & le bridon, afin que ce dernier puisse agir sans la faire remuer; il est essentiel que le crochet & l'S soient de la même longueur, afin que le milieu de la gourmette, qui est l'endroit le plus fort, porte sur le milieu de la barbe du cheval, & que l'appui de la gourmette ne se fasse pas sentir plus d'un côté que de l'autre; il faut de plus que la muserolle soit serrée, sans qu'elle gêne trop le cheval; que la sous-gorge soit aisée, & que le frontal du bridon soit entièrement caché par celui de la bride.

Attentions qu'il faut avoir pour mettre un caveçon à un cheval.

Il faut que le caveçon soit placé assez haut pour ne point gêner la respiration, & que la muserolle passe sous les montans du gros bridon (ou entre le montant de la bride & du bridon, si le cheval est bridé), & la fausse sous-gorge par-dessus les deux:

Que l'un & l'autre soient bien serrés, pour que le caveçon ne puisse pas tourner, ce qui feroit porter la

jouelière de dehors fur l'œil du cheval, la fous - gorge
doit être aifée.

PREMIERS ÉLÉMENS DE CAVALERIE,
ou LEÇON DU CHEVAL DE BOIS.

Comment on doit monter à cheval.

I L faut s'approcher de l'épaule du cheval, prendre le
bout des rênes de la main droite, pour les élever & les
faifir de la main gauche, au point qu'elles ne faffent pas
reculer le cheval, prenant en même temps une poignée
de crins ; on jette enfuite de la main droite le bout des
rênes fur le cou du cheval, pour prendre l'étrier gauche,
après quoi on met le pied gauche à l'étrier du côté de
la boucle de l'étrivière, & on porte la main droite fur
le trouffe-quin, pour s'élever fur le pied gauche, le genou
bien d'à-plomb, en s'élançant de la pointe du pied droit
fans tirer la felle à foi ; après être refté un temps le
corps bien droit fur l'étrier, on paffe la jambe droite
bien tendue par-deffus la croupe fans la toucher, & dans
le même moment la main droite fe porte fur l'arçon
de devant, le pouce en dehors & les autres doigts en
dedans, pour foutenir le corps & arriver légèrement
en felle.

Dans les premières leçons qu'on donnera aux Cavaliers fur le cheval de bois, on leur expliquera la pofture
qu'ils doivent garder à cheval, en fe conformant à ce
qui fuit.

De la manière dont il faut être placé à cheval.

Voyez
PLANCHE I,
fig. 1.
I L faut que les deux feffes portent également fur la
felle :

Que l'affiette foit le plus près du pommeau qu'il eft
poffible :

Que les reins foient droits & bien foutenus :

Que le haut du corps foit aifé, libre & droit fur les
hanches,

hanches, & qu'il contienne l'assiette pâr son propre poids & son équilibre :

Que les épaules soient libres, tombantes, ouvertes par-devant & plattes par-derrière :

Que les bras soient libres, les coudes tombans d'à-plomb sur les hanches, sans être ouverts ni serrés :

Que la main de la bride soit écartée d'environ trois doigts du corps, & élevée au-dessus du pommeau de la selle d'environ deux doigts :

Que le petit doigt soit entre les deux rênes, les doigts fermés, & que le pouce soit aussi fermé pour les contenir égales :

Que le poignet soit bien soutenu, & un peu plus élevé que l'avant-bras; que les doigts soient en face du corps, & que le petit doigt soit plus près du ventre que le haut du poignet :

Que la main droite tombe naturellement sur la cuisse, lorsqu'elle n'est point occupée *(Voyez planche 1, fig. 1)*; mais, lorsqu'elle tient un sabre ou une gaule, il faut qu'elle soit presque à même hauteur que la main gauche & à même distance du corps, observant qu'il y ait assez d'intervalle entre elles, pour que l'une n'empêche pas l'effet de l'autre *(Voyez planche 1, fig. 2)*.

Que la tête soit droite & libre :

Que les cuisses, depuis les hanches jusqu'aux genoux, tombent d'à-plomb le plus qu'il est possible; qu'elles soient tournées en dedans, & bien collées sur la selle sans roideur :

Que le pli des genoux soit liant, pour bien opérer des jambes :

Que les jambes soient libres & tombantes sous les genoux :

Que les pieds soient parallèles au corps du cheval,

c'eſt-à-dire, tournés comme les genoux, ſans eſtropier les chevilles des pieds :

Que les pointes des pieds, lorſqu'on eſt ſans étriers, tombent naturellement *(Voyez planche 1, fig. 1)*.

Lorſqu'on ſe ſert des étriers, il faut, pour qu'ils ſoient au point convenable, qu'ils ſoutiennent le poids des pieds; de manière que le talon ſoit un peu plus bas que la pointe du pied *(Voyez planche 1, fig. 2 & 3)*.

Il faut que les Cavaliers aient toujours les étriers chauſſés dans l'eſcadron, c'eſt-à-dire, que la grille de l'étrier touche le talon de la botte.

Après avoir établi la poſture du Cavalier, on lui fera les commandemens ſuivans pour lui apprendre à mener ſon cheval ; & on aura attention qu'il ne déplace aucune partie de ſon corps, pour agir de celles qui lui ſeront indiquées.

Leçon pour mener ſon cheval avec la bride.

COMMANDEMENS,

1. *Ajuſtez vos rênes.*

On les ſaiſira avec le pouce & le premier doigt de la main droite, au-deſſus de la main gauche, & on les élèvera perpendiculairement entre les deux yeux, coulant la main juſqu'au bouton, les deux derniers doigts ouverts, les ongles en avant & le coude plus bas d'un demi-pied que la main droite ; on ouvrira en même temps un peu les doigts de la main gauche, le pouce élevé pour laiſſer couler les rênes & les égaliſer, après quoi la main droite les abattant ſe remettra à ſa poſition.

Le Cavalier ayant le corps & la main bien placés, on lui expliquera que dans tous les mouvemens de la main, ſoit qu'elle ſe porte en avant, qu'elle ſe hauſſe, qu'elle ſe baiſſe, qu'elle ſe porte *à droite* & qu'elle ſe porte *à gauche*, que tout le bras ſuive ſon mouvement, & ſans que jamais l'épaule agiſſe, ce qui déplaceroit le corps, & occaſionneroit de la roideur, lui obſervant qu'il faut

fixer un temps la main après son mouvement en la tenant
assurée, douce ou ferme selon le besoin.

2. *Jetez votre assiette à droite.*

On jetera son assiette *à droite* d'un coup de hanche
seulement, sans se pancher ni sans déranger le haut du
corps, de façon que la cuisse gauche soutienne presque
seule le poids du corps qui se portera à gauche depuis
la hanche droite jusqu'au haut des épaules pour contre-
balancer l'assiette, ayant les épaules également tombantes.

3. *Jetez votre assiette à gauche.*

On fera le contraire de ce qui vient d'être prescrit au
commandement précédent.

4. *Redressez votre assiette.*

On se remettra droit en selle.

5. *Avancez le côté droit (ou gauche.)*

On avancera le côté droit (*ou* gauche), le corps
tournant sur le pivot des reins sans tourner la tête, qui
doit regarder directement en avant, & sans déranger la
main de la bride qui ne doit point tourner avec le corps.

6. *Prenez garde à vous.*

A cet avertissement, on approchera un peu les deux
jambes en assurant la main pour rassembler son cheval
& le disposer à marcher.

7. *Marche.*

On fermera les deux jambes par degrés , ayant la main
assurée ou légère selon le besoin.

8. *Rassemblez votre cheval.*

On fermera les deux jambes en formant un *demi-arrêt*;
& dès que le cheval se soutiendra & sera d'à-plomb,
on replacera la main & les jambes à leur position.

On aura attention que la main & les jambes soient bien
d'accord ensemble, relativement à ce qu'on voudra demander à son cheval, c'est-à-dire, qu'il faut que l'aide des
jambes précède celui de la main lorsqu'on veut déterminer
un cheval en avant, le rassembler & lui donner de l'action,
& qu'au contraire il faut que l'aide de la main précède

celui des jambes, lorfqu'on veut diminuer l'action d'un cheval ou le déterminer *à droite* ou *à gauche.*

On aura auffi attention toutes les fois qu'on fe fervira des jambes, de les approcher du corps du cheval par degrés, & de les relâcher de même fans que les genoux fe dérangent ni quittent les quartiers de la felle; il faut pour cela avoir le pli des genoux bien liant.

9. *La main légère.*

O N baiffera le poignet d'environ un ou deux pouces plus ou moins & par degrés, obfervant que l'avant-bras fuive le mouvement du poignet, pour qu'il foit toujours bien foutenu; on le replacera enfuite à fa pofition.

10. *Formez un demi-arrêt.*

O N fe grandira du haut du corps, fans fe renverfer, en élevant la main par degrés jufqu'à ce que le cheval fuf- pende fon allure ; on fermera enfuite les deux jambes ou la jambe de dedans, pour le mettre d'à-plomb où le chaffer en avant, ayant la main legère.

11. *Tournez votre cheval à droite.*

O N arrêtera un temps; on portera enfuite la main à environ un demi-pied en avant de fa pofition, en l'é- levant & la foutenant à droite, fentant les rênes égales; dès que l'épaule du cheval fera déterminée, on fermera la jambe droite, ayant la main légère, pour la replacer ainfi que la jambe.

12. *Tournez votre cheval à gauche.*

O N arrêtera de même un temps pour porter enfuite la main à gauche, en l'élevant & la foutenant en avant, le coude détaché du corps, afin de fentir les rênes égales le plus qu'il eft poffible, après quoi on fermera la jambe gauche.

13. *Appuyez à droite.*

O N arrêtera un temps; on portera le poids du corps à droite en y portant la main, & dès que l'épaule du cheval fera décidée, on affurera la main en fermant la jambe gauche pour chaffer les hanches à gauche, les contenant plus ou moins de la jambe droite & felon le befoin.

Pour

1. juin 1766.

129

Pour arrêter son cheval dans ce mouvement, il faut assurer la main, relâcher la jambe gauche & aussitôt après la droite, la main légère.

14. *Appuyez à gauche.*

On se conformera aux mêmes principes en exécutant les mouvemens contraires.

15. *Prenez le bridon de la main droite.*

On prendra par-dessus les rênes de la bride le bridon par le milieu, les ongles en dessous, pour tenir le cheval au même degré qu'on le tiendra de la bride, & on aura aussitôt la main gauche légère, observant de se servir alternativement de la bride & du bridon, pour ralentir ou arrêter son cheval, mais jamais des deux ensemble.

16. *Lâchez le bridon.*

On assurera la main de la bride en rassemblant son cheval, & on abandonnera le bridon sur le cou du cheval.

17. *Pincez des deux.*

Lorsqu'un cheval n'obéira pas aux jambes, on appuiera vigoureusement les deux talons derrière les sangles, la pointe du pied basse & sans à-coup, le corps & la main bien assurés, & après être resté un temps dans cette situation, on relâchera les jambes par degrés.

18. *Rendez la main.*

On prendra les rênes à pleine main de la main droite, le pouce en dessus, les ongles en dessous; on la portera à un demi-pied au-dessus de la gauche, le poignet droit bien soutenu & près du corps: dans cette situation, on formera un demi-arrêt en élevant la main droite & se grandissant du haut du corps, la main gauche assurée, les doigts un peu ouverts, le pouce élevé, la jambe de dedans ou les deux jambes près; lorsque le cheval se soutiendra, on baissera la main jusque vers le pommeau de la selle plus ou moins, en relâchant les jambes, la main gauche se portant un peu en avant, pour être à portée de reprendre les rênes; on replacera ensuite les rênes dans la main gauche en les remontant de la main droite près du corps, & dans l'instant qu'on commencera à sentir la bouche du cheval, on approchera la jambe ou les deux jambes pour le rassembler, après quoi la main droite abandonnera les rênes.

K k

19. *Raccourciffez* ou *alongez vos rênes.*

On les prendra de la main droite, comme il vient d'être prefcrit pour rendre la main, & ouvrant les doigts de la main gauche, on les raccourcira ou on les alongera felon le befoin.

20. *Halte.*

On fe grandira du haut du corps en élevant la main par degrés & près du corps, la jambe de dedans ou les deux jambes près; dès que le cheval aura obéi, on aura la main légère pour qu'il ne recule pas, & on relâchera enfuite les jambes.

21. *En arrière, marche.*

Mêmes principes que pour arrêter, obfervant d'avoir la main légère toutes les fois que le cheval obéira à l'effet de la main.

Si le cheval laiffoit tomber fes hanches à droite, on fermeroit davantage la jambe droite, fans porter la main trop de ce côté fi le cheval étoit fenfible aux aides, parce qu'il faut, autant qu'il eft poffible, contenir les épaules fur la ligne où l'on a commencé à reculer.

Lorfqu'en reculant on devra s'arrêter, on fermera les deux jambes & on aura auffitôt la main légère, relâchant enfuite les jambes dès que le cheval aura obéi.

22. *Prenez la bride dans la main droite.*

On prendra la bride de la main droite, comme il eft prefcrit pour rendre la main, & on aura le poignet bien foutenu près du corps & vis-à-vis la poitrine, les doigts également éloignés du corps.

Les Cavaliers mèneront leurs chevaux de la main droite dans les inftructions particulières, & lorfqu'ils marcheront à main gauche dans le manège, en fuivant les mêmes principes qui font indiqués pour la main gauche; mais lorfqu'ils feront dans les rangs & qu'ils manœuvreront, ils tiendront toujours la bride de la main gauche.

Lorfqu'ayant la bride dans la main droite, on voudra

ajuſter ſes rênes, on les prendra de la main gauche; on les ajuſtera comme il eſt preſcrit au premier commandement, & on les replacera enſuite dans la main droite.

Leçon pour mener ſon cheval en bridon d'écurie.

1. *Séparez vos rênes.*

On prendra une rêne dans chaque main, les ongles preſque en deſſous, le pouce alongé ſur chaque rêne, les poignets ſéparés l'un de l'autre d'environ un demi-pied, & à hauteur des coudes, qui doivent tomber naturellement ſur les hanches.

2. *Prenez garde à vous.*

A cet avertiſſement, on approchera un peu les deux jambes, en aſſurant les poignets pour raſſembler ſon cheval & le diſpoſer à marcher.

3. *Marche.*

On fermera les deux jambes par degrés, ayant les poignets aſſurés, ou les molliſſant ſelon le beſoin (ce qui s'appelle la *main légère*).

4. *Tournez votre cheval à droite.*

On écartera la rêne droite en la tirant à côté de ſoi, les ongles en deſſous, molliſſant un peu le poignet gauche, pour donner la facilité au cheval d'obéir; l'épaule étant décidée, on fermera la jambe droite la main légère pour déterminer le cheval en avant.

On pourra tourner ſon cheval des deux rênes dans les allures vives, en élevant les poignets & les ſoutenant un peu à droite.

5. *Tournez votre cheval à gauche.*

On ſe conformera aux mêmes principes en exécutant les mouvemens contraires.

6. *Croiſez vos rênes dans la main gauche.*

On paſſera la rêne droite dans la main gauche pour la placer ſous la rêne gauche, de façon que l'extrémité ſupérieure ſorte du poignet gauche du côté du petit doigt, & on aura alors la main droite libre.

7. *Séparez vos rênes.*

C OMME il eſt preſcrit au premier commandement.

8. *Halte.*

O N ſe grandira du haut du corps ſans ſe renverſer, & on élèvera un peu les poignets pour tirer les rênes à côté de ſoi, portant les coudes en arrière, les deux jambes ou la jambe de dedans près.

Lorſque le cheval aura obéi, on relâchera les jambes & on aura la main légère pour qu'il ne recule pas : ſi au contraire le cheval n'obéiſſoit pas, on emploieroit les moyens ſuivans :

9. *Sciez du bridon.*

O N tirera alternativement chaque rêne du bridon plus ou moins fort, ſuivant la ſenſibilité du cheval.

10. *Pied à terre.*

O N prendra de la main droite par-deſſous les rênes une poignée de crins que l'on ſaiſira de la main gauche; on portera enſuite la main droite ſur l'arçon de devant, le pouce en dehors & les autres doigts en dedans, après quoi on s'élèvera ſur l'étrier gauche, paſſant la jambe droite, bien tendue, par-deſſus la croupe ſans la toucher, & dans le même moment la main droite ſe portera ſur le trouſſe-quin pour ſoutenir le corps qui reſtera un temps d'à-plomb ſur l'étrier gauche; on deſcendra enſuite légè-rement, arrivant à terre ſur la pointe du pied droit.

Il eſt eſſentiel de mettre les Cavaliers bien au fait des termes dont on ſe ſert dans la leçon, afin que leur attention ne ſoit pas trop partagée lorſqu'ils ſeront exercés ſur leurs chevaux.

Lorſque les Cavaliers concevront & exécuteront bien les mouvemens preſcrits ci-deſſus, & qu'ils ſeront ſuffiſamment inſtruits de tout ce qui concerne la leçon du cheval de bois; alors on les fera monter à cheval pour les exercer dans les manèges.

DE

133

De la manière dont il faut mener son cheval en main, pour se rendre sur le lieu destiné à monter à cheval.

LORSQU'IL sera ordonné aux Cavaliers de se rendre aux manèges à pied, ils mèneront leurs chevaux par le gros bridon ou par la bride, qu'ils tiendront de la main droite, les ongles en dessus, au-dessous & à six pouces environ des branches du mors, soutenant le bout des rênes de la main gauche, les ongles tournés en dessous ; & lorsqu'ils y seront arrivés, ils se rangeront sur un ou plusieurs rangs : si les chevaux sont bridés, ils mettront la gourmette, & se placeront ensuite en avant, tournant le dos à leurs chevaux ayant le bras gauche passé entre les deux rênes & les tenant à pleine main de la main gauche, à un pied environ de l'extrémité, le poignet à hauteur du creux de l'estomac.

L'Officier chargé de donner leçon, fera monter les Cavaliers à cheval, & distribuera alors son travail comme il le jugera à propos ; il exercera ou fera exercer les commençans, sans étriers, pour qu'ils prennent bien le fond de la selle, & leurs chevaux seront en bridon d'écurie avec un petit bridon.

On se conformera dans les leçons qu'on donnera aux Cavaliers dans les manèges, aux mêmes principes qui sont établis ci-devant, sans y rien changer ; lorsqu'on commencera à faire monter les Cavaliers à cheval, on les fera marcher au pas, à la longe d'abord carrément, tenant la longe fort courte pour les conduire & les arrêter à chaque coin, afin de leur apprendre que pour tourner, il faut former un temps d'arrêt, déterminer l'épaule du cheval & le chasser ensuite en avant de la jambe de dedans (ou des deux jambes, selon le besoin) ; on leur fera ensuite achever la reprise, en les faisant marcher circulairement au pas & au trot, les arrêtant

L l

souvent & les faisant aussi reculer, pour qu'ils acquièrent en peu de temps l'intelligence de conduire leurs chevaux.

On aura attention que les Cavaliers s'accoutument à se servir de leurs mains & de leurs jambes, sans que le corps se dérange de son assiette; si, par exemple, en portant la main à gauche on y portoit aussi le corps, ce seroit un faux mouvement, puisqu'il feroit perdre l'à-plomb; si pour tourner un cheval à gauche, tenant la bride dans la main gauche, on reculoit l'épaule gauche, ce seroit employer de la roideur, puisqu'il faut que le bras agisse librement; si enfin en fermant une ou les deux jambes, les genoux remontoient ou se tournoient en dehors, ce seroit un faux mouvement, puisque les jambes doivent se fermer sans déplacer les genoux; il en est de même de tous les mouvemens des différentes parties du corps; il ne doit y avoir absolument que les parties nécessaires qui agissent pour conserver l'à-plomb, acquérir de l'aisance, & parvenir à avoir de la grâce à cheval.

A mesure que les Cavaliers se fortifieront & travailleront avec plus d'intelligence, on les fera marcher en cercle, la demi-épaule ou l'épaule en dedans aux deux mains ; & on leur apprendra à conduire leurs chevaux avec la bride.

Pour marcher en cercle, la demi-épaule ou l'épaule en dedans.

Le cheval marchant sur une ligne circulaire, il faut former un *demi-arrêt* de la main, porter l'épaule en dedans, plus ou moins, & fermer la jambe de dedans; dès qu'on sentira que le cheval y obéira, on aura aussitôt la main légère pour lui donner la facilité de cheminer; un ou deux pas après, on recommencera le *demi-arrêt* de la main en fermant la jambe de dedans; à mesure que le cheval prendra l'intelligence de ce qu'on lui demandera, on le pressera davantage & il ira de côté, l'épaule

135

décrivant le cercle intérieur & les hanches celui de la circonférence; on aura toujours attention de diriger les épaules sur la ligne que l'on devra parcourir, de les y entretenir & de les y reporter si elles s'en écartoient. Pour arrêter son cheval dans ce mouvement, il faut assurer la main, relâcher la jambe de dedans & avoir ensuite la main légère.

Après que les Cavaliers auront été exercés à la longe le temps nécessaire, & qu'on les jugera en état de marcher en liberté, on en fera marcher un certain nombre à la fois; on observera quelquefois en les faisant sortir du rang de ne pas prendre ceux qui seront de suite, pour accoutumer les chevaux à sortir seuls du rang; & on les fera défiler pour faire leur reprise.

Jusqu'à ce que les Cavaliers soient bien confirmés dans leur posture, on ne leur fera exécuter d'autre manœuvre que de doubler, changer de main & contre-changer de main sur une piste; on leur fera faire de plus des *à droite*, des *à gauche*, des *demi-tours à droite* & des *demi-tours à gauche*, & finir ensuite leurs chevaux au pas, marchant en cercle la demi-épaule ou l'épaule en dedans.

Lorsqu'on jugera qu'ils seront en état d'exécuter des manœuvres plus composées, on les fera changer de main & contre-changer de main sur deux pistes, appuyer de droite & de gauche par des pas de côté, soit de pied-ferme ou en marchant, & marcher au galop en doublant & changeant de main.

CHANGEMENT *de main sur deux pistes.*

Si c'est de droite à gauche, après avoir passé l'un des coins du manège & s'être porté en avant d'environ deux longueurs de cheval, on formera un *demi-arrêt*; on portera le poids du corps à droite en y portant la main; dès que l'épaule du cheval sera décidée, on assurera la main & on fermera la jambe gauche pour chasser les hanches du cheval à droite, les contenant de la jambe de dedans qui doit déterminer le cheval plus ou moins en avant ; arrivé fur la ligne oppofée à celle d'où l'on fera parti, on formera un *demi-arrêt* en fermant les deux jambes & relâchant enfuite la jambe de dehors, on donnera de la liberté au cheval en tenant la main légère ou lui rendant la main.

Pas *de côté fur une ligne droite.*

Mêmes principes que ci-deffus, à l'exception qu'on ne doit fe fervir de la jambe de dedans que pour contenir les hanches & empêcher le cheval de reculer, & que la main doit diriger les épaules fur une ligne droite fans avancer ni reculer : pour arrêter fon cheval dans ce mouvement, il faut affurer la main, relâcher la jambe de dehors & auffitôt la jambe de dedans, la main légère.

Il ne faut commencer à donner la leçon des pas de côté, que lorfque le cheval obéit bien à la leçon de l'épaule en dedans, & on ne doit donner cette dernière que quand le cheval obéit bien aux jambes & aux éperons, en avant & par le droit.

Du Galop.

Lorsqu'on fera marcher les Cavaliers au galop, on les fera partir du pas au trot & du trot au galop, & on aura attention qu'ils ralentiffent leurs chevaux en les raffemblant pour paffer les coins.

Dans les changemens de main qui fe feront au galop, on obfervera dans les commencemens de ralentir fon cheval au trot en arrivant au mur oppofé, pour le faire reprendre fur le pied de dedans ; lorfqu'enfuite le cheval aura acquis de la foupleffe, on le fera reprendre d'un feul temps, en fe conformant aux principes qui font prefcrits ci-deffus, en arrivant au mur oppofé.

On aura auffi attention dans les commencemens, d'arrêter fon cheval du galop au trot, & du trot au pas, pour enfuite faire *halte.*

Il eft

137

Il est essentiel sur-tout de s'attacher à ce que les Cavaliers mettent leurs chevaux bien droits en marchant, c'est-à-dire que les hanches soient vis-à-vis des épaules & sur la même ligne; c'est l'attitude où ils ont le plus de force, où ils se rassemblent le mieux & où ils sont le plus légers à la main.

On ne peut parvenir à mettre ses chevaux bien droits que lorsqu'on a acquis une grande justesse à cheval, c'est pourquoi dans les premières leçons qu'on donnera aux Cavaliers, il faudra faire grande attention à leur faire redresser leur assiette pour peu qu'elle ne seroit pas juste.

Comme l'assiette a une pente naturelle à rouler en dedans, c'est-à-dire *à droite* si l'on marche à main droite (ou *à gauche* si l'on marche à main gauche); il est nécessaire pour prévenir ce défaut de faire jeter l'assiette en dehors en opposant le poids du corps & le portant en dedans pour contre-balancer l'assiette; cette méthode assouplit beaucoup le corps & les reins du Cavalier, & lui donne une grande facilité à retrouver son assiette naturelle, lorsqu'elle est dérangée par l'action de son cheval; c'est par cette raison qu'il faut exiger, de ceux qui sont les moins souples, de passer les bornes en la leur faisant jeter plus en dehors qu'il ne seroit nécessaire.

Il ne faut pas craindre, par ce principe, que les Cavaliers contractent l'habitude d'être de travers à cheval, ce seroit au contraire le seul moyen de les en corriger s'ils étoient dans ce cas, puisque c'est la vraie façon d'acquérir de la justesse & de l'à-plomb à cheval.

Il n'en est pas de même lorsqu'on trotte à la longe, parce que le cheval, marchant sur un cercle, s'écarte toujours de la ligne droite où il se trouve & s'échappe du Cavalier dont il laisse le poids en dehors; la preuve en devient plus sensible à mesure que le cheval augmente son allure, joint à ce qu'il se penche davantage en dedans, c'est pourquoi il est nécessaire alors de jeter aussi davantage son assiette en dedans en y portant le

Mm

poids du corps qui paroît être penché, mais qui est cependant d'à-plomb relativement au centre de gravité du cheval, qui diffère de la ligne véritable & qui devient plus oblique à mesure que le cheval (en marchant sur une ligne circulaire) augmente son allure.

On divisera, après quelque temps de travail, les Cavaliers en plusieurs classes, afin d'exercer ces différentes classes relativement aux progrès des Cavaliers qui les composeront.

On exercera quelquefois les Cavaliers de la première classe, armés en guerre; & on leur fera faire de temps en temps une reprise entière, ayant le sabre à la main.

A mesure qu'ils se fortifieront & qu'on les jugera en état de manœuvrer par division de douze, de seize ou de vingt-quatre hommes, on les fera marcher tous ensemble par deux, par quatre, leur faisant exécuter des *à droite*, des *à gauche*, des *demi - tours à droite* & *demi-tours à gauche* par quatre, se former sur deux rangs, exécuter des mouvemens de conversion par troupe, marcher en avant bien alignés, aller à la charge le sabre haut, faire des *demi-tours à droite* par Cavalier, &c.

On fera tirer souvent des coups de pistolets dans les manèges, d'abord en détail & puis par rang ou par troupe, pour accoutumer les chevaux au feu, se conformant d'ailleurs à ce qui est prescrit ci-devant à la quinzième manœuvre.

Tout Cavalier de la première classe qui, par négligence, mauvaise volonté ou inconstance, se trouvera en défaut sur quelque partie de l'exercice de cette classe, ou qui n'y fera aucun progrès, sera remis à la seconde classe ou à la longe, jusqu'à ce que par son travail il mérite de rentrer dans la première; on en usera de même à l'égard de la seconde classe.

Comme il est de toute nécessité que les Cavaliers sachent se servir de leurs armes avec force & adresse,

139

& principalement du fabre, qui eft l'arme de la Cavalerie, il eft indifpenfable de leur apprendre à s'en fervir avec avantage.

Pour cet effet, il fera établi un Maître-d'armes & un Prevôt par efcadron, qui feront choifis dans le nombre des Cavaliers les plus propres à cet exercice, lefquels, après s'être mis en état de donner leçon, exerceront les Cavaliers à l'efpadon, d'abord à pied, & enfuite fur le cheval de bois.

DE la Courfe des têtes.

Pour contribuer encore avec plus de fuccès à perfectionner les Cavaliers dans les différens exercices, à conduire leurs chevaux, à fe fervir de leurs armes, à acquérir de l'expérience, & devenir déterminés & entreprenans, on exercera ceux de la première claffe à la courfe des têtes, de la manière fuivante.

Les Cavaliers deftinés à la courfe des têtes s'étant rendus dans le manège, ou autre lieu deftiné à cet exercice, feront partagés en deux divifions, qui feront formées chacune fur deux rangs, & placées ainfi que la *planche 22* le repréfente, obfervant de laiffer la place néceffaire derrière elles pour qu'un cheval puiffe y paffer aifément.

Voyez PLANCHE 22.

On placera fur des chandeliers de bois d'environ cinq pieds & demi de haut, des têtes de toiles rembourrées de foin & difpofées ainfi que la *planche 22* le démontre; après quoi le Cavalier de la gauche du premier rang de chaque divifion fe placera dans le coin du manège à fa gauche (comme on le voit à la *figure 1.re*), mettra le piftolet à la main, l'apprêtera & le tiendra le bout élevé, la main à hauteur de l'épaule, ainfi qu'il eft prefcrit au 20.e commandement du *maniement des armes;* au commandement *marche*, ils fe porteront en avant pour doubler chacun de leur côté de l'*A* à l'*A* & revenir fur leurs pas; lorfqu'ils arriveront enfuite chacun à la hauteur de la tête *I*, ils déploieront doucement le

bras *(figure 2)* & tireront la tête du piftolet *I*, ils remettront le piftolet dans la fonte, & mettront vivement
le fabre à la main, continuant de marcher; lorfqu'ils
arriveront chacun vers le milieu des bouts du manège *M*,
ils doubleront par le milieu, faifant alors *haut le fabre*
(figure 3), pour fe charger l'un l'autre & croifer le fabre
en faifant *un quart de tour (figure 4)*, après lequel ils fe
porteront chacun de leur côté en avant fur la droite, vers
la direction *A*, portant le fabre à l'épaule *(figure 5)*,
& continueront de marcher le long du manège; lorfqu'enfuite ils arriveront chacun à portée de la tête *II*, ils
feront *haut le fabre (fig. 6)*, pour la fabrer verticalement
(fig. 7); après quoi ils placeront le fabre vis-à-vis l'épaule
gauche, le tenant perpendiculaire, le poignet à hauteur
de l'épaule & à fix pouces de diftance environ *(figure 8)*,
en arrivant à hauteur de la tête *III*, ils donneront le
coup de revers pour la fabrer horizontalement en déployant
le bras de toute fa longueur *(figure 9)*; & ramenant
enfuite la pointe du fabre en avant, le bras alongé, le
poignet tourné en tierce & à hauteur de l'épaule, ils
dirigeront la pointe du fabre fur la tête *IV. (figure 10)*;
à mefure qu'ils s'en approcheront ils ramèneront le coude
en arrière en tournant peu à peu le poignet en quarte &
de manière que le bras & l'avant-bras forment une équerre,
le coude à hauteur de l'épaule, ainfi que le poignet, & la
pointe de la lame toujours dirigée fur l'objet *(figure 11)*;
arrivant fur la tête *IV*, ils la pointeront fans à-coup *(fig. 12)*,
& l'enlèveront en alongeant le bras haut de toute fa longueur, la pointe de la lame & le poignet perpendiculaires
à l'épaule droite *(figure 13)*, ils continueront de marcher
ainfi jufqu'à ce qu'ils foient arrivés au coin de la divifion
oppofée à celle dont ils feront partis, où ils feront *halte*
(figure 14); porteront le fabre & fe rangeront à la droite
du premier rang; après quoi ils rendront la tête qu'ils
auront pointée *(figure 15)*, & remettront le fabre dans
le fourreau *(figure 16)*.

Lorfqu'on voudra qu'ils retournent à la divifion d'où
ils

141

ils feront partis, on les fera doubler au lieu de fuivre le long de la ligne.

Dès que ces Cavaliers feront prêts de finir leurs courfes, ceux de la gauche du fecond rang de chaque divifion fe placeront de même dans le coin, pour être prêts à partir au commandement *marche*, & alternativement ceux du premier & du fecond rang.

On exercera d'abord les Cavaliers fur le cheval de bois à tous les mouvemens & pofitions du piftolet & du fabre, qui viennent d'être prefcrits pour la courfe des têtes ; après quoi on leur fera exécuter cet exercice au pas & au trot, jufqu'à ce qu'ils foient bien confirmés dans toutes ces différentes pofitions, & alors ils l'exécuteront au galop.

On aura attention que les Cavaliers ne mettent aucune efpèce de balles dans leurs piftolets, la bourre feule fuffifant pour abattre la tête à fept ou huit pieds de diftance & même plus.

On fera faire à chaque Cavalier quatre ou cinq courfes, plus ou moins fuivant qu'on le jugera à propos.

MOYENS de dreffer les chevaux.

LA douceur & la patience font abfolument néceffaires pour dreffer les chevaux ; on ne doit exiger d'eux que ce que leurs forces leur permettent de faire, & on ne doit employer les châtimens que pour dernière reffource.

C'eft à l'écurie qu'on accoutume les chevaux à les feller & à les brider, en les y amenant infenfiblement.

Un jeune cheval doit être débourré autour d'une longe avant d'être monté, il en devient plus libre, & par conféquent moins dans le cas de faire des fottifes.

Il faut l'arrêter fouvent en le faifant venir à foi, & le careffer.

Lorfqu'un cheval faute & veut galoper, étant à la longe,

N n

il faut la fecouer horizontalement & légèrement, ou lui donner de petites faccades de caveffon, pour le remettre au trot ou au pas.

Après qu'on l'aura arrêté & fait venir à foi, on le fera reculer quelques pas, en lui donnant quelques légères faccades de caveffon & quelques petits coups de gaule fur les jambes de devant ; dès qu'il aura obéi quelques pas, on le careffera ; il importe peu dans les commencemens qu'il recule droit ou non, pourvu qu'il comprenne ce qu'on lui demande ; s'il n'obéiffoit point au caveffon, on prendroit, fans le monter, les rênes du bridon, que l'on éleveroit pour le faire reculer, en continuant de fe fervir du caveffon & même de la gaule.

Il fera bon de feller les jeunes chevaux pour les accoutumer à la felle, & pour les monter & defcendre plufieurs fois de fuite.

Si le cheval eft en âge d'être monté, & qu'il ait quatre ans faits, on le fera monter par un Cavalier de la première claffe & à la longe, pour faire faire au cheval étant monté, ce qu'il faifoit ne l'étant pas ; on lui fera connoître les aides infenfiblement.

Quand le Cavalier fera bien obéir fon cheval à la longe, il lui fera faire les mêmes chofes en liberté ; mais fi le cheval avoit de la difpofition à fe défendre & n'obéiffoit point aux aides du Cavalier ni à la chambrière de celui qui lui donneroit leçon, il faudroit remettre le cheval à la longe, & en ufer ainfi jufqu'à ce qu'il obéiffe parfaitement en liberté.

ATTENTIONS qu'il faut avoir pour les chevaux qui fe défendent.

LORSQU'UN cheval donne des coups de tête en avant, ce qui s'appelle *battre à la main*, il faut tenir la main affurée dans ce moment & les jambes près.

Lorfqu'un cheval fait *une pointe*, c'eft-à-dire qu'il

s'élève du devant, il faut avoir la main légère, car si on
se tenoit à la bride, on courroit risque de faire renverser
le cheval sur soi.

Lorsqu'en fermant une jambe, le cheval se défend en
donnant un coup de pied au talon (ce qui s'appelle
ruer à la botte), il faut le pincer vigoureusement pour
le châtier ; observant qu'il n'y ait personne à portée de
recevoir un coup de pied , auquel cas il vaudroit mieux
laisser la sottise impunie, que de faire estropier quelqu'un.

Lorsqu'un cheval rue , il faut mettre le haut du corps
en arrière , & soutenir la main en avant & ferme en
approchant les jambes , & le pincer des deux s'il
continue.

Lorsqu'un cheval hésite de se porter en avant , il faut
le chasser des jambes en le décidant de la main en
avant; & s'il s'y refusoit, il faudroit le pincer vigoureusement: la plûpart des chevaux qui se défendent, ne le
font que parce qu'on se tient à la main, c'est pourquoi
il faut leur donner beaucoup de liberté.

Il y a des chevaux qui se défendent par foiblesse ; il ne
faut exiger de ceux-là, que ce qu'ils ont la force de faire.

Les chevaux qui se défendent par la peur que leur
cause quelque objet, ne sont point dans le cas du châ-
timent; il ne faut point prétendre de les aguerrir en les
brusquant, mais en leur donnant de la confiance; &
pour y parvenir, il faut d'abord s'éloigner un peu de
l'objet qu'ils craignent, & s'en rapprocher peu à peu en
les flattant & jusqu'à ce qu'ils s'appaisent.

Il faut qu'un jeune cheval soit bien souple au trot
alongé avant de le mettre au galop.

Lorsqu'on commencera à mettre un jeune cheval au
galop, on lui fera faire quelques tours, & on l'arrêtera
ensuite du galop au trot & du trot au pas.

Pour préparer un cheval aux pas de côté, il faut auparavant le mettre sur les cercles, la demi-épaule en

dedans, & enfuite l'épaule en dedans pendant quelques jours; comme le cheval eft obligé dans cette leçon de paffer la jambe de dedans par-devant celle de dehors, ce mouvement lui donne de la liberté, l'affouplit & l'oblige à fe foutenir, ce qui lui forme la bouche & la lui rend légère; lorfque le cheval commencera à s'affouplir, on lui fera faire quelques pas de côté fort doucement; fi le cheval s'y refufoit, on le remettroit fur les cercles l'épaule en dedans jufqu'à ce qu'il devienne docile.

Lorfqu'on arrête un cheval, il faut y aller fort doucement dans les commencemens, de même que pour le reculer, afin de ne point lui fatiguer les jarrets ni les reins.

Il y a des chevaux qui ont l'arrêt fourd, & qui n'obéiffent pas aux premiers effets de la main; ceux-là exigent plus de précautions & de patience, il faut arrêter & rendre alternativement en augmentant de force & diminuant de légèreté.

Lorfqu'après avoir reculé un cheval, on voudra le porter tout de fuite en avant, il ne faudra point trop le précipiter, mais le raffembler doucement pour lui donner la facilité de s'y porter.

Toutes les fois qu'un cheval a obéi à ce qu'on lui a demandé, il faut avoir la main légère ou lui rendre la main, c'eft la feule récompenfe qu'on puiffe lui donner, comme auffi de le defcendre quelquefois quand il a bien fait les chofes qui lui coûtent le plus.

FAIT à Verfailles le premier Juin mil fept cent foixante-fix. *Signé* LOUIS. *Et plus bas*, LE DUC DE CHOISEUL.

On reprend le Septieme Couplet, et on finit par le huitieme, ou est placé le mot Fin.

2
Boutte Charge.
1er Couplet
Gayement
2e Couplet
3e Couplet
á Cheval
1er Couplet
Fierement, sans lenteur
2e Couplet
3e Couplet
4e Couplet
Fin
5e Couplet

1. Juin 1766.
La Marche
3
1er Couplet
Noblement sans vitesse, n'y lenteur
2e Couplet
3e Couplet
4e Couplet
5e Couplet
Fin
La Charge
1er Couplet
Très vivement
2e Couplet
3e Couplet
4e Couplet
Fin

4

La Raliement.

5

8.º Couplet

Fin.

9.º Couplet

On reprend au quatrieme Couplet jusqu'au mot Fin,
qui est a la fin du huitieme.

Aux Armes

tres vif, et tres déttaché.

Appel.

On reiterera les Appel, demi
Appel, et Ton bas autant de fois
que le Commandant l'ordonnera
en observant de laisser un petit
interval de la fin au commen-
- cement.

Demy Appel.

Ton bas.

Touttes les Nottes, au dessus desquelles il y à de petits traits,
Perpendiculaires, doivent être déttachées par des Coups de Langue.

6
La Marche pour les Timballes
1.r Couplet
Fierement
Croches Egalles
Il faut observer une distance raisonnable d'un Couplet à l'autre.
2.e Couplet

7
3.e Couplet
Fin de la Marche.

8

On pourra varier le Second et troisieme Couplet de la marche pour en faire une espece de quatrieme et cinquieme Couplet, après quoi on recommencera par le premier.

La Charge pour les Timballes, n'est autre chose qu'un tres grand bruit, formé par des roullemens vifs, qui partent de la Timballe droitte, a la gauche, et de la gauche a la droitte, avec quelsques coups déttachés, comme ce bruit, fait precisément la basse fondamentalle des Trompettes, il suffit que le Timballier ayt de l'oreille pour remplir cet objet.

1.ſuin 1766.

Fig.e Ire.

Cavalier dans la Position de l'Équitation.

Fig.e II.

Cavalier en Position militaire.

Fig.e III.

Cavalier allant à la Charge.

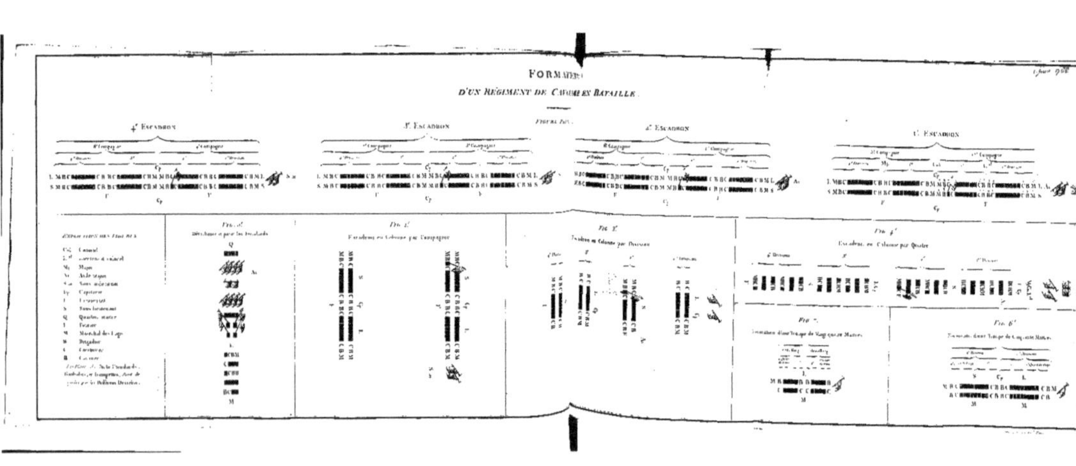

FORMATIONS
D'UN RÉGIMENT DE CAVALERIE EN BATAILLE.
4.e ESCADRON
3.e ESCADRON
2.e ESCADRON
1.er ESCADRON
Fig. 1.re
Fig. 2.e
Fig. 3.e
Fig. 4.e
Fig. 5.e
Fig. 6.e

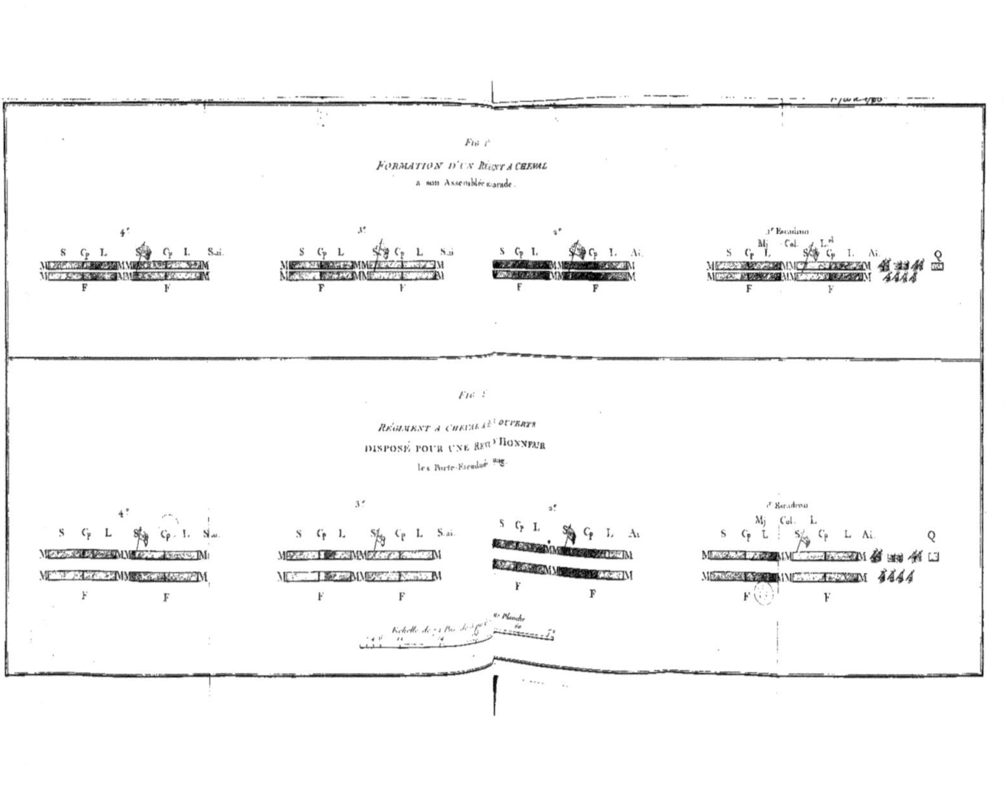

Fig. 1.
FORMATION D'UN RÉG.T A CHEVAL
à son Assemblée marade.
S Cp L S Cp L S.ai.
S Cp L S Cp L S.ai.
S Cp L S Cp L Ai.
1.er Escadron
Mj Col. L.al
S Cp L S Cp L Ai.
Q
F F F F F F F F
Fig. 2.
RÉGIMENT A CHEVAL A R.ts OUVERTS
DISPOSÉ POUR UNE REV.e D'HONNEUR
les Porte-Étendard aug.
S Cp L S Cp L S.ai.
S Cp L S Cp L S.ai.
S Cp L S Cp L Ai.
1.er Escadron
Mj Col. L.
S Cp L S Cp L Ai.
Q
F F F F F F F F
Echelle de 1 Pas de 2.

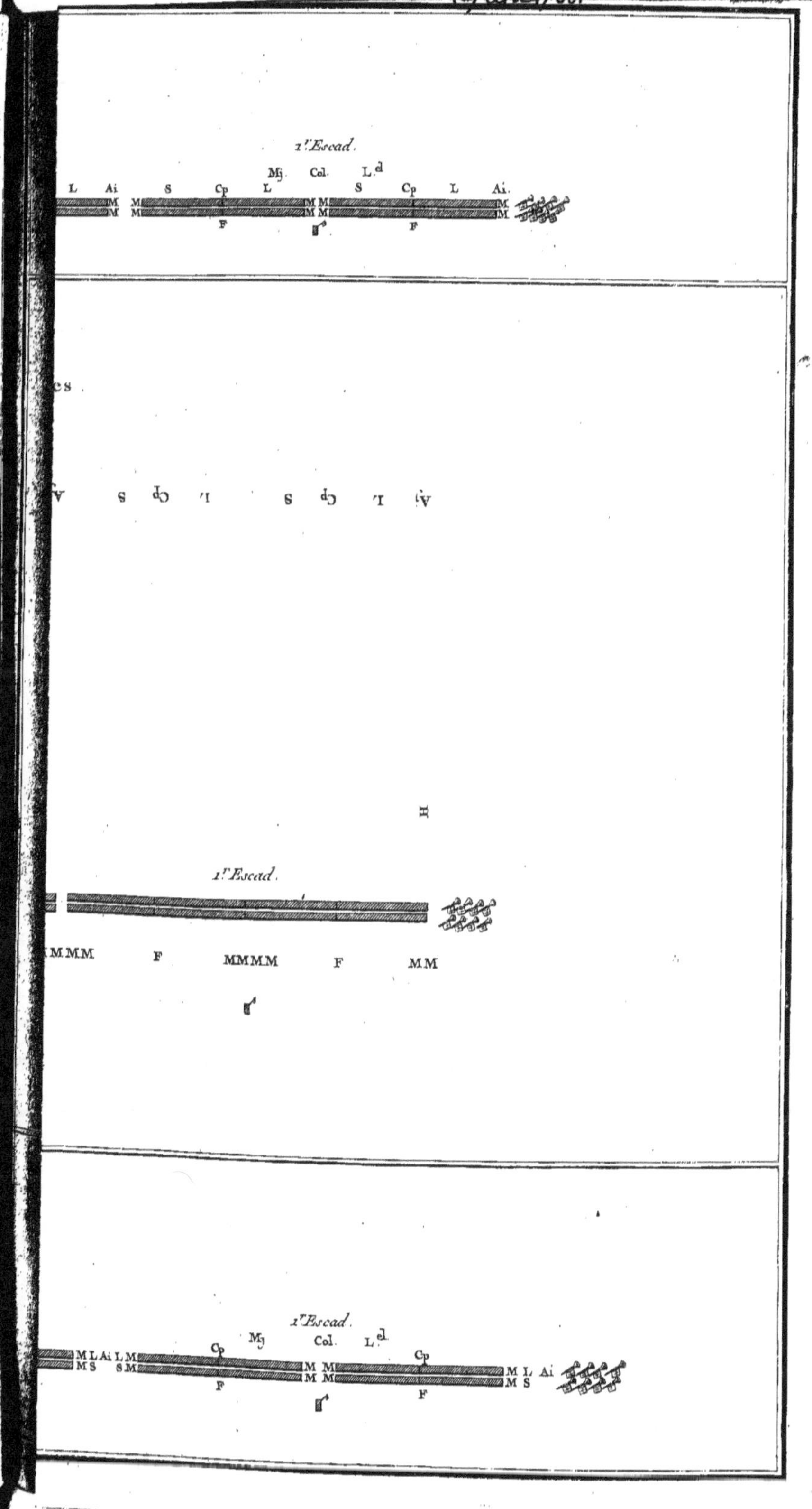
1.re Escad.
Mj Col. L.d
L Ai S Cp L S Cp L Ai
M M M M M M
F F
es
A Ai S Cp L Cp S L A
1.re Escad.
MMMM F MMMM F MM
1.re Escad.
Mj Col. L.el
Cp Cp
M L Ai L M M M M L Ai
M S S M M M M S
F F

FIG. 1.

Formation d'un Régiment a Pied a son assemblée.

FIG. 2.

Disposition d'un Régiment a Pied pour le maniement des armes

Les figures qu'après Coisquifie Porte Etendar de et l'B. Romane d'aile.

Echelle de 36 Pas de 3 Pieds pour cette Planche.

FIG. 3.

Formation d'un Régiment a Pied pour les manoeuvres.

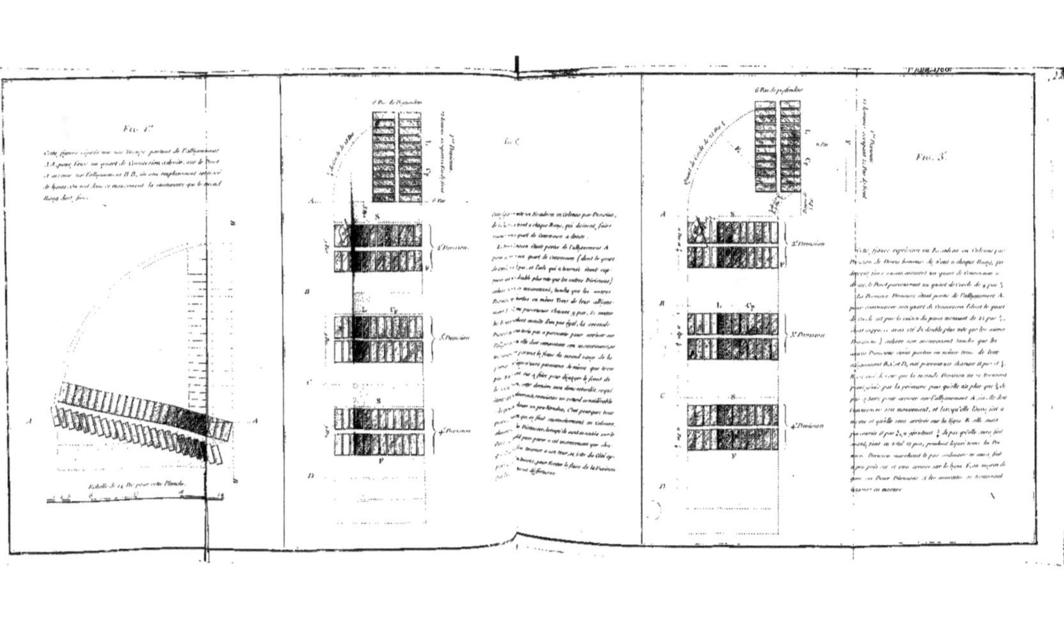

Fig. 1re
6 Pas de profondeur
Fig. 2
Fig. 3
A
B
C
D
S
L
Cp
P
1ere Division
2e Division
3e Division
4e Division
6 Pas
Échelle de 14 Pas pour cette Planche.

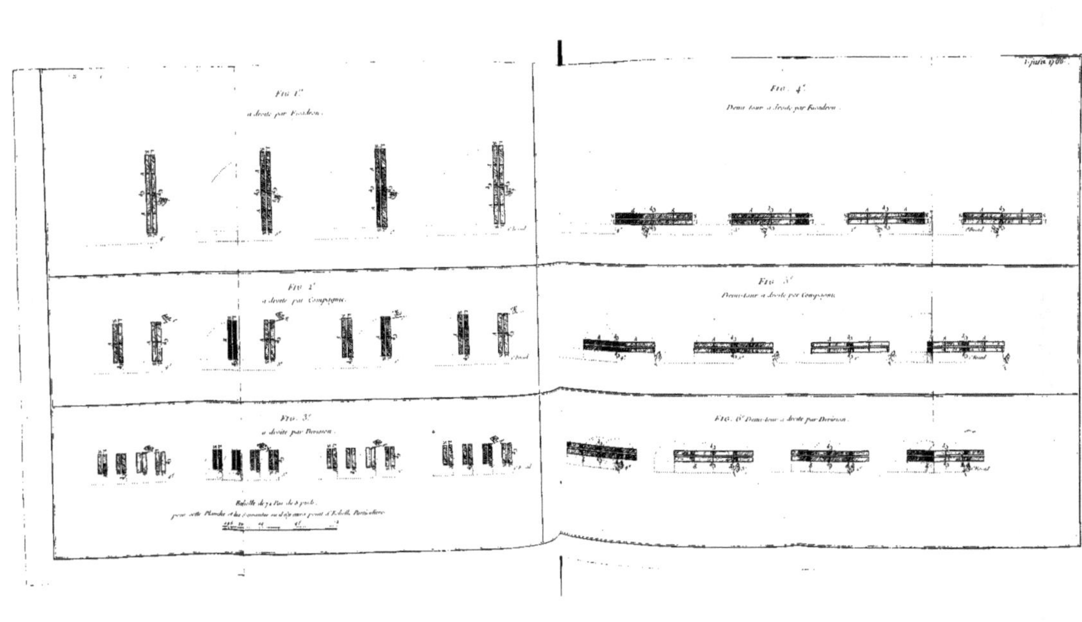
1. juin 1766.
Fig. 1.er
a droite par Escadron.
Fig. 4.e
Demi tour a droite par Escadron.
Fig. 2.e
a droite par Compagnie.
Fig. 5.e
Demi-tour a droite par Compagnie.
Fig. 3.e
a droite par Division.
Fig. 6.e Demi-tour a droite par Division.
Echelle de 70 Pas de 3 pieds,
pour cette Planche et les suivantes ou il n'y aura point d'Echelle Particuliere.

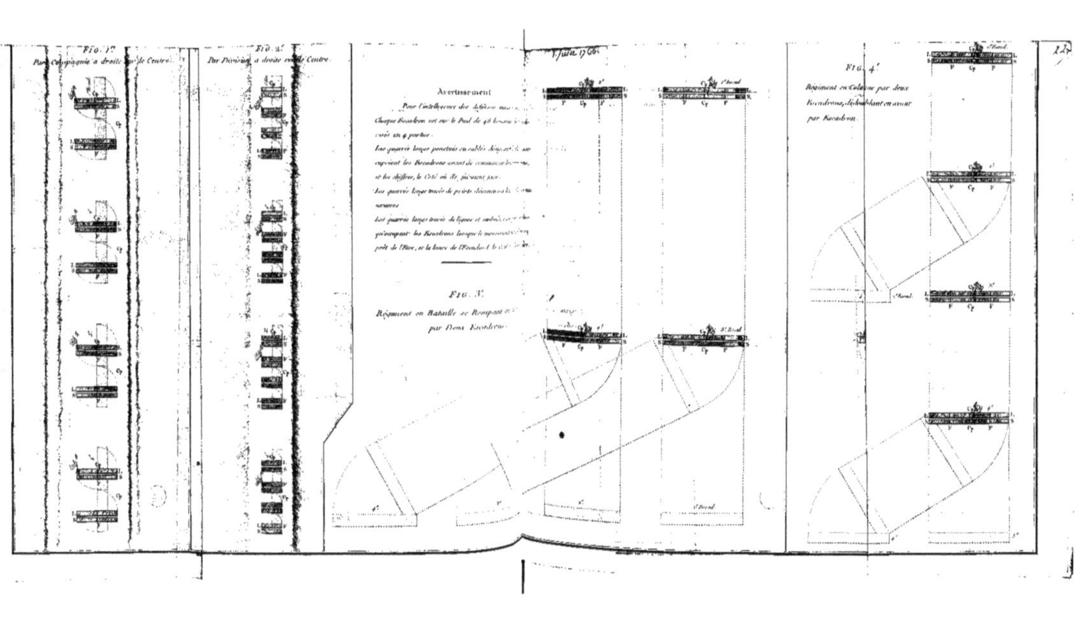

FIG. 1.re
Par Compagnie a droite sur le Centre.
FIG. 2.e
Par Division a droite sur le Centre.
1. Juin 1766.
Avertissement
Pour l'intelligence des différens mouvemens
Chaque Escadron est sur le Pied de 48 hommes
carré en 4 parties.
FIG. 3.e
Régiment en Bataille se Rompant
par Deux Escadrons.
FIG. 4.e
Régiment en Colonne par deux
Escadrons, déboublant en avant
par Escadron.

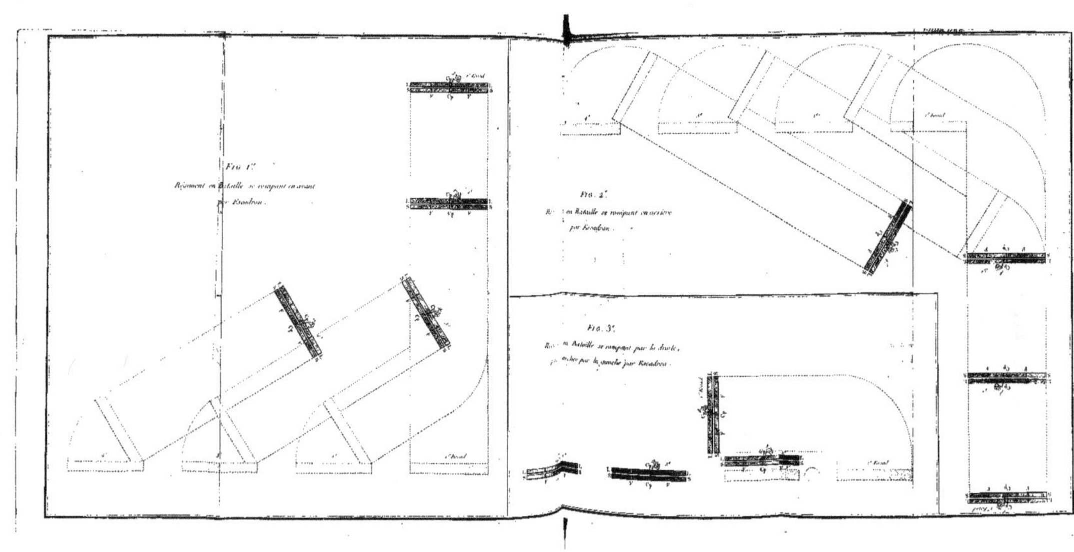

Fig. 1re.
Régiment en Bataille se rompant en avant
par Escadron.
Fig. 2e.
Régiment en Bataille se rompant en arrière
par Escadron.
Fig. 3e.
Régiment en Bataille se rompant par la droite,
et par la gauche par Escadron.

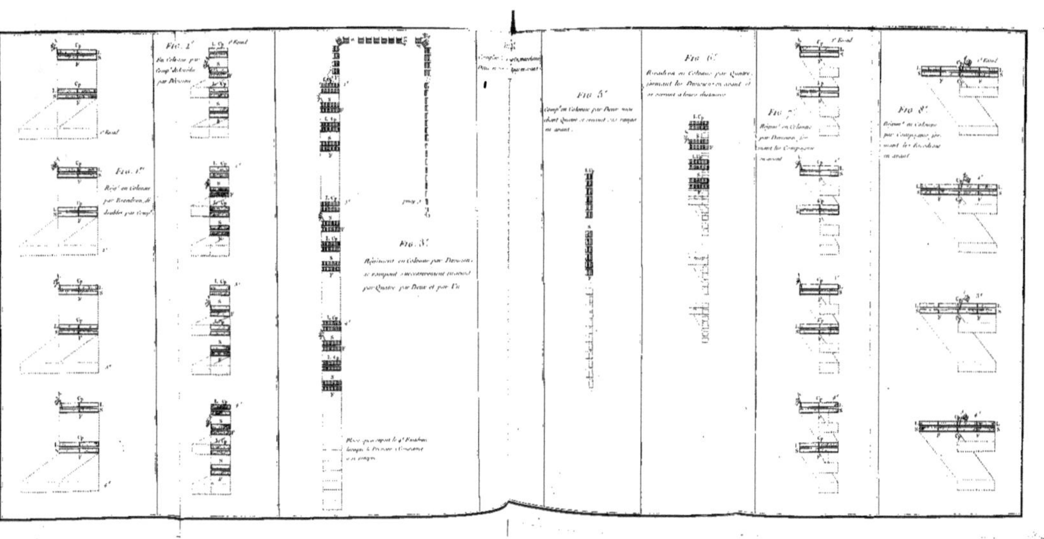
FIG. 1.
FIG. 2.
FIG. 3.
FIG. 4.
FIG. 5.
FIG. 6.
FIG. 7.
FIG. 8.

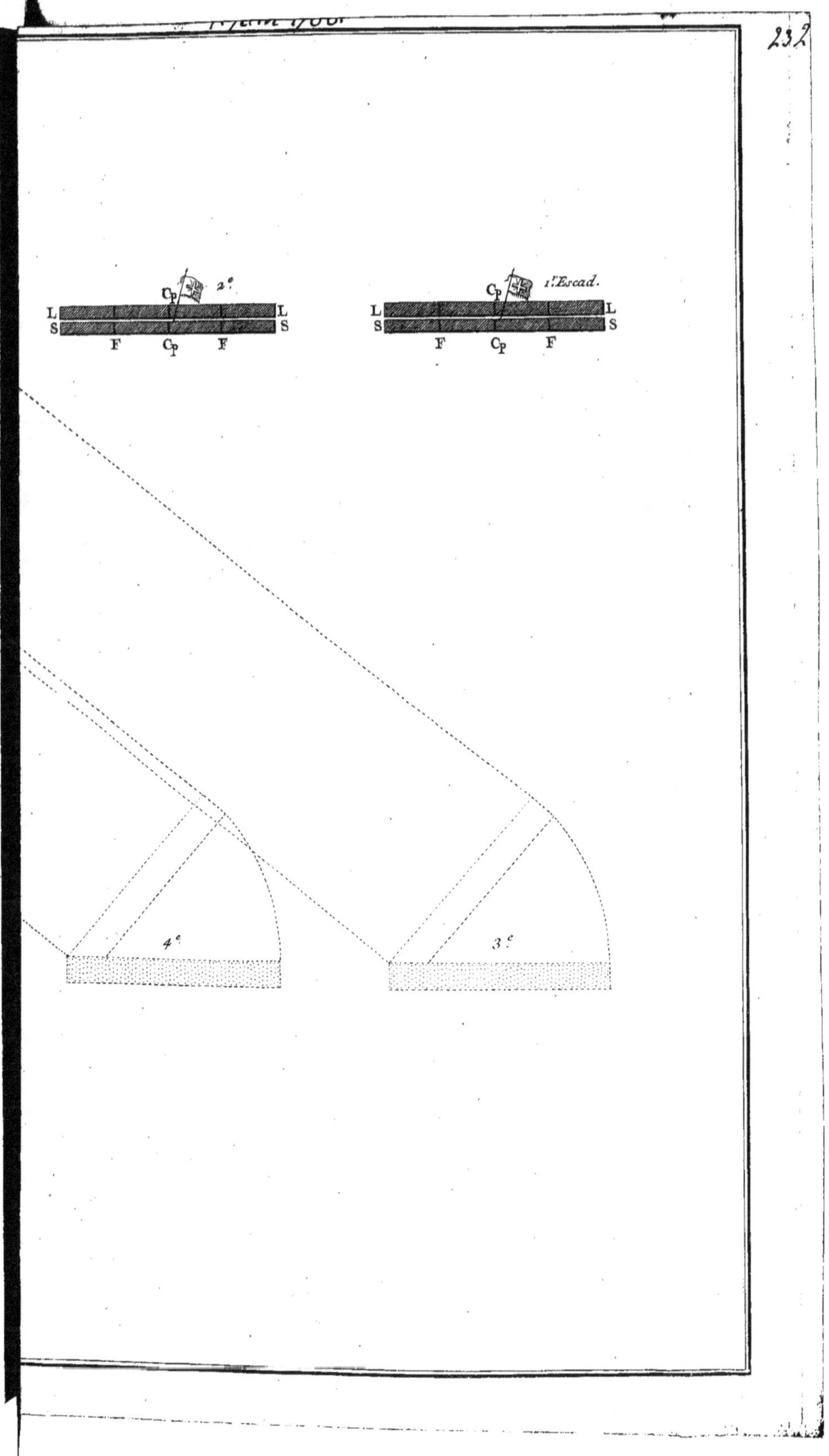
2.e
L
S
F   C.p   F
1.re Escad.
L
S
F   C.p   F
4.e
3.e

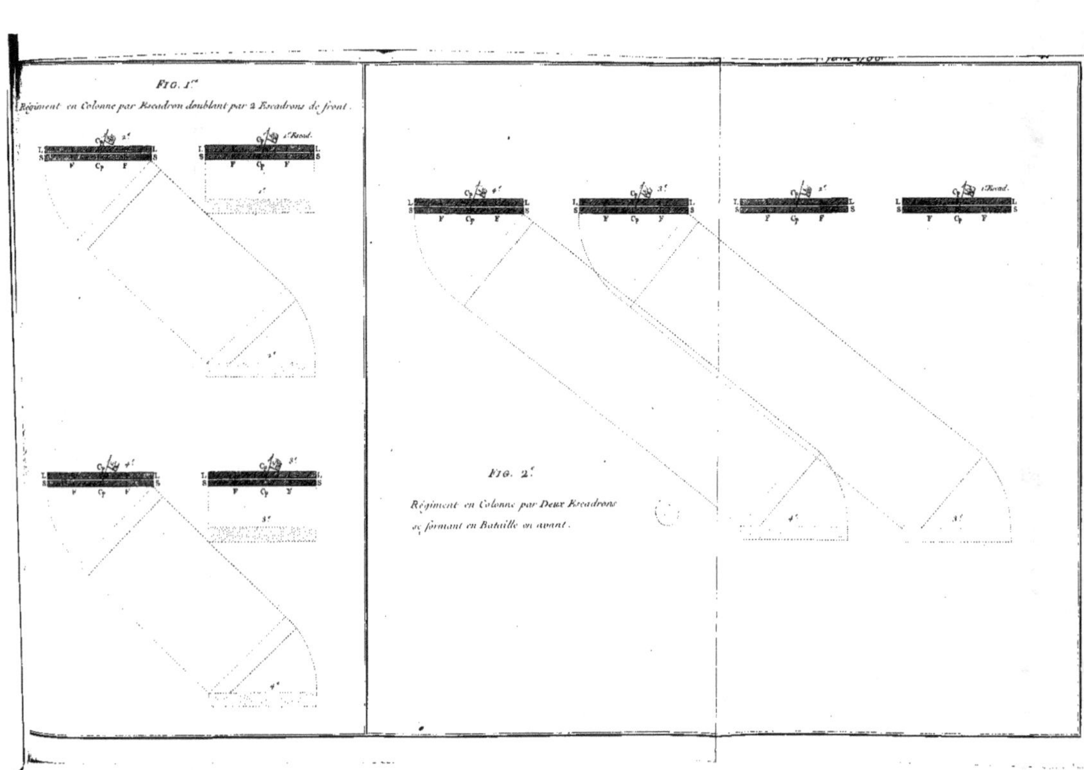

FIG. 1.ᵉʳ
Régiment en Colonne par Escadron doublant par 2 Escadrons de front.
FIG. 2.ᵉ
Régiment en Colonne par Deux Escadrons
se formant en Bataille en avant.

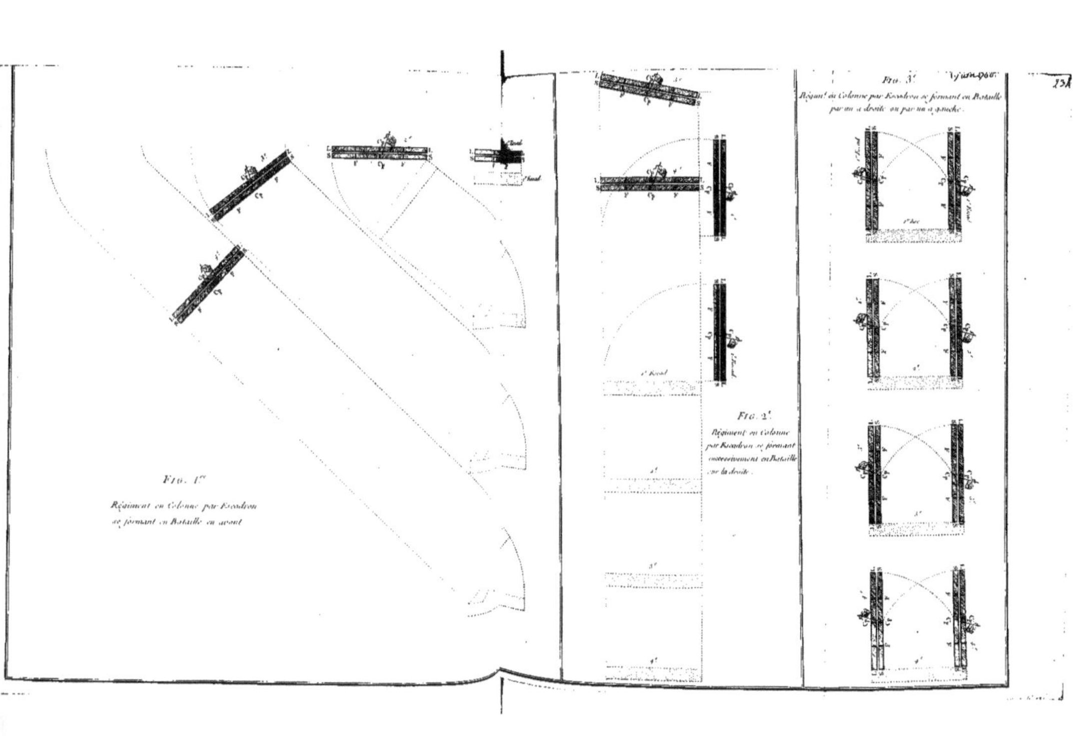
FIG. 1er
Régiment en Colonne par Escadron
se formant en Bataille en avant

FIG. 2e
Régiment en Colonne
par Escadron se formant
successivement en Bataille
sur la droite.

FIG. 3e
Régiment en Colonne par Escadron se formant en Bataille
par un à droite ou par un à gauche.

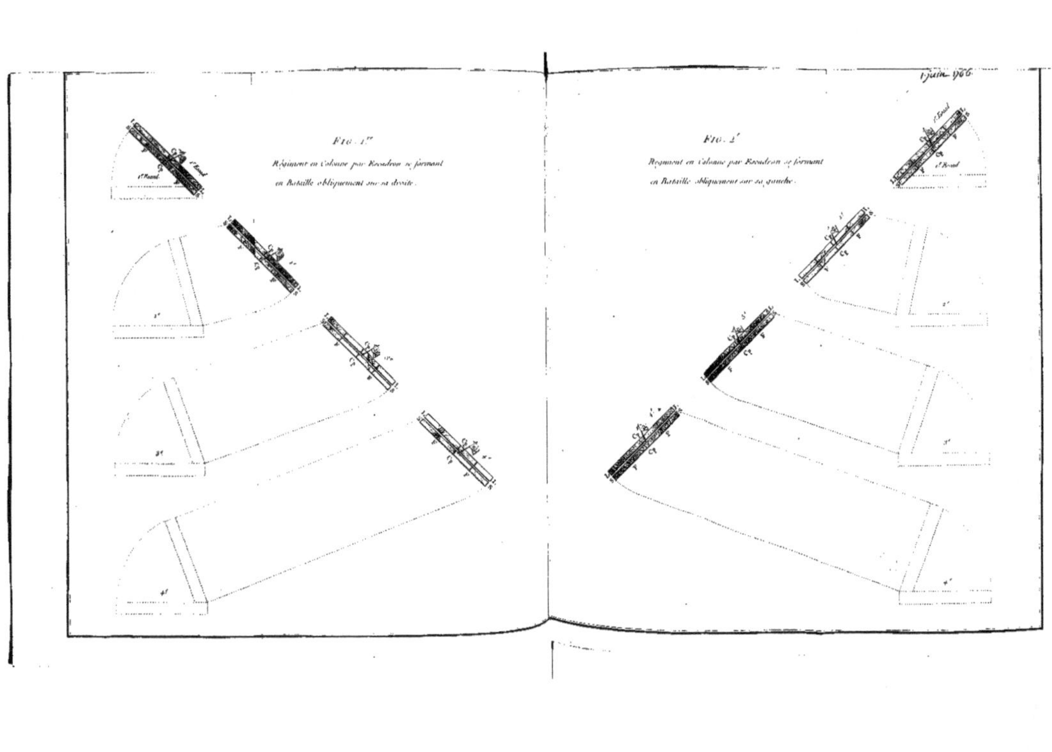

FIG. 1.re
Régiment en Colonne par Escadron se formant
en Bataille obliquement sur sa droite.
FIG. 2.e
Régiment en Colonne par Escadron se formant
en Bataille obliquement sur sa gauche.

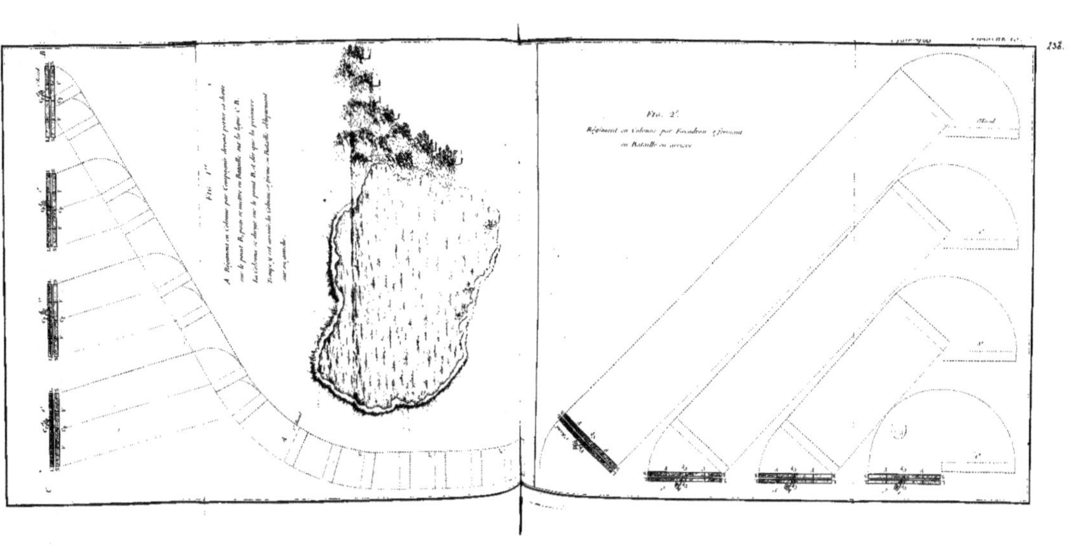

Fig. 1.re
A. Régiment en colonne par Escadron devant prendre en chem
sur le point B, pour se mettre en Bataille sur la ligne C.D.
les colonnes se change sur le point B. et dès que la première
Troupe y est arrivée la colonne se forme en Bataille alignement
sur ce point.
Fig. 2.
Régiment en colonne par Escadron, formant
en Bataille en arrière

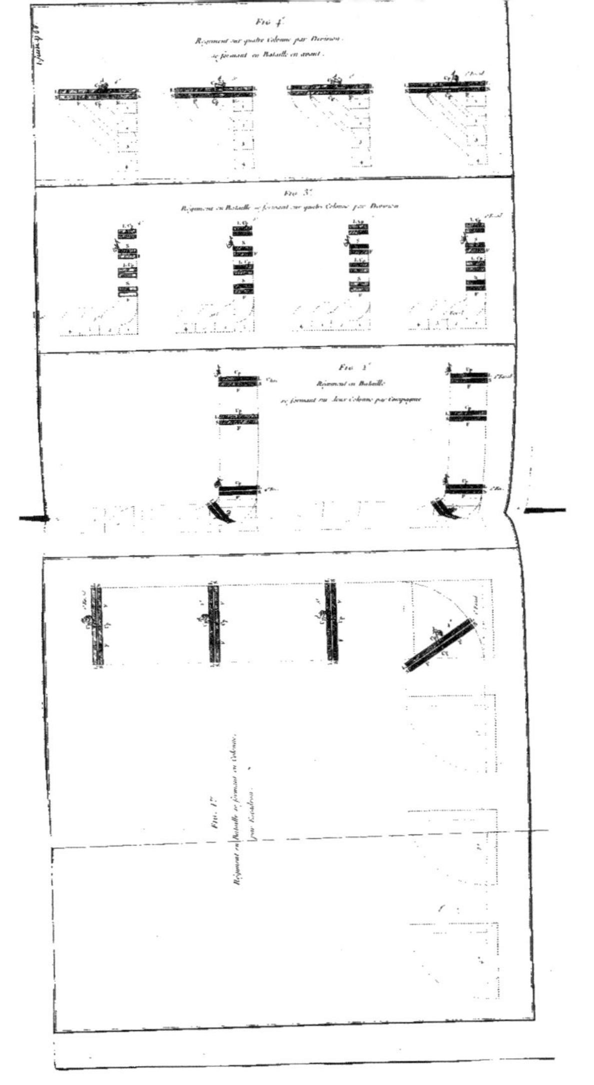

Fig. 4.
Régiment sur quatre Colonne par Division,
se formant en Bataille en avant.
Fig. 3.
Régiment en Bataille se formant sur quatre Colonne par Division
Fig. 2.
Régiment en Bataille
se formant sur deux Colonne par Compagnie
Fig. 1.
Régiment en Bataille se formant en Colonne
par Escadron.

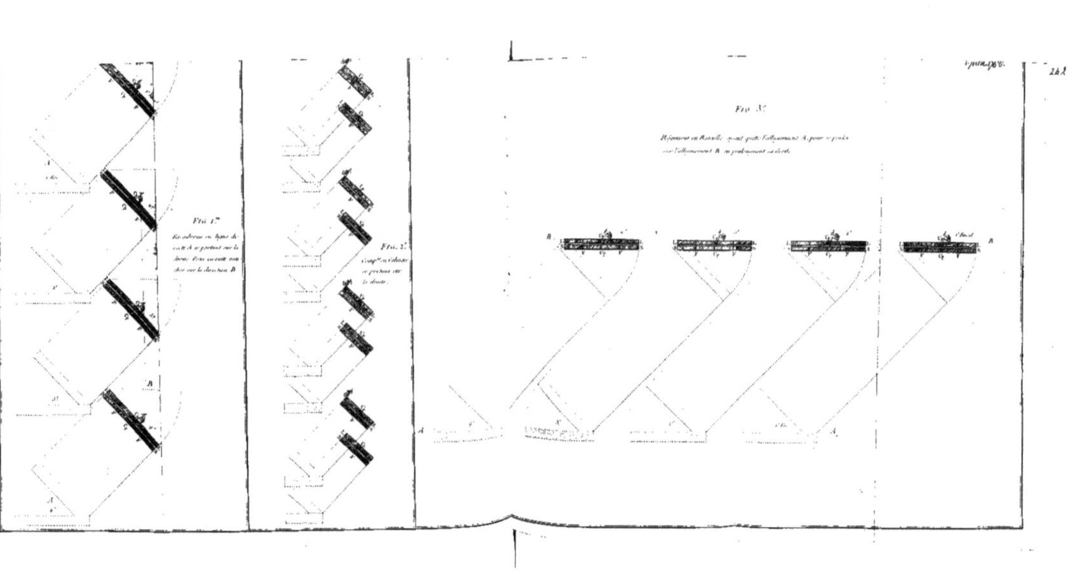

Fig. 1er
Fig. 2
Fig. 3
A
B

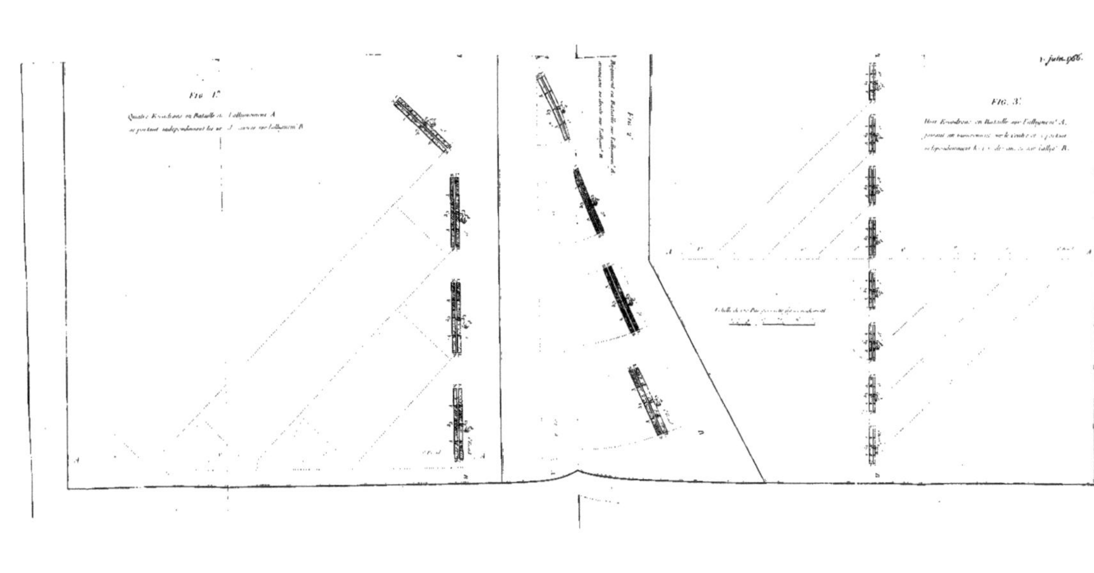

Fig. 1.re
Quatre Escadrons en Bataille sur l'alignement A
se portant indépendamment les un ... en avant sur l'alignement B

Fig. 2.e
Régiment en Bataille sur l'alignement A
... en avant sur l'align...t B

1.er juin 1866.

Fig. 3.e
Huit Escadrons en Bataille sur l'alignement A,
... en mouvement sur la route et ... ... se
... indépendamment les ... ... de ... sur l'align.t B.

Échelle de ... ...

FIG. 4.

sur l'allignemt A se portant en avant
Régimt pour ouvrir leurs intervales.

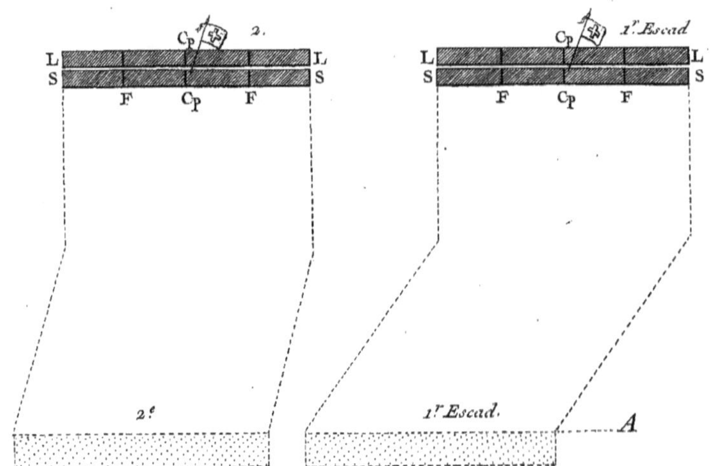

FIG. 3.

...ille sur l'allignemt A, se portant en
...centre du Régiment.

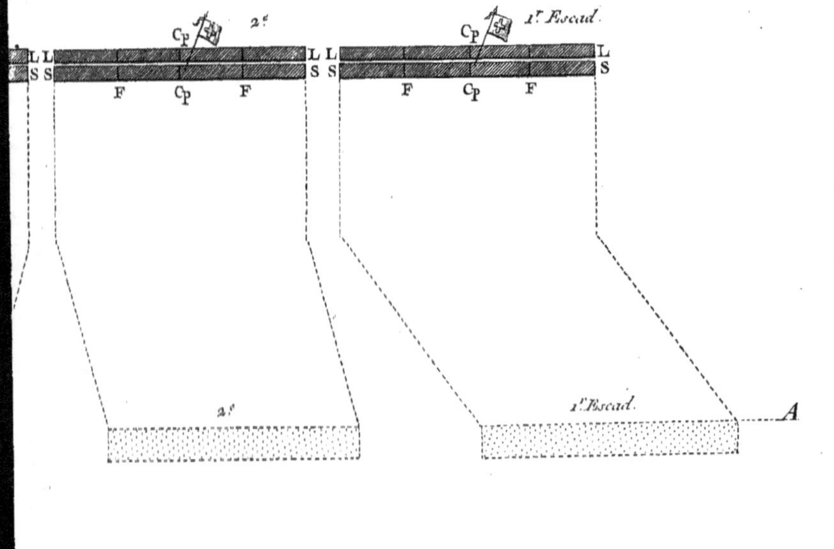

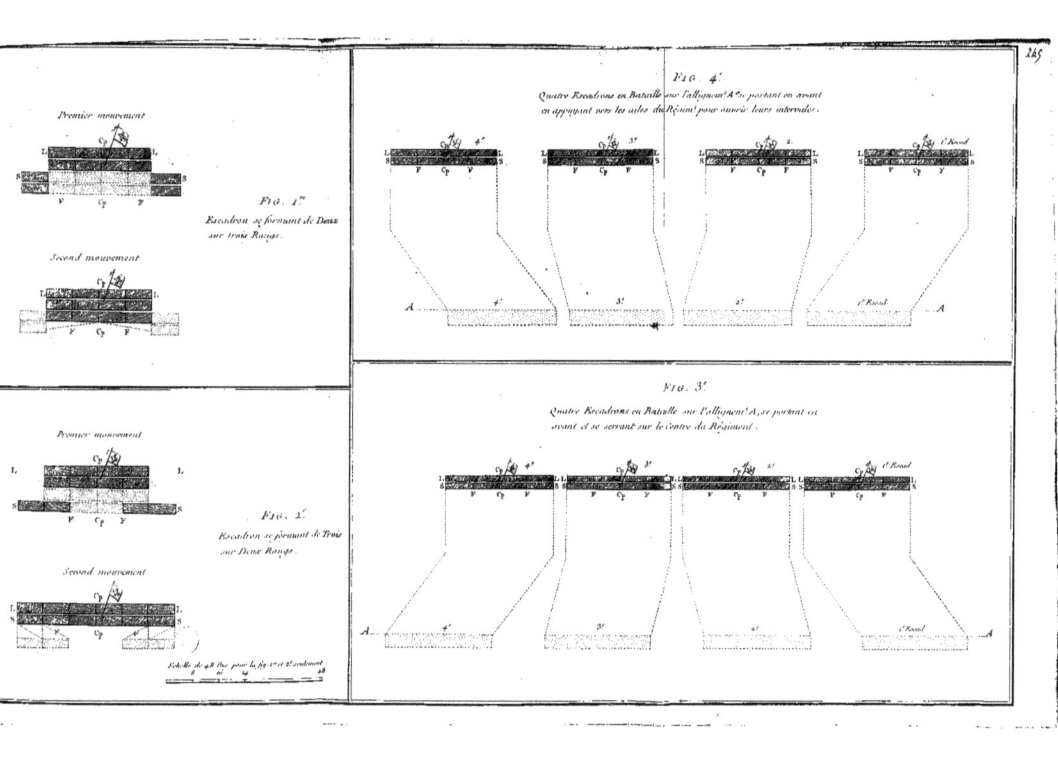

Premier mouvement
Cp
L L
S S
F Cp F
FIG. 1.er
Escadron se formant de Deux
sur trois Rangs.
Second mouvement
Cp
L L
Cp F
Premier mouvement
Cp
L L
S S
F Cp F
FIG. 2.
Escadron se formant de Trois
sur Deux Rangs.
Second mouvement
Cp
L
S
F Cp
Echelle de 48 Pas pour les fig. 1.re et 2. seulement
FIG. 4.
Quatre Escadrons en Bataille sur l'allignemt A.se portant en avant
en appuyant vers les ailes du Régimt pour ouvrir leurs intervalles.
L 4.e L L 3.e L L 2. L L 1.er Escad. L
S F Cp F S S F Cp F S S F Cp F S S F Cp F S
A 4.e 3.e 2.e 1.er Escad. A
FIG. 3.
Quatre Escadrons en Bataille sur l'allignemt A, se portant en
avant et se serrant sur le centre du Régiment.
Cp 4.e L L Cp 3.e L L Cp 2.e L L Cp 1.er Escad. L
S F Cp F S S F Cp F S S F Cp F S S F Cp F S
A 4.e 3.e 2.e 1.er Escad. A

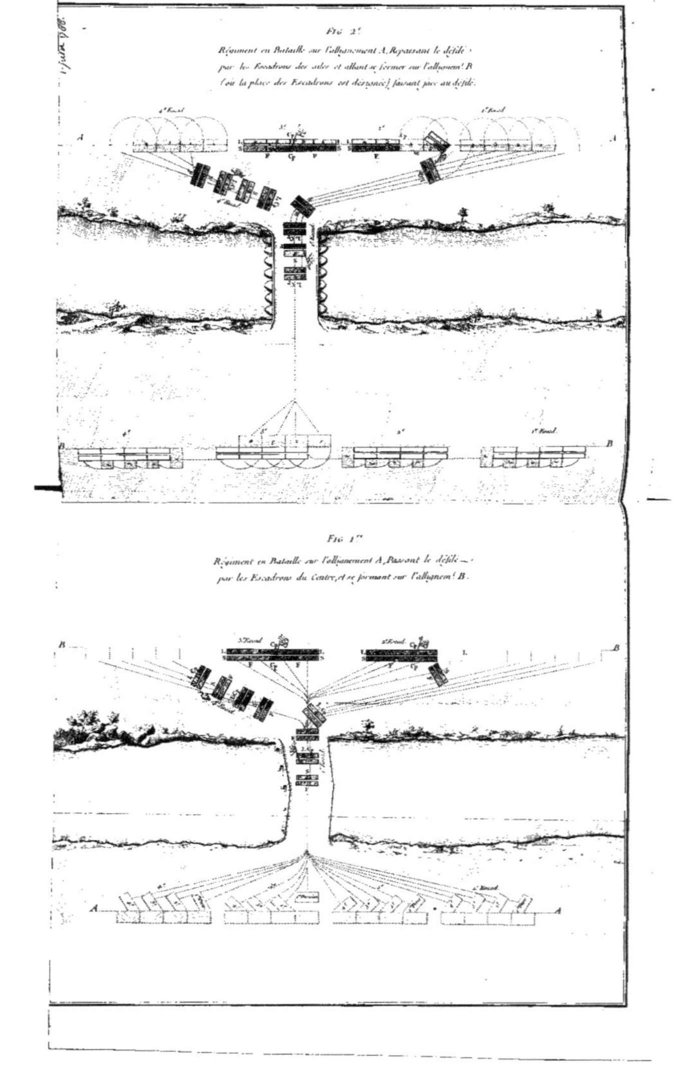

1.er juin 1788.
Fig. 2.e
Régiment en Bataille sur l'allignement A. Repassant le défilé par les Escadrons des ailes et allant se former sur l'allignem.t B (où la place des Escadrons est désignée) faisant jour au défilé.
4.e Escad.
1.er Escad.
Fig. 1.re
Régiment en Bataille sur l'allignement A, Passant le défilé par les Escadrons du Centre, et se formant sur l'allignem.t B.
3.e Escad.
2.e Escad.

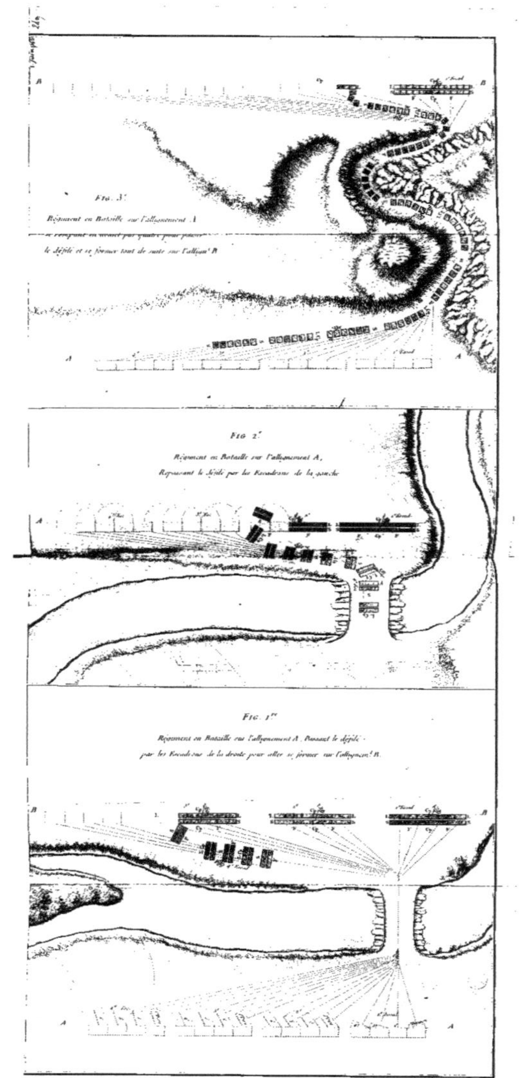
FIG. 3.e
Régiment en Bataille sur l'alignement A
se rompant en avant par quatre pour passer
le défilé et se former tout de suite sur l'alignem.t B.
FIG. 2.e
Régiment en Bataille sur l'alignement A,
Repassant le défilé par les Escadrons de la gauche
FIG. 1.er
Régiment en Bataille sur l'alignement A, Passant le défilé
par les Escadrons de la droite pour aller se former sur l'alignem.t B.

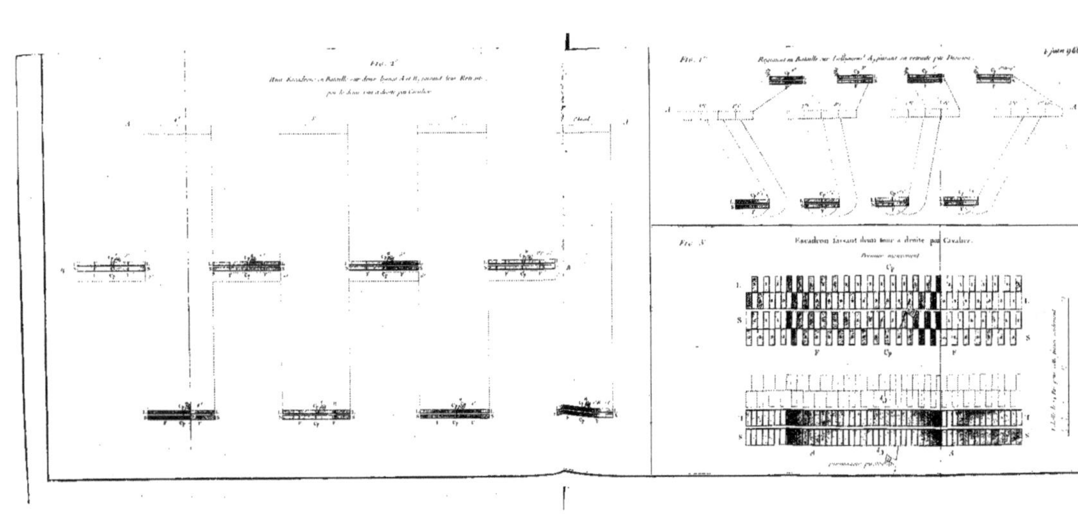

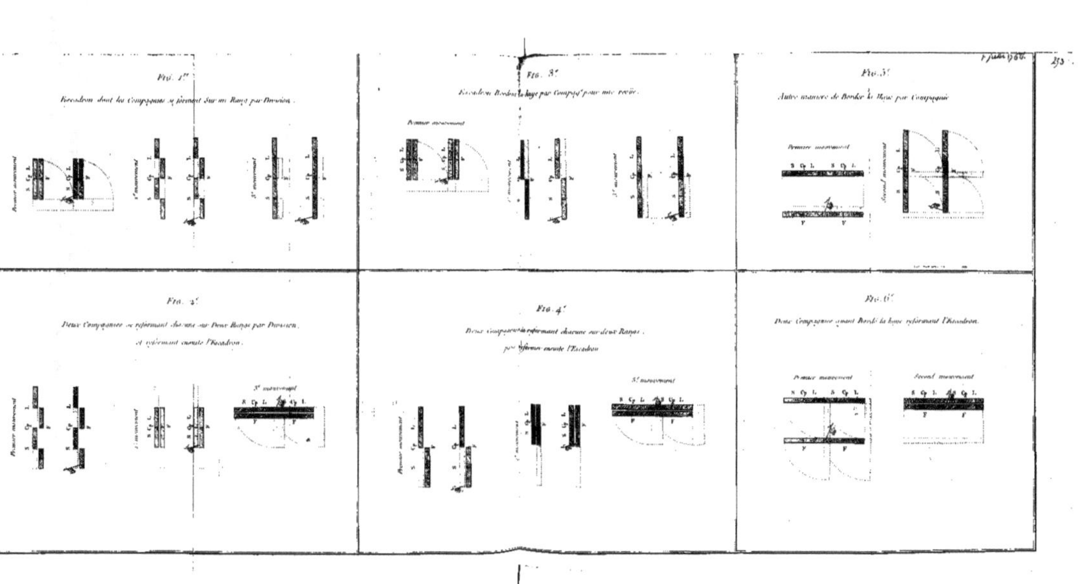

1 Juillet 1766.
253
Fig. 1.er
Escadron dont les Compagnies se forment Sur un Rang par Division.
Premier mouvement
2.e mouvement
3.e mouvement
Fig. 3.e
Escadron Rendant la haye par Compagnie pour une revüe.
Premier mouvement
2.e mouvement
3.e mouvement
Fig. 5.e
Autre maniere de Rendre la haye par Compagnie
Premier mouvement
Second mouvement
Fig. 2.e
Deux Compagnies se reformant chacune sur Deux Rangs par Division,
et reformant ensuite l'Escadron.
Premier mouvement
2.e mouvement
3.e mouvement
Fig. 4.e
Deux Compagnies se reformant chacune sur deux Rangs,
par Division ensuite l'Escadron.
3.e mouvement
Fig. 6.e
Deux Compagnies ayant Rendu la haye reformant l'Escadron.
Premier mouvement
Second mouvement

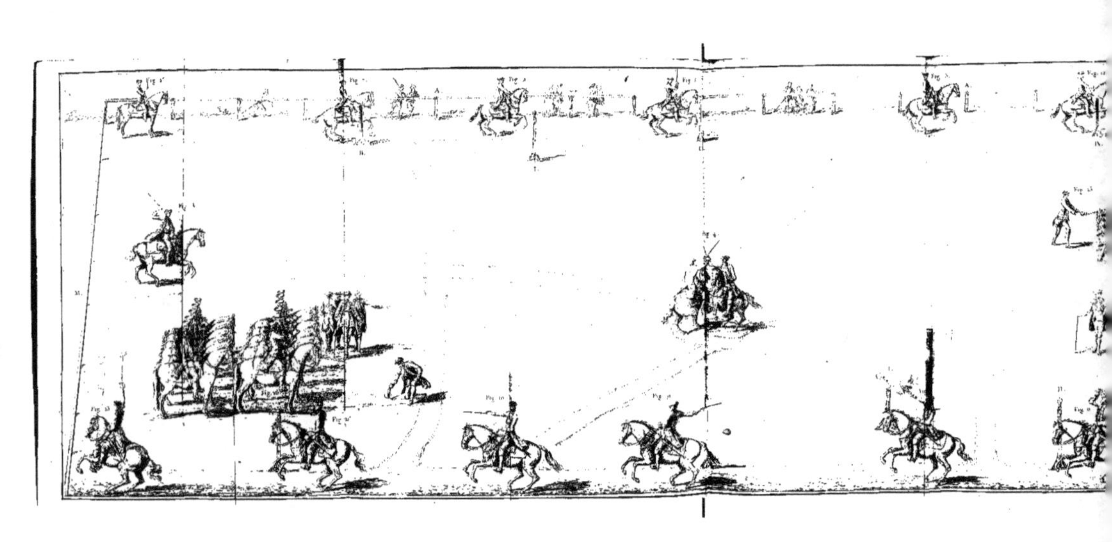

Fig. 5.
A.
Fig. 12.
IV.
Fig. 14.
Fig. 13.
M.
Fig. 3.
I.
II.
Fig. 6.
Fig. 1.

9 782329 274096